ALCIDE EBRAY

Ancien Consul Général et Ministre-Résident de France
Ancien rédacteur diplomatique du « Journal des Débats »
et de la « Revue politique et parlementaire »

« Chiffons de papier »

Pour la Réconciliation par la Vérité

> « *Un prince prudent n'est pas tenu
> d'exécuter ses engagements quand
> cela lui tourne à dommage et que les
> occasions qui les lui ont fait prendre
> ne sont plus.* »
> — Machiavel.

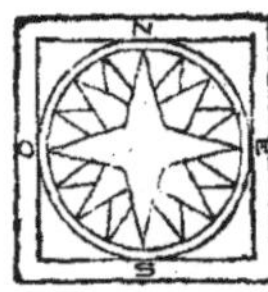

ANDRÉ DELPEUCH, ÉDITEUR
51, rue de Babylone
PARIS

—

1926

« CHIFFONS DE PAPIER »

ALCIDE EBRAY

Ancien Consul Général et Ministre-Résident de France
Ancien rédacteur diplomatique du « Journal des Débats »
et de la « Revue politique et parlementaire »

« Chiffons de papier »

Pour la Réconciliation par la Vérité

> « Un prince prudent n'est pas tenu
> d'exécuter ses engagements quand
> cela lui tourne à dommage et que les
> occasions qui les lui ont fait prendre
> ne sont plus. »
> MACHIAVEL.

ANDRÉ DELPEUCH, ÉDITEUR
51, rue de Babylone
PARIS

1926

PRÉFACE

Pendant la guerre, une étude objective des causes et des responsabilités m'avait conduit à cette conclusion : que, de part et d'autre, mais surtout dans le camp de l'Entente, on s'exagérait les torts de l'adversaire. Il m'était apparu aussi que cette exagération se manifestait également en ce qui concerne la conduite de la guerre, c'est-à-dire les excès et les violations du droit des gens qu'on s'accusait réciproquement de commettre, et que c'est encore dans le camp de l'Entente qu'elle était le plus accentuée. Cette exagération avait vite dégénéré en exaspération. Au cours de la crise diplomatique qui devait aboutir à la guerre, sir Edward Grey avait déclaré un jour à l'ambassadeur d'Allemagne que, si elle éclatait, ce serait la « plus grande catastrophe que le monde eût jamais vue. » Par l'effet de l'exaspération qui régnait dans le camp de l'Entente, la « catastrophe » s'était transformée en « crime ». Il y était donc devenu courant de désigner la guerre comme le « plus grand crime de l'histoire », et d'en rendre exclusivement responsables l'Allemagne et ses alliés. De là était né un état d'esprit que le Temps du 1er avril 1917 exprimait en disant que l'Entente devait « vaincre pour punir ».

Cet état d'esprit me paraissait inquiétant en ce qui concerne les rapports internationaux d'après-guerre. Car il me semblait que la réconciliation serait d'autant plus difficile entre les anciens adversaires, qu'on les aurait plus excités les uns contre les autres en déformant la vérité. J'avais donc eu l'impression qu'on ferait œuvre utile en rétablissant la vérité, autrement dit en facilitant la réconciliation. C'est pourquoi je m'étais attaché à cette œuvre même pendant la guerre. Mais il m'aurait paru vain de publier mes réflexions et conclusions alors que les passions étaient encore excitées. En attendant qu'elles se fussent calmées, je gardai donc par devers moi ce que j'avais écrit, me contentant de le compléter ou de l'amender, selon que de nouveaux éléments d'appréciation venaient s'ajouter à ceux dont on disposait déjà.

Quand la paix fut conclue, il m'apparut qu'elle nuirait encore plus, par sa dureté, à la cause de la réconciliation, que l'exaspération qui s'était emparée, pendant la guerre, des peuples de l'Entente. Du reste, s'il faut en croire les hommes d'Etat de l'Entente, cette paix n'était pas une paix ordinaire. Elle était, par sa dureté, un « châtiment » infligé aux vaincus pour les « crimes » qu'ils avaient commis. C'est l'idée que M. Poincaré soutint dans le Temps du 27 décembre 1920.

J'avais donc eu l'impression qu'on ferait œuvre utile en rétablissant la vérité en ce qui concerne la paix aussi bien qu'en ce qui concerne la guerre. C'est pourquoi je m'étais attaché à cette œuvre aussitôt la paix conclue. Mais il m'aurait paru également vain de publier mes réflexions et conclusions au milieu des passions excitées. Ce que j'avais écrit, je le gardai donc par devers moi, le complétant ou l'amendant à l'occasion. Du reste, quand commença l'affaire de la Ruhr, en janvier 1923, il me parut qu'il y avait là une raison de plus de différer la publication de mes réflexions, à cause de l'espèce de guerre « passive » qui en était résultée.

Les études que m'ont suggérées les différentes questions se rapportant à la guerre et à la paix portent sur : 1º les causes et les responsabilités de la guerre; 2º la conduite de la guerre, en ce qui concerne les infractions qu'on s'accusait de part et d'autre de commettre contre les lois et usages de la guerre; 3º les violations de traités comparables à celle des traités relatifs à la neutralisation de la Belgique; 4º la conclusion de la paix.

J'avais l'intention de publier ces études dans l'ordre logique que je viens d'indiquer. Mais, déférant à des conseils qui m'ont paru judicieux, j'ai préféré procéder à cette publication en tenant compte surtout de l'utilité qu'elle pourrait avoir pour la cause que je voulais servir : celle de la réconciliation. J'ai donc commencé par ce qui, d'après mon plan

*primitif, devait être la fin, à savoir la conclusion de la paix.
Dans l'automne de 1924, j'ai publié* La Paix malpropre.
Pour la Réconciliation par la Vérité *(1). Ce livre-ci m'a
paru devoir être publié immédiatement après. En effet,
mes autres études sur la guerre sont d'un caractère moins
urgent, en ce sens que les questions qui y sont traitées l'ont
été déjà, notamment en France, par d'autres que moi, et
dans le même esprit que je les traite. Par contre, on a moins
écrit, notamment en France, sur le caractère déloyal et dangereux de la paix, et encore moins sur les violations de traités
internationaux.*

*Ce livre-ci a été écrit presque tout entier pendant la guerre,
retouché et complété sur certains points dans la suite, et,
plus récemment, augmenté des deux chapitres sur « le plus
grand chiffon de papier » et le différend franco-suisse relatif
aux zones franches.*

*Dès le début de la guerre, la violation de la neutralité
belge par l'Allemagne lui a été imputée à « crime », très
justement, du reste, et l'on peut dire que c'est cet acte qui
a le plus contribué à lui aliéner l'opinion pendant toute
la durée du conflit. Or, une étude objective montre que la
théorie du « chiffon de papier » contre laquelle le monde
s'est révolté avec tant de bruit, mais aussi avec raison, a
été d'une application courante dans le passé, et que, pendant
la guerre mondiale, les puissances de l'Entente l'ont mise
en pratique tout aussi bien que les Empires centraux, et
avec plus de succès qu'eux. C'est la conclusion que le lecteur
tirera de ce livre, où il trouvera un exposé des principales
violations de traités et du droit des gens commises depuis
la Révolution française. Après avoir pris connaissance
de cet exposé, le lecteur arrivera à cette conviction : qu'il
en est du droit des gens comme de la vertu, dont Brutus
mourant disait : « Tu n'es qu'un mot ». Il constatera que*   .

---

(1) *Milan* : Società Editrice « Unitas », Viale Piave 12. — *Paris* :
Librairie italienne, 24, rue du 4-Septembre.
Le titre de ce livre s'inspire du jugement que le grand chef
libéral anglais Asquith a porté sur la paix de 1919, en disant que
ce n'était pas la « paix propre » (*clean peace*) qu'on avait espérée.

les gouvernements n'ont fait dans le passé et ne font encore que mettre en pratique cette maxime de Machiavel, d'après laquelle « un prince prudent n'est pas tenu d'exécuter ses engagements quand cela lui tourne à dommage et que les occasions qui les lui ont fait prendre ne sont plus », — maxime perverse, mais dont s'inspirent volontiers les hommes d'État.

Le lecteur s'en indignera sans doute. Il en rira peut-être aussi; car il y a quelque chose d'humoristique à voir les peuples se reprocher les uns aux autres d'avoir commis des « crimes » qu'ils ont commis les uns et les autres. Il lui paraîtra inique qu'on fasse grief aux uns de ce qui serait permis aux autres. Ou bien si, par aventure, il considérait la maxime de Machiavel, non pas comme perverse, mais comme rationnelle et d'une application licite, alors il n'admettrait pas qu'on en accordât le bénéfice aux uns, et qu'on le refusât aux autres.

Ce livre, qui est une collection de « chiffons de papier », pourra donc contribuer à la réconciliation, en prédisposant à une indulgence réciproque les belligérants de la grande guerre. Car ils comprendront que chacun doit pardonner à autrui, pour qu'on lui pardonne à lui-même.

*
* *

Parmi les écrivains qui travaillent à la réconciliation par la vérité, et aussi parmi ceux qui approuvent leurs efforts, il en est qui n'ont en vue que l'idéal de la concorde et de la paix, indépendamment de l'intérêt que leurs pays respectifs pourraient avoir, ou ne pas avoir, au point de vue purement politique, à la réalisation de cet idéal.

Je crois avoir montré dans La Paix malpropre que la paix de Versailles et de Saint-Germain n'est pas seulement condamnable au point de vue moral, mais aussi qu'elle a créé une situation comportant pour l'avenir des risques de guerre. Je crois avoir montré aussi que ces risques menacent surtout la France, et qu'ils ne peuvent être conjurés que par une politique visant à la réconciliation, sur la base d'une modification des clauses de la paix.

Etant admis, d'autre part, — ce qui est évident, — que la réconciliation ne pourra s'opérer que par la connaissance de la vérité, on devra en conclure que ceux qui s'emploient à la faire connaître ne travaillent pas seulement pour l'idéal de la concorde et de la paix, mais aussi, plus spécialement, dans l'intérêt politique de la France. C'est pourquoi ils devraient être secondés même par les Français simplement « nationalistes ».

** * **

Dans le camp de l'Entente, et surtout en France, quand quelqu'un entreprend de travailler à la réconciliation en montrant que ce n'est pas seulement du côté adverse que des abus ont été commis, on a coutume de lui dire : « Vous soutenez une thèse allemande ». En ce qui me concerne, je répondrai ceci : Il s'agit uniquement de savoir si je dis, ou non, la vérité. Si mes contradicteurs éventuels ne commençaient pas par prouver que je ne dis pas la vérité, ils avoueraient implicitement que je la dis. Et si, après avoir fait cet aveu implicitement, ils me disaient : « Vous soutenez une thèse allemande », on voit à quelle conclusion logique cela aboutirait. Mes contradicteurs éventuels ne voudront certainement pas tomber dans cette erreur de raisonnement.

Juillet 1926.

Chapitre premier

LE RESPECT DES TRAITÉS

I

La Doctrine

Avant d'examiner de quelle manière les traités ont été violés, il ne sera pas inutile de rappeler les règles qui établissent de quelle manière ils doivent être respectés. La doctrine étant uniforme à ce propos parmi les théoriciens du droit des gens, j'exprimerai leur avis unanime en reproduisant ci-après le paragraphe 857 du *Manuel de droit international public* d'Henry Bonfils (1) :

Un traité produisant des effets successifs, conclu sans fixation de terme, lie-t-il deux États contractants à jamais, *in perpetuum*? L'éternité des traités serait aussi absurde et aussi irréalisable que l'éternité des Constitutions.

Aussi la doctrine générale et la pratique internationale sous-entendent-elles dans les traités, conclus sans fixation de durée, dans les soi-disant traités perpétuels, la clause *rebus sic stantibus*. La fin d'un traité doit inévitablement suivre la disparition des causes qui l'avaient occasionné. Avec le temps, cette convention est devenue inutile ou abusive, car les rapports des États se sont modifiés ; leurs situations respectives ont subi l'influence des changements survenus dans les intérêts économiques ou politiques.

Mais si l'exécution permanente d'un traité est ainsi devenue contraire à la nature des choses, le changement apporté dans les circonstances en vue desquelles les États contractants s'étaient obligés, produira-t-il, *ipso jure*, l'extinction du traité? L'un des États signataires peut-il, invoquant les situations nouvelles,

---

(1) 6ᵉ édition, Paris 1912 ; Arthur Rousseau, éditeur.

s'affranchir de ses promesses par sa seule volonté? Incontestablement non, répond Bynkershoek. Le système contraire aurait pour logique conséquence qu'aucune promesse n'oblige, si ce n'est lorsque son accomplissement est avantageux à la partie qui l'observe. L'État lié par un traité qu'il juge n'être plus en harmonie avec les nécessités présentes, ne peut se libérer de ses obligations par un acte unilatéral de volonté. Il doit provoquer de nouvelles négociations avec les autres États signataires de ce traité, établir à leur égard les changements opérés, prouver la survenue de circonstances ayant modifié les conditions implicites qui avaient causé le traité et justifié sa forme obligatoire. C'est par une entente commune que la résiliation du traité doit s'accomplir. Elle ne peut être le résultat de la volonté ou du caprice d'un seul.

II

La Pratique

Le traité de Vienne de 1815, le traité de Paris de 1856, le traité de Berlin de 1878, ont été les trois chartes principales sur lesquelles la diplomatie a édifié l'ordre européen au cours du xixe siècle. Or, nous verrons comment ils ont été violés tour à tour, dans l'une ou plusieurs de leurs clauses, par leurs signataires. En outre, nous verrons comment, en dehors de ces trois chartes principales, d'autres traités, également d'une grande importance, et d'autres principes essentiels du droit des gens, ont été aussi violés avec la même désinvolture.

On ne constatera pas sans surprise que, jusqu'à la guerre mondiale, aucune de ces violations de traités et du droit des gens n'avait provoqué la guerre contre les violateurs. En 1866, la violation du traité de Vienne par la Prusse n'a pas été la cause de sa guerre avec l'Autriche ; elle n'en a été que la condition nécessaire, et, pourrait-on dire, la conséquence plutôt que la cause. En général, les États lésés par ces violations de traités se sont bornés à protester. Ensuite, ils ont reconnu le fait accompli par la violation, ou ont persisté dans une protestation purement théorique. On peut admettre que cette tolérance à l'égard des violateurs de traités n'aura pas laissé d'encourager les États à s'imiter les uns les autres et à commettre toujours de nouvelles violations.

***

Exposer les violations de traités qui ont eu lieu avant la guerre mondiale, est faire œuvre plutôt historique que politique. Exposer celles qui ont eu lieu pendant la guerre mondiale, et dont la première a été la violation de la neutralité belge, est faire œuvre plutôt politique qu'historique. Ce sera donc plus utile encore en ce qui concerne le but que je poursuis, qui est de montrer que les torts, en pareille matière, ont été réciproques. Mais ma tâche n'en sera que plus malaisée. J'aurai à réagir contre des opinions arrêtées et des partis pris. C'est surtout à ce propos que l'objectivité serait nécessaire; mais c'est surtout à ce propos aussi qu'elle est difficile.

DEUX VIOLATIONS DE LA NEUTRALITÉ
DE LA SUISSE

I

*Violation par la France, en 1798, de la neutralité
de la Suisse.*

Les deux premiers cas qui seront examinés dans ce livre, la violation de la neutralité de la Suisse par la France en 1798, et la violation de la même neutralité par les ennemis de la France en 1814, sont un peu différents des autres cas qui y seront passés en revue.

A cette époque, la Suisse n'était pas encore « neutralisée », comme elle devait l'être par le traité de Vienne. On pourrait donc soutenir qu'en violant son territoire, la France d'abord, et ses ennemis ensuite, n'ont pas violé un traité déterminé. Mais la Suisse, si elle n'était pas encore « neutralisée », était traditionnellement neutre depuis deux siècles, et neutre aussi dans le conflit qui divisait alors l'Europe. On peut ainsi affirmer qu'en violant son territoire, on violait le droit des gens courant et reconnu, à moins qu'on ne veuille admettre la doctrine dont il sera question à propos du cas de la Belgique en 1914, et d'après laquelle la neutralité d'un pays ne comporterait pas nécessairement l'inviolabilité de son territoire.

La double violation de la neutralité de la Suisse, en 1798 et en 1814, mérite donc de figurer en tête de cette

anthologie des violations de traités et du droit des gens
depuis la Révolution française.

Du reste, en 1798, la France s'empara de la République
de Genève, dont elle avait garanti l'indépendance, comme
le reconnaît Auguste Longnon dans son livre sur *La Formation de l'unité française*, livre qui est un recueil de
cours faits par l'auteur au Collège de France.

*
* *

Comme le dit l'historien français Albert Sorel, l'invasion de la Suisse par la France, en 1798, fut « une entreprise à la fois de prosélytisme, de politique et de fiscalité ».

De prosélytisme? Cela peut d'abord surprendre. La
France était à l'aurore de l'ère républicaine, tandis que
la Confédération Suisse pratiquait le régime républicain
depuis plusieurs siècles. Il semble donc qu'il eût été plus
logique que la Suisse fît du prosélytisme en France et
lui enseignât la pratique de la liberté, qu'inversement.
Mais il se passait à cette époque quelque chose de semblable à ce que nous avons vu se passer pendant la guerre
mondiale, avec cette différence que pendant cette guerre
c'est le bloc des Alliés qui prétendait représenter la vraie
démocratie et voulait l'imposer au monde, tandis qu'en
1798 c'est la France seule qui prétendait remplir cette
mission. La République française en était alors au Directoire ; et pour le Directoire, la Suisse était un pays aristocratique et réactionnaire, ignorant la vraie démocratie,
de même que pendant la guerre mondiale les Alliés considéraient comme « autocratiques » les pays qui ne prati-
quaient pas la démocratie de la même manière qu'eux.

Une entreprise de politique? C'était, à proprement
parler, de politique militaire qu'il s'agissait. C'est surtout
Bonaparte qui avait poussé à l'expédition contre la Suisse,
et il était naturel qu'il y vît avant tout un avantage
stratégique. Installée en Suisse, la France avait prise
sur ses adversaires. Effectivement, le territoire de la Confédération devint le champ de bataille de l'Europe. C'est

en quoi l'invasion de la Suisse par la France, en 1798, présente quelque analogie avec celle de la Belgique par l'Allemagne en 1914. Et l'on verra par la suite que, si les Belges ont eu à se plaindre de l'occupation allemande, les Suisses eurent tout autant à se plaindre de l'occupation française.

Une entreprise de fiscalité? En effet, le Directoire avait besoin d'argent, et il allait en prendre en Suisse.

Telles furent les raisons de l'invasion de la Suisse. Quant au prétexte, ce fut, dit Albert Sorel, « de protéger les pays vassaux contre les cantons suzerains, les Vaudois contre les aristocrates de Berne ». Dans l'ancienne Confédération, il y avait en effet des cantons suzerains et des pays vassaux. Vaud était vassal de Berne et fit appel à la France pour se libérer de la domination bernoise. Mais la preuve que c'était un prétexte, comme dit Albert Sorel, c'est que la révolution vaudoise était déjà un fait accompli quand le Directoire décida d'envahir le pays de Berne et la Suisse.

Cette attitude était d'autant plus condamnable qu'une vieille alliance existait entre la France et la Suisse et que beaucoup de victoires françaises avaient été dues à la coopération des troupes suisses.

Le Directoire avait d'autres griefs contre la Suisse que le caractère insuffisamment démocratique, à ses yeux, de son régime politique. Il lui reprochait de donner asile aux émigrés royalistes et de se montrer trop favorable aux Anglais. En ce qui concerne ce dernier point, il alla jusqu'à demander l'expulsion de l'ambassadeur anglais William Wickham, tout comme les Alliés, pendant la guerre mondiale, ont fait partir de Grèce les ministres des Impériaux. Le gouvernement de la Confédération, sentant le danger, se montra très conciliant. Il consentit à expulser les émigrés. Mais ses concessions ne devaient pas le sauver. En janvier 1798, les troupes françaises entrèrent à Lausanne pour prêter assistance à la révolution vaudoise. Le 23 janvier, de Weiss, bailli bernois de Moudon, lança une proclamation exprimant la conviction que les Français « ne terniraient pas leur gloire en intervenant dans des affaires qui ne les regardaient pas ». Mais rien ne devait arrêter le Directoire, en mal de prétendu prosélytisme démocratique.

*
* *

Sur ce qui se passa alors en Suisse, je vais laisser la parole à trois historiens de grand renom, un Suisse, Dierauer, et deux Français, Henri Martin et Albert Sorel.

Dans son *Histoire de la Confédération Suisse*, Dierauer dit (t. IV, p. 526) :

Le sort de la Suisse était maintenant (après le 18 Fructidor) dans les mains de Bonaparte et de Reubel, dont on ne pouvait attendre aucun ménagement. Le général corse, froid, calculateur, conçut le projet de mettre fin à la neutralité et à l'indépendance de la citadelle des Alpes, *pour que la France pût conduire ses troupes sans obstacle et par le plus court chemin en Italie ou contre les pays autrichiens* (1). Déjà alors, il songeait à construire une route militaire à travers le Valais et le Simplon. Il ne connaissait de scrupules d'aucune espèce. Il haïssait les Bernois et les aristocrates des autres cantons. Il blessa au plus profond de leur être les cantons catholiques en supprimant tout à coup le « collège helvétique » fondé par Charles Borromée, et en transmettant deux jours après ses biens à l'hôpital bourgeois de Milan. Reubel, à ses débuts simple avocat à Colmar, était entièrement d'accord avec Bonaparte, mais ce Jacobin grossier et sans conscience ne se laissait pas diriger seulement par des considérations militaires. Il aspirait à poursuivre la propagande révolutionnaire et ses regards avides se portaient avant tout sur les richesses que devaient renfermer les caisses des États suisses. Les espèces sonnantes et trébuchantes des nids d'aristocrates n'étaient-elles pas bien faites pour suppléer les finances françaises, misérablement anémiées par les excès du régime. Il avait déjà auparavant, d'ailleurs, exprimé un jugement défavorable sur la force de résistance des Suisses.

Comme on le verra, cet historien suisse est modéré auprès des historiens français dont je vais reproduire

---

(1) Je souligne moi-même ce passage, qui indique une analogie entre la violation de la Suisse en 1798 et celle de la Belgique en 1914.

le jugement. Henri Martin, dans son *Histoire de France depuis 1789 jusqu'à nos jours* (Paris, 1879) dit (t. III, p. 6 et suivantes) :

Aussitôt son retour, il (Bonaparte) travailla à faire agréer au Directoire la substitution de l'expédition d'Égypte à celle d'Angleterre. On manquait de ressources, soit pour l'une, soit pour l'autre. Le Directoire fit voter aux deux Conseils un emprunt de 80 millions ; on fit des collectes civiques. Le besoin d'argent contribua à décider le Directoire à commettre, en dehors de nos frontières, des actes violents qui devaient lui en procurer. Il résolut de renverser les gouvernements aristocratiques des cantons suisses et de mettre la main sur leurs caisses. Des motifs politiques préexistaient à ce motif inavouable. Le Directoire tendait à imposer aux petits États voisins ou alliés de la France des Constitutions républicaines unitaires, analogues à la nôtre, comme il avait fait pour la Cisalpine et pour Gênes... Il visait maintenant à révolutionner la Suisse. Bonaparte y poussait. Il avait déjà provoqué une révolution dans une République voisine et alliée de la Suisse, celle des Grisons... Il avait aidé la Valteline à s'insurger et avait provoqué sa réunion à la République cisalpine. Il avait ensuite excité une révolution démocratique et unitaire chez les Grisons. Maintenant, il conseillait de s'attaquer aux aristocrates de Berne et des autres cantons suisses...

Les troupes françaises soutinrent les Vaudois, et 15.000 Français entrèrent à Lausanne (28 janvier 1798). Le gouvernement de Berne essaya de négocier et accepta le principe de l'égalité des citoyens, mais en se donnant un an pour préparer la nouvelle Constitution. Le général Brune arriva avec des renforts, et le Directoire signifia aux Bernois un ultimatum qui ôtait toute indépendance et toute dignité à Berne. Les démocrates suisses se sentirent aussi blessés que les aristocrates. Le gouvernement bernois consentit à abdiquer dans les mains de la démocratie. Le général Brune n'en persista pas moins à imposer le désarmement immédiat, et, ne l'obtenant pas, il envahit le canton de Berne par Fribourg et par Soleure...

Berne ouvrit ses portes, moyennant garantie pour les personnes et les propriétés. Les propriétés privées ne furent qu'incomplètement respectées ; car on mit la main sur des fonds appartenant aux familles patriciennes... Le général qui avait été l'instrument de cette politique violente essaya de détourner le Directoire d'aller plus loin dans cette voie... Bonaparte et le ministre des affaires étrangères, Talleyrand, s'y opposèrent et l'emportèrent auprès du Directoire. Brune donna sa démission, en annonçant que les petits cantons ne se soumettraient pas...

De fortes contributions de guerre furent frappées sur les familles patriciennes des anciens cantons. Les agents militaires et civils du Directoire firent subir à la Suisse un régime vexatoire qui excita partout un vif mécontentement.

Deux petites Républiques alliées de la Suisse furent réunies, sur ces entrefaites, à la France. L'une était Genève ; l'autre, Mulhouse. Genève, par l'influence française, avait passé du gouvernement aristocratique à une démocratie violente ; la réunion à la République française fut votée sous la pression du Directoire. Genève, petite par le territoire et la population, grande par l'intelligence, par la science, par les hommes illustres qu'elle avait produits, se suffisait à elle-même et n'avait aucune raison d'abandonner son individualité pour se fondre dans la grande masse française. Mulhouse, au contraire, n'avait aucun intérêt à rester isolée, et s'attacha promptement et irrévocablement à la France, dont la violence seule a pu la séparer.

Voici maintenant comment Albert Sorel apprécie les mêmes événements dans *L'Europe et la Révolution française* (*V*e *partie : Bonaparte et le Directoire*, p. 293 et suivantes) :

Ce fut aussi (comme pour l'expédition de Rome) pour nourrir l'armée d'Angleterre et remplir les arsenaux que le Directoire, dans le même temps, envahit la Suisse : entreprise à la fois de prosélytisme, de politique et de fiscalité. La Suisse était un foyer de conspirations de royalistes et d'Anglais : il était nécessaire d'y mettre ordre. Berne passait pour avoir un trésor considérable : il était expédient de s'en emparer. Le prétexte fut de protéger les pays vassaux contre les cantons suzerains, les Vaudois contre les aristocrates de Berne. Une propagande fortement nouée par Mengaud à Bâle, Desportes à Genève, Maugourit dans le Valais, prépara l'action militaire. Dès que la révolution serait mûre, l'armée française interviendrait. Il s'agissait de donner en Suisse une seconde représentation du drame mené, en septembre, par Bonaparte à Venise. Brune fut chargé de l'opération... Le 4 mars, il entra dans Berne qui venait de renverser son gouvernement. Il saisit cinq millions en espèces, dix-huit millions de lettres de change et, le 22 mars, il proclama la République Helvétique, une et indivisible... Brune laissa la Suisse assujettie au Directoire, mais bouleversée, pressurée, sous la domination d'une minorité de démocrates citadins, bourgeois, avec une Constitution aussi contraire au génie de ses habitants qu'aux conditions géographiques du pays. Pour fortifier ce nouvel avant-poste, le Directoire jugea utile de l'étendre et s'occupa de réunir à la République Helvétique le pays des Grisons, ce qui fut fait le 26 avril...
...En Suisse, le Directoire perd, par la façon dont il mène la révolution et la conquête, jusqu'aux avantages de la neutralité. Il y révolutionne pour s'assurer les passages. Or, la France avait là, sur ses confins, une barricade de montagnes énormes gardée par une nation amie. Cette nation devient hostile : il faut l'assujettir ; il faut désormais garder, contre elle, ces fameux passages, et la guerre recommençant, si la France faiblit, les passages s'ou-

vriront d'eux-mêmes aux ennemis de la France. Ce sera une route de plus à l'invasion. La « République Helvétique une et indivisible », à peine proclamée par le général Brune, se divise... Le Valais résiste, on le contraint. Ceux de Schwytz se rassemblent au nombre de 10.000, conduits par des moines, le sabre au côté. Le général français, Schauenbourg, a 25.000 hommes. Les Suisses combattent avec une énergie sauvage et, le 2 mai, à Morgarten, ils repoussent les Français. On ne les pacifie qu'en leur garantissant le culte catholique et en renonçant à les occuper militairement. Dans les cantons où la paix s'est maintenue, les extorsions des commissaires la rendent odieuse.

L'un de ces commissaires, Rapinat, allié de Reubell, passe à la postérité par l'affreux jeu de mots de son nom et de son industrie (1). C'est un exacteur furieux : il ferme les clubs, emprisonne les journalistes, épure le Directoire helvétique, menace de traiter la République en pays conquis. En huit mois, on en a tiré près de vingt-deux millions, dont un million et demi de recettes extraordinaires : matériel pris dans les arsenaux, matières d'or et d'argent, objets d'art. Le bruit court que Rapinat prétend faire souscrire aux Suisses un emprunt de quatre-vingts millions. Ce sera la révolte. Le nouveau gouvernement est inerte, tiraillé entre la France qui réclame de l'argent et la nation suisse qui en refuse. Sur la clameur publique, Rapinat est rappelé à Paris ; c'est pour revenir peu après, plus âpre encore aux sévices et aux spoliations. Les envoyés suisses à Paris réclament la justice, le respect de la Constitution qu'on leur a faite, la paix qu'on leur a promise, l'évacuation de leur pays, la reconnaissance de leur neutralité. Neutres, ils l'étaient, et ce n'est point pour les neutraliser que le Directoire les a envahis. Talleyrand exige une alliance offensive et défensive ; elle est signée le 19 août 1798 : toutes les forces de la Suisse sont à la disposition du Directoire. Les troupes françaises continuent d'occuper ce pays et de s'y faire nourrir. Alors, avec la déception et le désespoir, l'insurrection éclate et, le 9 septembre, dans l'Unterwald, Schauenbourg doit encore écraser les montagnards en armes.

II

Violation, en 1814, de la neutralité de la Suisse par les Autrichiens et les Russes

En 1814, ce fut le tour des ennemis de la France de

------

(1) En Suisse, on avait composé ce quatrain pour la circonstance :

> *La Suisse qu'on vole et qu'on ruine*
> *Voudrait bien qu'on opinât*
> *Si Rapinat vient de rapine*
> *Ou rapine de Rapinat.*

chercher à l'atteindre plus facilement en violant la neutralité de la Suisse. Mais cette opération différa de celle de 1798, en ce sens qu'elle fut purement militaire. Elle n'eut rien ni du « prosélytisme », ni de la « fiscalité » qu'Albert Sorel reconnaît à la première. Elle eut toutefois des conséquences politiques, mais indépendamment de la volonté des cnvahisseurs. Les Suisses avaient tellement souffert du régime des Rapinat, qu'ils considérèrent cette invasion austro-russe comme une délivrance et en profitèrent pour s'affranchir du régime que leur avait imposé la Révolution française.

Pendant et après la guerre mondiale, des journaux français s'en sont pris à la Suisse à cause de son attitude en 1814. Ils lui ont reproché d'avoir mis de la complaisance à tolérer la violation de sa neutralité par les ennemis de la France. C'est ce qu'a fait le commandant de Civrieux dans le *Matin* du 27 décembre 1916. Plus tard, à l'occasion du différend franco-suisse relatif aux zones franches, le *Temps* devait reprendre cet argument dans son numéro du 2 novembre 1923. Il ne sera donc pas sans intérêt de reproduire ici l'article par lequel le *Journal de Genève* du 31 décembre 1916, sous la signature de son directeur, M. Georges Wagnière, répondit au commandant de Civrieux :

Le *Matin* nous arrive avec un article imprimé en caractères gras sous le titre : « La violation de la Suisse en 1814 ». Le commandant de Civrieux, qui en est l'auteur, rappelle l'entrée des Alliés d'alors, c'est-à-dire des Autrichiens et des Russes, sur le territoire suisse, sans rencontrer de résistance, malgré la neutralité affirmée par la Diète fédérale. Il ajoute :

« Certes, aucune comparaison n'est possible entre notre situation politique d'alors et celle d'aujourd'hui au regard de nos « voisins, et nous savons que la neutralité armée de la Suisse ne « serait pas un vain mot. Mais aux heures présentes, il n'est sans « doute pas inutile de méditer cette brève page d'histoire militaire. »

En effet les circonstances ne sont plus les mêmes. Et c'est pourquoi il aurait mieux valu ne pas rappeler ces faits douloureux sans rappeler en même temps ceux qui les avaient précédés.

Lorsque, en décembre 1813, 160.000 Autrichiens se concentraient entre Schaffhouse et Bâle sur notre frontière du Rhin, la Suisse venait de traverser seize années de troubles perpétuels et d'anarchie. Elle avait vu son territoire envahi par toutes les armées d'Europe. Sa neutralité, affirmée par la Diète, n'était qu'un vain mot ; il n'y a pas de neutralité sans indépendance, et la Suisse se trouvait dans un état de sujétion.

En 1798, l'armée du Directoire, à la faveur d'une révolution et au mépris d'une alliance plusieurs fois séculaire, avait, la première, franchi la frontière suisse. Les historiens français comme Albert Sorel, Henri Martin, et aussi Marmont dans ses «Mémoires», et Barthélemy, ambassadeur de France en Suisse, qui fit tout pour empêcher le malheur, ont jugé avec sévérité la conduite de leur pays dans cette triste guerre : triste pour la France, triste pour les Suisses qui se montrèrent désunis jusqu'au bout. Berne, abandonnée de ses Confédérés, succomba. La guerre se prolongea avec de sanglants épisodes dans les petits cantons.

La porte une fois ouverte, toute l'Europe vint se battre en Helvétie : les Russes de Souvarof, les Autrichiens de Hotze, les Français sous Masséna et Lecourbe. La Suisse n'était qu'une plaie. Les cantons qui avaient servi de théâtre à la guerre étaient couverts de ruines. Ils avaient payé à l'armée française plus de 23 millions, somme énorme pour l'époque. Et la Suisse restait divisée en deux partis hostiles dont chacun s'appuyait sur l'étranger.

Napoléon rétablit l'ordre, mais ne ramena pas la paix. La Suisse était obligée de lui fournir des troupes qui firent tout leur devoir avec vaillance et fidélité : en Russie les Suisses perdirent plus de la moitié de leur effectif, sans se laisser enlever dans la terrible retraite, ni une aigle ni un drapeau. D'autre part, de jeunes Suisses, plutôt que de servir Napoléon, allaient s'enrôler en Angleterre pour combattre contre l'empereur.

Lorsque l'armée autrichienne se présenta sur le Rhin en 1813, le Valais venait d'être annexé à la France en 1810 ; Genève était une préfecture française ; le Tessin était occupé par l'ordre de Napoléon. Un comité de patriciens bernois ne cessait d'appeler l'invasion étrangère. Les Autrichiens étaient pour eux les défenseurs des souverains renversés par la révolution ; pour d'autres les Autrichiens se présentaient en libérateurs...

Il faut tenir compte de tout cela afin de comprendre comment les décisions de la Diète, organe sans autorité, ne furent pas respectées et comment cette honte fut possible...

Depuis lors tout a changé. L'esprit démocratique a transformé la nation française ; elle représente, plus que toute autre, la cause du droit. Et à ce titre elle inspire une confiance entière aux petits peuples. La Suisse alors déchue, ayant vécu trop longtemps sous un régime vieilli, avait perdu son esprit ancien, son ressort et sa force. Elle possède maintenant un gouvernement, une armée, elle est une nation. Et les humiliations infinies qu'elle a subies de 1798 à 1815 sont pour elle une leçon cruelle et inoubliable. Elle sait maintenant ce qu'il en coûte à un petit pays de se montrer divisé, irrésolu et faible à l'heure du danger et de se laisser prendre dans le jeu terrible des grands États.

Ainsi parlait le *Journal de Genève*. On pourrait ajouter ceci : reprocher aux Suisses d'avoir, en 1814, mis de la complaisance à laisser passer les Austro-Russes par leur territoire, c'est un peu comme si l'on reprochait aux Belges d'avoir, en 1914, laissé passer les Français et les Anglais par leur territoire, après qu'il eut été envahi par les Allemands.

———

Chapitre III

VIOLATIONS DU TRAITÉ DE VIENNE

I

Première violation du traité de Vienne en 1830
Naissance de la Belgique

Si la Belgique, en 1830, a pris naissance comme État indépendant, c'est parce que le traité de Vienne a été violé, autrement dit considéré comme un « chiffon de papier ».

Cette même année 1830 vit se produire une double violation de ce traité, celle qui créa un État indépendant, la Belgique, et celle qui supprima un État autonome, la Pologne. Ces deux événements ont été connexes, en ce sens, pourrait-on dire, que la mort de la Pologne a rendu possible la naissance de la Belgique.

L'article 65 du traité de Vienne stipulait que « les anciennes Provinces Unies des Pays-Bas et les ci-devant Provinces Belgiques formeraient, sous la souveraineté de Son Altesse Royale le prince d'Orange-Nassau, prince souverain desProvinces-Unies, le royaume des Pays-Bas ». La création de ce royaume, par la réunion de la Hollande et de la Belgique en un seul Etat, avait été une des idées maîtresses du congrès de Vienne et était considérée comme une des bases du nouvel ordre européen. En vertu d'une doctrine de droit international couramment reconnue, rien ne pouvait être changé à cet état de choses que par un accord préalable entre tous les signataires du traité de Vienne. Toute modification résultant d'une initiative

unilatérale devait donc équivaloir à la violation de l'article
65 de ce traité. Or, c'est précisément ce qui se produisit.

Lorsque, comme contre-coup de la révolution de Juillet
en France, les Belges se séparèrent des Pays-Bas pour se
constituer en un État indépendant, cette sécession ne fut
franchement approuvée que par la France. L'Autriche,
la Prusse et la Russie y étaient nettement opposées, et
songèrent même à aller jusqu'à la guerre pour faire respecter le traité de Vienne, guerre qui aurait d'abord pris
la forme d'une exécution en Belgique, et qui aurait été
faite en outre contre toute puissance, notamment la France,
qui aurait pris fait et cause pour la Belgique.

Dans l'*Histoire générale du IVe siècle à nos jours*, de
Lavisse et Rambaud, on lit au sujet de ces événements
(t. X, p. 360 (1)) :

Depuis plusieurs mois déjà, les puissances se préoccupaient
des événements de Belgique. Le royaume des Pays-Bas avait
été créé par elles, la situation du grand-duché de Luxembourg,
entre Guillaume Ier, les Belges et l'Allemagne, était extrêmement
délicate, enfin la Maison de Nassau était alliée à celles de Russie
et de Prusse. Une médiation européenne semblait inévitable.
D'autre part, la France de la monarchie de Juillet ne cachait
pas ses sympathies pour la cause des Belges, et l'Angleterre ne
voyait pas de mauvais œil la dissolution du royaume des Pays-
Bas, pourvu que cette dissolution ne profitât pas à la France.
L'Autriche de Metternich avait de tout autres dispositions, mais
les événements en Italie l'absorbaient entièrement. Restaient
la Russie et la Prusse : la première aurait peut-être secouru Guillaume Ier, si l'insurrection polonaise ne l'avait paralysée ; quant
à l'autre, elle n'osait agir seule, et l'attitude du comte Molé,
avertissant que les Français entreraient par le Sud en Belgique
si les Prussiens y entraient par le Nord, avait coupé court à ses
velléités belliqueuses. Une intervention armée était donc impossible, et la question devait se régler par voie diplomatique.

Si la Prusse avait pu compter sur la Russie, l'une et
l'autre seraient intervenues pour faire respecter le traité
de Vienne en ce qui concerne le royaume des Pays-Bas.
Mais la Russie avait sur les bras la révolution de Pologne,
parce qu'elle avait enlevé à la Pologne les libertés que lui

____

(1) Paris, 1898 ; Armand Colin, éditeur.

garantissait le traité de Vienne. C'est pourquoi l'on peut dire que la mort de la Pologne favorisa la naissance de la Belgique, et que, du même coup, elle épargna à la France une guerre avec la Russie et la Prusse.

Le 15 janvier 1831, Lafayette prononça, à la Chambre française, un discours dans lequel il fit allusion, de la manière suivante, à ces événements (1) :

... Je m'étonne, Messieurs, que les deux Ministres du roi ne se soient pas glorifiés à cette tribune d'un fait honorable pour eux. Dès que la Belgique eut pris les armes pour revendiquer sa souveraineté, il fut défendu, au nom du gouvernement français, à tout soldat étranger de mettre le pied sur le territoire belge. J'aurais souhaité que, d'après ce même principe de non-intervention, nous ne nous fussions pas mêlés de leur forme de gouvernement ou des choix individuels, mais je laisse à M. le Ministre des Affaires étrangères le soin d'éclaircir cette discussion entre les deux tribunes...

La question de Belgique fut réglée par voie diplomatique et, à la conférence de Londres, les puissances signataires du traité de Vienne reconnurent le fait accompli par la violation de ce traité. Quant à la Hollande, elle ne le reconnut qu'en 1839.

Il est donc vrai de dire que la Belgique a dû son existence à une violation indiscutable du traité de Vienne. Mais, qui a commis cette violation? Sont-ce les Belges? Étant donné qu'ils n'étaient pas signataires du traité de Vienne, peut-on dire qu'ils l'ont violé? En d'autres termes, peut-on violer un traité qu'on n'a pas signé soi-même? La même question se posera en ce qui concerne l'attitude de la Bulgarie à l'égard du traité de Berlin, contre lequel elle se révolta, mais qu'elle n'avait pas signé. Si l'on admet qu'on ne peut pas violer un traité qu'on n'a pas signé soi-

----

(1) J'emprunte ce discours au *Recueil des traités, conventions et actes diplomatiques concernant la Pologne,* par le comte d'Angeberg. Paris, 1862 ; Amyot éditeur. — C'est au même Recueil que j'emprunterai tous les documents diplomatiques, parlementaires et autres qui seront relatés dans la suite à propos des affaires de Pologne, de Cracovie et de Posen. Chaque document s'y trouve à sa date respective.

même, il faudrait trouver, dans le cas de la Belgique, un
autre violateur du traité de Vienne ; autrement, on arri-
verait à cette conclusion fantaisiste, qu'un traité peut être
violé sans que personne ne le viole. Dans un cas semblable,
il y a violation indirecte de la part des États qui ont signé
le traité et qui le laissent violer par autrui. Quand, par
surplus, l'un des signataires du traité s'oppose à ce que les
autres signataires le fassent respecter, il y a de sa part plus
qu'une violation indirecte ; c'est, pourrait-on dire, une
violation semi-directe, sinon directe. Or, c'est une violation de ce genre que la France commit en 1830, quand elle
s'opposa à ce que la Prusse fît respecter le traité de Vienne
en maintenant l'existence du royaume des Pays-Bas
tel que ce traité l'avait créé.

J'ai dit dans ma préface qu'il y a souvent quelque chose
d'humoristique dans la manière dont les États violent les
traités sans paraître en avoir conscience, et en ne voyant
que les violations commises par autrui. On peut le constater
dès maintenant, à propos de la Belgique et de la Pologne.
La Russie, tandis qu'elle violait le traité de Vienne en
enlevant à la Pologne ses libertés, faisait grief à la France
de ce qu'elle violât le même traité en aidant les Belges à
conquérir leur indépendance ; elle lui en faisait grief au
point de songer à lui faire la guerre. Et la France, inversement, tandis qu'elle violait, ou « semi-violait » le traité
de Vienne en faveur des Belges, c'est-à-dire contre les
Pays-Bas, faisait grief à la Russie de ce qu'elle le violât
contre les Polonais. A la Chambre française, le 23 janvier
1831, Lafayette, qui faisait si bon marché du traité de
Vienne quand il s'agissait de la Belgique, demandait à la
France de le faire respecter en faveur de la Pologne.

Dans la suite, la France devait prendre une part plus
directe à cette première violation du traité de Vienne d'où
résulta l'indépendance de la Belgique. Au mois d'août 1831,
des troupes hollandaises étant entrées en Belgique et ayant

infligé une défaite aux Belges, une première intervention militaire de la France se produisit. Puis, en 1832, le roi des Pays-Bas refusant de consentir à la sécession de la Belgique, une intervention franco-anglaise se produisit et aboutit à l'expédition d'Anvers.

Si, à la suite des traités de 1919, des peuples dont on a disposé sans les consulter, de même qu'en 1815 on avait disposé des Belges sans les consulter, ou dont on a ouvertement méconnu la volonté clairement manifestée, se soulevaient pour disposer librement d'eux-mêmes ; et si, d'autre part, des puissances étrangères leur venaient en aide, indirectement ou directement, les traités de 1919 ne seraient pas plus gravement violés que ne le fut, en 1830, 1831 et 1832, le traité de Vienne dans le cas de la Belgique.

II

Violation du traité de Vienne par la Russie en 1830
La Pologne enchaînée

Si la Pologne, en 1830, a perdu ses libertés, c'est parce que le traité de Vienne a été violé, autrement dit considéré comme un « chiffon de papier ».

L'article 1er de ce traité stipulait que le duché de Varsovie formerait un « État jouissant d'une administration distincte », et que « les Polonais sujets respectifs de la Russie, de l'Autriche et de la Prusse, obtiendraient une représentation et des institutions nationales, réglées d'après le mode d'existence politique que chacun des gouvernements auxquels ils appartenaient jugerait utile et convenable de leur accorder. » En exécution de ces clauses du traité, le tsar Alexandre Ier accorda à la Pologne la charte du 15-27 novembre 1815, qui en faisait vraiment un « État jouissant d'une administration distincte. » Elle formait un « royaume » à jamais réuni à l'Empire de Russie ; le tsar était « roi de Pologne » et se faisait représenter par un lieutenant. Les rapports extérieurs étaient communs ; mais « la nation polonaise aurait à perpétuité une représentation nationale » qui serait la Diète. Elle aurait aussi son armée propre, qui conserverait « tout ce qui tenait à sa nationalité. » Par l'article 165, Alexandre Ier déclarait adopter cette charte « pour lui et ses successeurs ». Quand Nicolas Ier eut succédé à Alexandre Ier, il adressa aux Polonais, à son avènement au trône de Pologne, son manifeste du 13 /25 décembre 1825, dans lequel il disait : « Nous vous déclarons que les institutions qu'il (Alexandre Ier) vous a données resteront sans aucun changement. En conséquence, je promets et jure devant Dieu que j'observerai l'acte constitutionnel, et que je mettrai tous mes soins à en maintenir l'observation. »

Cependant, déjà du vivant d'Alexandre Ier, une série d'ordonnances avaient restreint les libertés de la Pologne, révélant une tendance hostile aux concessions accordées en 1815.

Le 29 novembre 1830, la révolution éclata à Varsovie. Le 20 décembre, la Diète publia un manifeste exposant tous les abus commis par la Russie de 1815 à 1830, et déclarant l'insurrection « légale et nationale. » Le manifeste de la Diète développait cette idée : qu'il y avait incompatibilité entre le régime de liberté en vigueur en Pologne et l'autocratie russe, et que celle-ci, craignant la contagion libérale, voulait supprimer la liberté en Pologne. Dès ce moment, et avant même que l'insurrection fût écrasée, il devint évident que la conséquence en serait l'abrogation de la Constitution polonaise et la suppression de la Pologne comme État autonome. C'est pourquoi les puissances signataires du traité de Vienne, y voyant une violation de ce traité, commencèrent à s'émouvoir.

Le 22 mars 1831, lord Palmerston, ministre des affaires étrangères en Angleterre, écrivait à lord Heytesbury, ambassadeur britannique en Russie, qu'on ne se trouvait pas devant un cas ordinaire de guerre civile, excluant l'intervention des gouvernements étrangers, puisque le royaume de Pologne avait été créé par le traité de Vienne, auquel la plupart des puissances européennes avaient été parties contractantes.

Le point de vue russe consistait à soutenir : 1º que le traité de Vienne n'ayant pas stipulé la nature de la Constitution qui serait accordée à la Pologne, la Russie ne violait pas ce traité en abrogeant la Constitution qu'elle lui avait accordée en 1815 ; 2º que les Polonais, en se révoltant, avaient délié la Russie de ses engagements. Ce dernier argument ne tenait guère devant ce double fait : que les Polonais s'étaient révoltés parce qu'on restreignait leurs libertés ; puis, que la Russie avait pris ses engagements à l'égard non seulement des Polonais, mais encore des puissances. Quant au premier argument, il n'aurait eu de valeur que si la Russie avait eu l'intention de se conformer d'une autre manière à l'article 1er du traité de Vienne. Or, il était évident, — et l'événement le prouva ensuite, — qu'elle avait des intentions tout à fait opposées.

La France soutenait l'Angleterre et proposait de recourir à une médiation. Elle faisait à Saint-Pétersbourg des représentations identiques à celles de lord Palmerston. La Russie ne dévoilait pas encore complètement ses desseins. C'est ainsi que, le 19 septembre 1831, le général Sébastiani, ministre français des affaires étrangères, pouvait dire à la Chambre qu'il avait reçu de Saint-Pétersbourg et de Berlin des assurances quant au maintien du royaume de Pologne. La Prusse et l'Autriche voulaient laisser faire la Russie, car il y avait entre les trois puissances co-partageantes une solidarité forcée contre la Pologne.

Les choses tournèrent mal pour les Polonais. L'insurrection ayant été vaincue, une proclamation fut publiée, le 20 octobre /1er novembre 1831, par le conseiller privé Engel, président du gouvernement provisoire du royaume de Pologne. Ce gouvernement provisoire, investi des attributions de l'ancien gouvernement, se composait d'un président et de quatre membres nommés directement par le

Tsar. Puis, le 14 /26 février 1832, furent publiés les nouveaux statuts organiques pour la Pologne. Ces statuts enlevaient au « royaume » — on lui conservait ce nom — l'autonomie qu'il avait reçue en 1815. L'administration supérieure était confiée à un conseil d'administration, non élu par la Pologne, sous la présidence d'un gouverneur. Le conseil d'État dépendait directement du Tsar. L'armée était fondue avec l'armée russe. La liberté de la presse devenait illusoire. La Diète était remplacée par des assemblées d'États provinciaux, c'était pratiquement la fin des libertés polonaises, remplacées par un régime de compression.

La Russie avait donc bien violé le traité de Vienne, surtout si l'on considère que, dans la suite, la Pologne, loin de recouvrer ses libertés, tomba toujours plus au rang d'une province russe. Quant aux puissances signataires du traité, au lieu d'accepter après coup le fait accompli par sa violation, comme elles l'avaient fait dans le cas de la Belgique et des Pays-Bas, elles adoptèrent une attitude de protestation platonique et inutile.

III

Violation par l'Autriche, la Prusse et la Russie, en 1846,
du traité de Vienne.
Suppression de la République de Cracovie.

Si, en 1846, la République de Cracovie a été effacée comme État indépendant de la carte de l'Europe, c'est parce que le traité de Vienne, qui l'avait créée, a été violé, autrement dit considéré comme un « chiffon de papier ».

Les articles 6 et 9 du traité de Vienne étaient ainsi conçus :

Art. 6. — La ville de Cracovie, avec son territoire, est déclarée à perpétuité cité libre, indépendante et strictement neutre, sous la protection de la Russie, de l'Autriche et de la Prusse.
Art. 9. — Les cours de Russie, d'Autriche et de Prusse s'engagent à respecter et à faire respecter en tout temps la neutralité

de la ville libre de Cracovie et de son territoire ; aucune force armée ne pourra jamais y être introduite sous quelque prétexte que ce soit. En revanche, il est entendu qu'il ne pourra être accordé dans la ville libre aucun asile ou protection à des transfuges, déserteurs ou gens poursuivis par la loi...

La Constitution de Cracovie était déterminée par le traité additionnel signé à Vienne, le 3 mai 1815, entre l'Autriche, la Prusse et la Russie, et formant l'annexe n° 3 de l'acte final du congrès de Vienne, communément appelé traité de Vienne. L'article 10 de ce traité stipulait — ceci est à retenir comme important — que les dispositions du traité additionnel relatif à Cracovie, « annexé au présent traité général, auraient la même force et valeur que si elles étaient textuellement insérées dans cet acte. » C'était aussi le cas, du reste, pour d'autres traités additionnels.

Dès l'année 1836, des difficultés s'élevèrent entre la République de Cracovie et les trois puissances protectrices. Comme il fallait s'y attendre, cette partie de la Pologne, restée indépendante, devint le foyer vivant de l'idée et des aspirations polonaises. Les trois puissances co-partageantes en prirent ombrage, y virent un danger. En 1836, donc, sans y être invitées par le gouvernement de Cracovie, elles l'occupèrent par des troupes russes, autrichiennes et prussiennes, alléguant que les réfugiés polonais qui s'y trouvaient constituaient un danger pour elles. C'était une violation flagrante du traité de Vienne. Comme protestation, Gaspard Wieloglowski, président du Sénat de Cracovie, donna sa démission. Les trois ministres-résidents d'Autriche, de Prusse et de Russie, notifièrent au Sénat qu'ils suspendaient la Diète et introduisaient des réformes changeant le système adopté en 1815, 1833 et 1837. Toutefois, cette première occupation ne fut pas maintenue.

En 1846, nouvelle crise qui devait être mortelle pour la République. Une situation troublée y régnait effectivement, et le Sénat avait lui-même consenti à une occupation temporaire par les puissances protectrices, occupation qui eut lieu le 18 février. Ces puissances donnèrent aux autres signataires du traité de Vienne l'assurance que l'occupation ne serait que temporaire. Or, malgré cette assurance, les trois puissances « protectrices » de Cracovie négocièrent dans le plus grand secret, un traité qui mit fin à son existence. Ce fut le traité du 6 novembre 1846, signé à Vienne. Il comprenait deux articles, précédés de curieux « considérants ». L'article 1er abrogeait le traité du 3 mai 1815, conclu entre l'Autriche, la Prusse et la Russie, au sujet de la création et de l'organisation de la République de Cracovie. L'article 2 stipulait que la ville et son territoire étaient rendus à l'Autriche « pour redevenir, comme avant 1809, la possession de Sa Majesté Impériale et Royale Apostolique. » Dans cette affaire aussi, il y eut un élément comique : d'après le préambule du traité supprimant l'État de Cracovie créé par le traité de Vienne, c'était par respect pour ce traité qu'on supprimait son œuvre en ce qui concernait la ville libre. En effet, y était-il dit, Cracovie était devenue, pendant les vingt-six années de son existence, « un foyer de troubles et de désordres » tendant, entre autres buts, au « renversement de l'ordre de choses fondé sur les traités de 1815 ». En particulier « des entreprises de cette nature étaient une violation évidente du traité du 3 mai 1815 ». D'autre part, le préambule soutenait une thèse audacieuse pour exclure les autres signataires du traité de Vienne du règlement de la question de Cracovie. D'après cette thèse, cette question avait été réglée entre l'Autriche, la Prusse et la Russie seules par le traité du 3 mai 1815, et ne regardait donc pas les autres puissances. Il est vrai que ce traité du 3 mai 1815 avait été présenté au congrès de Vienne « pour enregistrement ». C'est pourquoi les trois puissances protectrices de Cracovie consentaient — en quelque sorte par simple politesse — à porter leur nouveau traité du 6 novembre 1846 à la connaissance des autres puissances signataires du traité de Vienne.

Du côté de ces autres puissances, l'émotion fut considérable, non seulement à cause de l'acte lui-même, mais aussi parce qu'elles avaient été mises brusquement devant un fait accompli, préparé dans le mystère. Palmerston,

au nom de l'Angleterre, et Guizot, au nom de la France,
protestèrent avec toute la solennité que le cas comportait.
Mais, comme dans celui de la Pologne, leurs protestations
furent sans effet.

IV

*Violation par la Prusse et la Confédération germanique,
en 1848, du traité de Vienne.
Contre Posen.*

L'article 53 du traité de Vienne, énumérant les princes
faisant partie de la Confédération germanique, disait :
« ... l'empereur d'Autriche et le roi de Prusse, pour toutes
celles de leurs possessions qui ont anciennement appartenu
à l'Empire germanique. » Il en résultait que cette partie
de la Pologne qu'on appelait le grand-duché de Posen ne
faisait pas partie de la Confédération germanique, quoique
appartenant à la Prusse. Pour Posen, c'était comme une
atténuation de sa dépendance vis-à-vis des puissances
germaniques. Or, par un décret du 14 avril 1848, que
confirma dans la suite l'assemblée nationale de la Confédération germanique, le roi de Prusse Frédéric-Guillaume IV
proclama la réunion à la Confédération des « parties de la
province de Posen où la nationalité allemande se trouvait
être prédominante. » Pour le grand-duché de Posen,
c'était un coup doublement douloureux. Il se trouvait
ainsi scindé en deux parties, et, pour la partie rattachée
à la Confédération, cela accentuait sa dépendance vis-à-vis
des puissances germaniques. De toute manière, c'était
une violation évidente de l'article 53 du traité de Vienne.

Le 27 avril 1848, le comité national polonais du grand-
duché de Posen publia une protestation dans laquelle
on lisait ceci :

... Aujourd'hui, un forfait semblable (à celui de Cracovie) se
reproduit dans une partie de la Pologne, et c'est dans l'année
1848, qui est celle de la liberté des peuples, qu'il doit être accompli...

Le 15 août 1848, le comité national central polonais de Galicie publia à son tour une protestation, dans laquelle il invitait les peuples libres de France et d'Angleterre à s'opposer à « cette nouvelle et honteuse violation de toutes les garanties des traités, de tous les droits des nations. »

Malgré ces appels pathétiques, personne ne bougea en Occident. Sans doute s'était-on rendu compte, à Paris et à Londres, qu'on jouait un rôle ridicule en protestant sans cesse platoniquement. C'est pourquoi le traité de Vienne eut de nouveau le sort d'un « chiffon de papier ».

V

Violation par la Prusse, en 1866, du traité de Vienne.
Suppression de la Confédération germanique.

Si, en 1866, la configuration politique de l'Europe centrale a été bouleversée par la guerre entre la Prusse et le reste de la Confédération germanique, c'est parce que le traité de Vienne a été violé, autrement dit considéré comme un « chiffon de papier ».

La Confédération germanique, qui dura de 1815 à 1866, n'était pas un groupement d'États s'étant constitué spontanément et de sa propre initiative. Comme le royaume des Pays-Bas, comme le royaume autonome de Pologne et la ville libre de Cracovie, c'était une création du congrès de Vienne. Les articles 15 à 52 du traité de Vienne réglaient la situation respective des différents États allemands. L'article 53 énumérait les souverains et les villes libres qui constituaient la Confédération germanique. Les articles 54 à 62 réglaient l'organisation de la Confédération et de la Diète. L'article 63, capital dans la question qui nous occupe, commençait par stipuler que les États de la Confédération s'engageaient à défendre non seulement l'Allemagne entière, mais aussi chaque État individuel de l'Union, puis il poursuivait :

> Les États confédérés s'engagent de même à ne se faire la guerre
> sous aucun prétexte, et à ne point poursuivre leurs différends
> par la force des armes, mais à les soumettre à la Diète. Celle-ci
> essayera, moyennant une commission, la voie de la médiation.
> Si elle ne réussit pas, et qu'une sentence juridique devienne néces-
> saire, il y sera pourvu par un jugement austrégal (*Austrägal
> Instanz*) bien organisé, auquel les parties litigantes se soumettront
> sans appel.

Le jugement austrégal était une ancienne procédure
germanique. Pour en régler l'application éventuelle à la
Condédération germanique, une loi spéciale fut instituée, la
Bundesaustrâgalordnung, portant la date du 16 juin 1817(1).

Enfin, l'article 64 du traité de Vienne, également important dans le cas qui nous occupe, disait :

> Les articles compris sous le titre de dispositions particulières
> dans l'Acte de la Confédération germanique, tel qu'il se trouve
> annexé en original et dans une traduction française au présent
> traité général, auront la même force et valeur que s'ils étaient
> textuellement insérés ici.

C'était une précaution analogue à celle qui avait été
prise pour le traité austro-prusso-russe du 3 mai 1815,
relatif à Cracovie.

Quand le conflit politique, issu de la question des duchés,
opposa la Prusse à l'Autriche, il aurait fallu, en vertu
du traité de Vienne, empêcher qu'il ne dégénérât en conflit
armé ; il aurait fallu le soumettre à la Diète, et, au besoin,
faire jouer la *Bundesaustrâgalordnung*. C'est ce que l'Autriche proposa de faire ; mais la Prusse s'y opposa. Bien
plus, elle proposa une révision de la Constitution excluant
l'Autriche de la Confédération.

La guerre éclata donc, opposant la Prusse, alliée à l'Italie,
aux autres principaux États de la Confédération : Autriche,
Saxe, Bavière, Wurtemberg, Hanovre, etc. Elle eut pour
résultat de morceler la Confédération en trois tronçons :

---

(1) Dans l'Empire allemand fondé en 1871, c'était en vertu
de l'article 76 de la Constitution, le Conseil fédéral (*Bundesrat*)
qui était compétent pour régler les différends surgissant entre
les États confédérés.

la Confédération de l'Allemagne du Nord, qui se résumait presque en une Prusse très agrandie ; l'Autriche ; puis les États de l'Allemagne du Sud. De toutes les violations du traité de Vienne, ce fut la plus importante quant à ses résultats, et aussi la plus complète. Elle était, pour ainsi dire, quadruple : violation du traité, en vue de détruire la Confédération germanique en en excluant l'Autriche ; violation de la clause du traité relative au recours à la Diète ; violation de la *Bundesaustrâgalordnung* ; enfin, violation du traité par suite de l'alliance de la Prusse avec un État étranger, l'Italie, contre un membre de la Confédération, l'Autriche.

Ce fut la dernière violation importante du traité de Vienne, probablement parce qu'il ne restait plus rien d'essentiel à en violer.

Si, aujourd'hui, dans l'Europe remaniée par les traités de 1919, quelque grand bouleversement se produisait comparable à celui de 1866, les traités de 1919 ne seraient pas plus gravement violés que ne le fut alors le traité de Vienne.

Quelqu'un, en Europe, protesta-t-il, ou fit-il mine de ne pas accepter le fait accompli? Napoléon III, empereur des Français, fit mine — on va voir de quelle manière — de ne pas accepter ce fait accompli.

VI

Violation projetée, par Napoléon III, de la neutralité et de l'indépendance de la Belgique

Jusque-là, on avait protesté, avec sincérité ou hypocrisie, contre les violations du traité de Vienne. Napoléon III songea à une sanction plus pratique, consistant à inaugurer le système des compensations. Il demanda qu'on lui abandonnât la Belgique, moyennant quoi il reconnaîtrait le fait accompli en 1866, notamment l'agrandissement de la

Prusse, et ne s'opposerait pas à l'unification ultérieure de l'Allemagne sous son hégémonie.

C'est le 25 juillet 1870 que le *Times* publia, à la grande surprise de l'Europe, le texte du projet de traité rédigé par Benedetti, ambassadeur de France à Berlin, traité annexant la Belgique et le Luxembourg à la France, et dont l'article 4 était ainsi conçu :

> De son côté, Sa Majesté le roi de Prusse, au cas où Sa Majesté l'empereur des Français serait amené par les circonstances à faire entrer ses troupes en Belgique ou à la conquérir, accordera le secours de ses armes à la France, et il la soutiendra avec toutes ses forces de terre et de mer, envers et contre toute puissance qui, dans cette éventualité, lui déclarerait la guerre.

Le *Times* ajoutait que Napoléon III, pour éviter la guerre de 1870, aurait réitéré l'offre de mettre à exécution ce projet de traité.

Dans son *Histoire diplomatique de la guerre franco-allemande* (1), Albert Sorel dit au même sujet (t. I, p. 222) :

> Le fait est que l'on s'était avancé, que l'on avait parlé de la Belgique, et que l'on s'était montré prêt à laisser faire la Prusse, pourvu qu'elle payât la bonne volonté de la France au prix qu'y mettrait l'empereur.

Ainsi, à l'égard de ce traité garantissant l'indépendance et la neutralité de la Belgique, que l'Allemagne a considéré comme un « chiffon de papier » en 1914, Napoléon III était disposé à en user bien plus cavalièrement encore, puisqu'il ne se serait pas agi simplement d'y faire passer des troupes, mais de la conquérir et de l'annexer. S'il y a renoncé, c'est probablement parce qu'il s'était rendu compte que cette opération n'irait pas sans une guerre avec l'Angleterre et que l'alliance de la Prusse, puissance sans marine de guerre, ne lui serait d'aucune utilité contre elle.

Mais, si Napoléon III avait mis son projet à exécution, ses sujets s'y seraient-ils opposés?

---

(1) Paris, 1875 ; E. Plon, éditeur.

Chapitre IV

VIOLATION PAR LA RUSSIE, EN 1870, DU TRAITÉ DE PARIS LA MER NOIRE ET LES DÉTROITS

I

Le traité de Paris et sa violation.

Si la Russie, en 1870, s'est affranchie des entraves que lui imposait la neutralisation de la mer Noire, c'est en violant, autrement dit en considérant comme un « chiffon de papier », le traité de Paris du 30 mars 1856, qui avait établi cette neutralisation.

L'article 11 du traité de Paris, qui avait mis fin à la guerre de Crimée, stipulait que la mer Noire était neutralisée, qu'elle était ouverte à la marine marchande de tous les pays, mais interdite au pavillon de guerre soit des puissances riveraines, soit de toute autre puissance. En conséquence, stipulait l'article 13, la Russie et la Turquie s'engageaient à n'élever et à ne conserver, sur le littoral de la mer Noire, aucun arsenal militaire, maritime. L'article 14 mentionnait la convention conclue le même jour entre la Russie et la Turquie, stipulait que cette convention était annexée au traité de Paris, qu'elle aurait même force et valeur que si elle en faisait partie intégralement, et qu'elle ne pourrait être ni annulée, ni modifiée sans l'assentiment des puissances signataires du traité. Par cette convention, la Russie et la Turquie s'engageaient à ne pas avoir dans la mer Noire d'autres bâtiments de guerre que dix bâtiments légers, dont les dimensions et le tonnage étaient spécifiés dans l'article 2.

Parmi les conditions que la Russie avait dû subir à la suite de sa défaite de Crimée, la neutralisation de la mer Noire était une des plus dures et des plus gênantes pour elle. C'est d'elle qu'elle résolut de s'affranchir en 1870, profitant de la défaite de la France.

A la fin du mois d'octobre 1870, le chancelier russe, prince Gortschakof, adressa donc aux puissances signataires du traité de Paris une note circulaire pour leur faire savoir que « Sa Majesté impériale ne saurait se considérer plus longtemps comme liée aux obligations du 18/30 mars 1856, en tant qu'elles restreignaient ses droits de souveraineté dans la mer Noire ».

A l'appui de cette décision, le prince Gortschakof donnait les raisons suivantes :

Les altérations nécessaires qu'ont subies, durant ces dernières années, les transactions considérées comme le fondement de l'équilibre de l'Europe, ont placé le cabinet impérial dans la nécessité d'examiner les conséquences qui en résultent pour la position politique de la Russie. En outre, le traité du 30 mars 1856 a été modifié par quelques-unes de ces atteintes auxquelles la plupart des transactions européennes ont été exposées dernièrement, et en présence desquelles il serait difficile d'affirmer que le droit écrit, fondé sur le respect des traités, comme base du droit public et règle des rapports entre les États, ait conservé la même sanction morale qu'il a pu avoir en d'autres temps.

II

L'attitude de l'Europe.

L'émotion fut vive dans les chancelleries, surtout en Angleterre, car c'est principalement cette puissance qui avait voulu la neutralisation de la mer Noire. Le 10 novembre, lord Granville, ministre des affaires étrangères, adressa à Sir A. Buchanan, ambassadeur britannique en Russie, une dépêche où il disait :

Le procédé de la Russie anéantit tous les traités. L'objet d'un traité est de lier les contractants l'un à l'autre ; d'après la doctrine russe, chaque partie soumet tout à sa propre autorité et

ne se tient obligée qu'envers elle-même... Ai-je besoin de vous
dire que le gouvernement a reçu cette communication avec un
profond regret, car elle ouvre un débat qui peut troubler la
bonne entente que nous nous sommes toujours efforcés de maintenir avec la Russie. Par ces raisons, il est impossible au gouvernement de Sa Majesté de sanctionner, en ce qui le concerne, la
conduite annoncée par le prince Gortschakof.

Le comte de Beust, pour l'Autriche, répondit à la circulaire russe le 16 novembre 1870. Il commençait par rappeler
l'article 14 du traité, disant : « Cette convention ne pourra
être ni annulée ni modifiée sans l'assentiment des puissances signataires. » En terminant, il signalait « les conséquences d'un procédé qui portait atteinte à un acte international et qui se produisait dans des circonstances où,
plus que jamais, l'Europe avait besoin des garanties
qu'offre à son repos et à son avenir la foi des traités » (1).

Dans son *Histoire diplomatique de la guerre franco-allemande*, Albert Sorel apprécie ainsi la circulaire du prince
Gortschakof (t. II, p. 91) :

Cela revenait à déclarer qu'il n'y a de droit public que pour
les politiques naïfs, que les contrats diplomatiques n'obligent
que les États trop faibles pour les déchirer et ne protègent que
les États assez forts pour les défendre. C'était le commentaire
pratique de la parole du comte de Beust : « Je ne vois plus d'Europe. »

A propos de cette violation du traité de Paris par la
Russie, il se passa quelque chose de semblable à ce qui
s'était passé, en 1830, à propos de la violation du traité
de Vienne, en ce qui concerne la Belgique. Les puissances
dont les droits avaient été méconnus reconnurent le fait
accompli. Ce fut l'œuvre de la conférence de Londres,
en janvier 1871. Pour sauver la face, le protocole de la
conférence, du 17 janvier, enregistra la déclaration suivante : « Les plénipotentiaires de l'Allemagne, de l'Angleterre, de l'Autriche, de l'Italie, de la Russie et de la Turquie

____

(1) On trouvera tous ces documents dans l'*Histoire diplomatique
de la guerre franco-allemande*, d'Albert Sorel (t. II, p. 91 et suivantes).

réunis, reconnaissent que c'est un principe essentiel du droit des gens qu'aucune puissance ne peut se libérer des engagements d'un traité, ni en modifier les stipulations, qu'à la suite de l'assentiment des parties contractantes, au moyen d'une entente amicale. »

En signant cette déclaration, les plénipotentiaires durent se dire en chœur : « Le bon billet qu'a La Châtre ! » Et l'avenir devait le prouver.

—

Chapitre V

VIOLATIONS DU TRAITÉ DE BERLIN

I

*Violation du traité de Berlin
en ce qui concerne la Bulgarie.*

Si, de petite principauté vassale qu'elle était, la Bulgarie
est devenue ensuite une puissance balkanique, c'est grâce
à une série de violations du traité de Berlin, considéré par
elle comme un « chiffon de papier ».

L'article 1er du traité de Berlin stipulait que la Bulgarie
était constituée en principauté autonome et tributaire
sous la suzeraineté du Sultan, et qu'elle aurait un gouvernement chrétien. D'après l'article 3, le prince de Bulgarie
serait librement élu par la population et confirmé par la
Porte, avec l'assentiment des puissances. En cas de vacance
de la dignité princière, l'élection du nouveau prince se
ferait aux mêmes conditions et dans les mêmes formes.
Ainsi, tout était prévu, y compris la non-hérédité de la
dignité princière, pour donner à la Bulgarie le caractère
d'un pays vassal. D'après l'article 13, la Roumélie orientale,
au sud des Balkans, formerait une « province » placée sous
l'autorité directe du Sultan, dans des conditions d'autonomie administrative, et ayant un gouverneur général chrétien. L'article 17 stipulait que ce gouverneur général serait
nommé par la Porte, avec l'assentiment des puissances,
pour un terme de cinq ans.

Le 21 septembre 1885, sept ans après la signature du
traité de Berlin, une première et grave atteinte lui était
portée. Le prince de Bulgarie, Alexandre de Battenberg,

s'emparait du gouvernement en Roumélie orientale, ce qui était un premier pas vers la réunion de cette province encore turque à la principauté. Le 14 juillet 1886, nouvelle atteinte au traité, par la convocation d'une assemblée nationale commune à la Bulgarie et à la Roumélie orientale.

Mais, qui avait violé le traité? La Bulgarie n'étant pas partie à ce traité, on peut soutenir, comme pour la Belgique en 1830, qu'elle ne pouvait pas violer un traité qu'elle n'avait pas signé. Dans ce cas, ce sont les puissances signataires qui, pour ne pas s'être opposées à la violation de leur œuvre, seraient, indirectement, responsables de cette violation. Seule, la Russie prit une attitude résolue de protestation. Elle rappela ses officiers de Bulgarie, et une période de tension et de froideur commença entre Pétersbourg et Sofia. Était-ce, de la part de la Russie, respect du traité de Berlin? C'était plutôt du dépit de voir la Bulgarie s'émanciper de son protectorat moral. Le 5 avril 1886, la Turquie acceptait la première violation du traité, en nommant le prince de Bulgarie gouverneur de la Roumélie orientale. En juillet 1887, le prince Ferdinand succéda au prince de Battenberg. La Russie ayant fait opposition à son élection, son maintien au pouvoir constituait une nouvelle violation du traité de Berlin. Ce n'est qu'en 1896 que la Russie renonça à son opposition et, la même année, la Turquie reconnaissait le prince Ferdinand comme gouverneur de la Roumélie orientale. Enfin, le 5 octobre 1908, se produisit la violation finale et décisive ; à Tirnovo, eut lieu la proclamation de la Bulgarie et de la Roumélie orientale comme un royaume unique et soustrait à la suzeraineté de la Turquie. Cette fois encore, les puissances reconnurent la situation créée par cette nouvelle violation du traité de Berlin.

Comment cette tolérance universelle n'aurait-elle pas encouragé les contempteurs du droit des gens à devenir des violateurs de traités?

II

Violation par l'Autriche-Hongrie, en 1908,
du traité de Berlin.
L'annexion de la Bosnie-Herzégovine.

L'Autriche-Hongrie, en s'annexant, par proclamation
du 7 octobre 1908, la Bosnie-Herzégovine, a violé, autrement dit considéré comme un « chiffon de papier », le traité
de Berlin.

L'article 25 stipulait que « les provinces de Bosnie et
Herzégovine seraient occupées et administrées par l'Autriche-Hongrie ». A la séance du 28 juin 1878 du congrès
de Berlin (1), le comte Andrassy avait déclaré que « la
question bosno-herzégovienne tout en concernant le plus
directement l'Autriche-Hongrie, ne cessait pas d'être une
question éminemment européenne ». Mais l'autonomie
proposée par l'article 14 du traité de San Stefano ne
ferait pas cesser l'anarchie qui régnait en Bosnie-
Herzégovine et qui était dangereuse pour l'Autriche
voisine. C'est alors que lord Salisbury avait proposé
l'occupation et l'administration par l'Autriche-Hongrie,
solution à laquelle Bismarck et le plénipotentiaire italien
s'étaient ralliés. Toutefois, la souveraineté du Sultan était
maintenue en Bosnie-Herzégovine, le pays continuant, en
droit, de faire partie de l'Empire ottoman.

Mais, quand la révolution jeune-turque de 1908 eut
substitué à l'autorité du Sultan le régime constitutionnel
et qu'un Parlement ottoman eut recommencé à siéger, il
parut possible que la Bosnie-Herzégovine voulût y envoyer
des députés, puisque, en droit, elle faisait partie de l'Empire
ottoman. Il aurait pu en résulter une immixion du gouvernement ottoman aux dépens de l'influence austro-hongroise.
Comme, d'autre part, la Bosnie-Herzégovine ne pouvait
pas rester sans organisation constitutionnelle alors que la

---

(1) Voir le protocole n° 8 du Congrès de Berlin dans le *Recueil
des traités de la France*, de de Clercq, t. XII, p. 222.

4

Turquie en avait une, le gouvernement austro-hongrois résolut de la doter d'une Diète. Mais ce gouvernement, comme le comte d'Aehrenthal l'expliqua ultérieurement aux Délégations, estima qu'« il aurait été fort dangereux d'introduire une innovation pareille, avant d'avoir écarté toutes les incertitudes quant à la souveraineté sur les territoires occupés ». D'où l'annexion, qui substituait la souveraineté austro-hongroise à la souveraineté ottomane.

III

Violation du traité de Berlin par la Turquie.

A côté des violations de traités par action, il y a celles par omission, lesquelles consistent à ne pas exécuter des obligations qu'on avait acceptées par traité. De ces violations par omission, on peut en citer quelques-unes, notamment au passif de la Turquie et de la Roumanie, en ce qui concerne les stipulations du traité de Berlin.

Par l'article 23 de ce traité, la Turquie s'engageait à appliquer scrupuleusement dans l'île de Crète le règlement organique de 1868, en y apportant les modifications qui seraient jugées équitables. Des règlements analogues, adaptés aux besoins locaux, seraient également introduits dans les autres parties de la Turquie d'Europe pour lesquelles une organisation particulière n'avait pas été prévue par le traité. D'autre part par l'article 61, la Turquie s'engageait « à réaliser, sans plus de retard, les améliorations et les réformes qu'exigent les besoins locaux dans les provinces habitées par les Arméniens, et à garantir leur sécurité contre les Circassiens et les Kurdes ». La Turquie devait « donner connaissance périodiquement des mesures prises à cet effet aux puissances, qui en surveilleraient l'application ».

Il y avait donc là un ensemble de dispositions destinées à donner satisfaction aux sujets chrétiens de la Turquie, notamment aux Arméniens. Mais ces dispositions restèrent

lettre morte, et ce fut la cause de nombreuses difficultés
entre les puissances et la Turquie d'ancien régime, qui avait
omis de mettre à exécution ces clauses du traité de Berlin.

IV

*Violation par la Roumanie du traité de Berlin
en ce qui concerne les Israélites.*

Par un curieux phénomène de partialité, alors qu'on s'en
prenait sans cesse à la Turquie parce qu'elle ne réalisait
pas les réformes prévues par le traité de Berlin en faveur
des Arméniens, ou semblait ne pas s'apercevoir que la
Roumanie faisait de même en ce qui concerne les réformes
que le même traité lui imposait en faveur des Israélites.
Et pourtant, la Roumanie était plus tenue encore que la
Turquie d'observer sur ce point le traité de Berlin, parce
qu'il avait fait de cette observation la condition même de
son existence comme État indépendant.

L'article 43 du traité est ainsi conçu :

Les hautes parties contractantes reconnaissent l'indépendance
de la Roumanie, en la rattachant aux conditions exposées dans
les deux articles suivants.

L'article 44 dit :

En Roumanie, la distinction des croyances religieuses et des
confessions ne pourra être opposée à personne comme un motif
d'exclusion ou d'incapacité en ce qui concerne la jouissance des
droits civils et politiques, l'admission aux emplois publics, fonctions et honneurs ou l'exercice des différentes professions et indus-
tries, dans quelque localité que ce soit...

Quant à l'article 45, il prévoit la rétrocession à la Russie
de la Bessarabie, seconde condition de l'indépendance de la
Roumanie.

En exécution de l'article 44, une révision de l'article 7
de la Constitution fut entreprise l'année suivante. Cet
article n'admettait à la naturalisation roumaine que les

étrangers de rites chrétiens, et excluait par là la population israélite, dont le chiffre était considérable. Ce mot « naturalisation » pourrait faire croire que ces israélites étaient des étrangers nouveaux venus. Il n'en était rien ; mais, parce que israélites, ils étaient considérés comme étrangers. Le nouvel article 7 de la Constitution supprimait donc la restriction relative à la religion. Malgré cela, non seulement les incapacités qui frappaient les Israélites avant le traité de Berlin furent maintenues ; mais d'autres encore y furent ajoutées, en ce qui concerne les professions qui leur étaient interdites. En 1893, il se posa une question importante, à propos du projet de loi sur la réorganisation des écoles de commerce, d'agriculture et professionnelles de l'État, présenté par M. Pierre Carp, ministre du Commerce et de l'industrie. Le Parlement voulait interdire ces écoles à la population israélite, et M. Carp eut à déployer beaucoup d'énergie pour obtenir un compromis atténuant cette exclusion.

Jusqu'à la guerre mondiale, on avait en vain rappelé la Roumanie à l'observation du traité de Berlin, qu'elle s'obstinait à considérer comme un « chiffon de papier ». Après les revers subis par les armées roumaines, et alors que le Parlement était à Jassy, le gouvernement s'avisa de se rappeler les engagements de la Roumanie et de manifester ses bonnes intentions en faveur des Israélites. Mais c'était trop tard. Les Austro-Allemands, qui occupaient la plus grande partie du pays, se faisaient une arme politique de l'observation du traité de Berlin, et cherchaient ainsi à se concilier l'élément israélite (1).

____

(1) L'article 28 du traité de Bucarest, conclu le 7 mai 1918 entre la Roumanie et les Impériaux, devait confirmer le traité de Berlin sur ce point, en proclamant l'égalité des droits politiques pour les adhérents de toutes les religions.

Chapitre VI

AUTRES « CHIFFONS DE PAPIER »
AVANT LA GUERRE MONDIALE

I

*Violation par l'Angleterre, en 1877, de la Convention
de Sand-River.
L'annexion du Transvaal.*

Comme on l'a vu plus haut, c'est l'Angleterre qui avait
protesté le plus vivement contre la violation par la Russie
du traité de Paris. Or, la prochaine grande violation de
traité devait être commise par elle. En effet, si l'Angleterre,
en 1877, s'est annexé le Transvaal, mettant fin à son existence indépendante, c'est parce qu'elle a violé, c'est-à-dire
considéré comme un « chiffon de papier », la convention
de Sand River, du 17 janvier 1852. Par cette convention,
signée entre Pretorius et des commissaires adjoints délégués par le haut commissaire britannique du Cap, l'Angleterre avait reconnu et garanti l'indépendance du Transvaal,
pays qui, du reste, ne lui avait jamais appartenu.

L'article 1er de cette convention était ainsi conçu (1) :

Les commissaires adjoints garantissent de la manière la plus
complète (*in the fullest manner*), de la part du gouvernement
britannique, aux fermiers émigrants au delà de la rivière Vaal,
le droit de régler leurs propres affaires et de se gouverner d'après
leurs propres lois, sans aucune immixion du gouvernement britannique. Ils leur garantissent aussi qu'aucun empiétement ne
sera commis par ledit gouvernement sur le territoire situé au delà

____

(1) J'emprunte ce texte à l'*Encyclopaedia Britannica*, 11e édition (1911), vol. XXVII, p. 193.

et au nord de la rivière Vaal, et en outre que le plus ardent désir
du gouvernement britannique est de favoriser la paix, la liberté
commerciale et des rapports amicaux avec les fermiers émigrants
qui habitent actuellement ou qui pourront habiter dans la suite
ce pays ; étant entendu que ce système de non-intervention est
obligatoitre pour les deux parties.

C'était donc clair : l'indépendance du Transvaal était
reconnue et « garantie » par l'Angleterre, aussi expressément que celle de la Belgique en Europe. Or, on va voir
ce qui arriva.

Vers 1877, il s'était produit dans l'Afrique du Sud un
second mouvement d'opinion en faveur d'une fédération
sud-africaine. Ce plan, qui devait comporter l'absorption
du Transvaal, était favorisé par lord Carnarvon, ministre
des colonies. Il envoya donc sir Theophilus Shepstone
visiter le Transvaal pour procéder à son annexion, si elle
était désirée par la population et s'il la jugeait lui-même
nécessaire. Le Volksraad du Transvaal repoussa la proposition de fédération. Néanmoins, par une proclamation
du 12 avril 1877, le Transvaal était annexé aux possessions
anglaises. Le conseil exécutif du Transvaal vota une résolution de protestation (1). Il commençait par rappeler que
l'Angleterre, en 1852, avait « garanti solennellement »
l'indépendance du pays qu'elle s'annexait. Il ajoutait que
le gouvernement de la République sud-africaine avait
conscience de n'avoir rien fait pour justifier cet acte de la
part de l'Angleterre. Il rappelait que le peuple du Transvaal
avait clairement fait connaître, à une grande majorité,
qu'il ne voulait pas de cette annexion. Toutefois, le gouvernement ne se sentant pas capable de défendre par les
armes l'indépendance du peuple contre les forces supérieures de l'Angleterre, et ne voulant pas non plus donner
aux noirs le spectacle d'une lutte entre blancs, tenterait
d'abord les voies de la conciliation. La résolution se terminait ainsi :

Par ces motifs, le gouvernement proteste de la manière la plus

---

(1) Voir ce document complet dans la *Revue de droit international et de législation comparée*, vol. IX (année 1877), p. 119.

énergique contre la manière d'agir du commissaire spécial de Sa
Majesté, et arrête d'envoyer sans tarder en Europe et en Amérique une commission de délégués munis de pleins pouvoirs et
d'instructions pour s'adjoindre au besoin une troisième personne,
afin d'exposer en premier lieu au gouvernement de Sa Majesté
les intérêts et les vœux du peuple, et, dans le cas où cette démarche
n'aurait pas le résultat désiré, ce que le gouvernement regretterait
vivement et ne peut encore se résoudre à croire, s'efforcer d'obtenir l'assistance amicale et la médiation d'autres puissances,
à commencer par celles qui ont reconnu l'indépendance de cet
État.

En Angleterre, Gladstone lui-même protesta. L'*Encyclopaedia Britannica* relate que, en novembre 1879, pendant
sa campagne du Midlothian, il dit dans un discours, à
propos de Chypre et du Transvaal : « Si ces acquisitions
avaient autant de valeur qu'elles sont sans valeur, je les
répudierais, parce qu'elles ont été obtenues par des moyens
déshonorants pour le caractère de notre pays.» Et cependant
ce même Gladstone, devenu premier ministre, répondait
à Krüger et à Joubert, en avril 1880, que la liberté qu'ils
demandaient serait « le plus facilement et le plus promte-
ment accordée au Transvaal comme membre de la Confédération sud-africaine. » Mais l'autonomie promise ne
venant pas, le Transvaal se souleva en 1880, et, en 1881, les
Boers infligèrent aux Anglais le revers de Majuba-Hill.
C'est alors que fut conclue la convention de Prétoria, du
3 août 1881, qui accordait au Transvaal une complète
autonomie (*Self-government*), sous la suzeraineté de l'Angleterre. De cette manière, le Transvaal cessait d'être une
« colonie » pour devenir un « protectorat ». Cette convention
fut remplacée dans la suite par la convention de Londres
du 27 février 1884, encore plus favorable au Transvaal.
Le mot même de « suzeraineté » ne figurait pas dans la
nouvelle convention, quoique le Transvaal ne fût pas
déclaré indépendant. Il en résulta quelque obscurité dans
les rapports de ce pays avec l'Angleterre, si bien que, au
moment où se produisit le conflit qui devait aboutir à la
grande guerre sud-africaine, on put discuter entre Londres
et Prétoria sur le point de savoir si le Transvaal était un
État complètement indépendant, ou non.

Sur le grand public, la guerre sud-africaine de 1899 et la fin de l'indépendance du Transvaal qui s'ensuivit, firent plus d'impression que l'événement de 1877. Et cependant, ce dernier était beaucoup plus contraire au droit des gens. En 1877, l'indépendance du Transvaal était indiscutable et garantie ; en 1899, elle n'était plus aussi entière, puisqu'on pouvait la discuter. En 1877, l'Angleterre ne pouvait invoquer aucun grief contre le Transvaal ; en 1899, elle pouvait se plaindre que ses sujets, les fameux *uitlanders*, fussent lésés dans leurs intérêts par le gouvernement boer.

La suppression, en 1877, de la République sud-africaine ne peut même pas être comparée à la suppression, en 1846, de la République de Cracovie. Avant 1808, Cracovie avait appartenu à l'Autriche, tandis que le Transvaal n'avait jamais appartenu à l'Angleterre ; d'autre part, les puissances co-partageantes de la Pologne pouvaient faire valoir un grief contre Cracovie : l'état de trouble qui y régnait effectivement.

II

Violation du traité d'Ancon. Tacna et Arica

Le traité d'Ancon, du 28 mars 1884, avait mis fin à la longue querelle sud-américaine qui avait commencé par la déclaration de guerre du Chili au Pérou, le 5 avril 1879. Le Pérou cédait au Chili la province de Tarapaca. Les provinces de Tacna et d'Arica appartiendraient au Chili pendant une période de dix ans, mais « ce laps de temps étant expiré, un plébiscite déciderait, par voie de votation populaire, si le territoire desdites provinces resterait définitivement en la possession et souveraineté du Chili, ou s'il ferait partie du territoire péruvien ».

D'après ce traité, un plébiscite aurait donc dû avoir lieu en 1894, pour décider à qui appartiendraient définitivement les deux provinces contestées. Mais le plébiscite n'eut pas lieu et le Chili conserva les deux riches provinces de Tacna et Arica.

Jusqu'à la Conférence de la paix qui termina la guerre mondiale, on avait admis assez généralement que le Chili avait violé le traité d'Ancon pour conserver ces deux provinces. Mais à ce moment, comme on parlait de soumettre le différend à la Conférence, une polémique s'engagea entre les représentants du Chili et du Pérou en Europe. Les premiers entreprirent de rejeter la responsabilité de la non-observation du traité sur le Pérou, qui aurait créé des difficultés au Chili. Sans prendre parti dans cette controverse compliquée, on peut se borner à constater que le traité a été violé aux dépens des habitants des deux provinces, peu importe par la faute de qui.

En 1922, un protocole a été signé à Washington, entre les représentants du Chili et du Pérou, en vue de soumettre le différend à l'arbitrage du Président des États-Unis.

III

Violation par la Russie du traité de Fredrikshamn.
La Finlande enchaînée.

La Russie, en réduisant la Finlande, qui était un État autonome, presque à la condition d'une province russe, a violé, autrement dit considéré comme un « chiffon de papier », le traité russo-suédois de Fredrikshamn, du 17 septembre 1809 (1).

Le cas de la Finlande étant mal connu en Occident, je recommanderai à ceux qui voudraient l'étudier de plus près : *La Question finlandaise au point de vue juridique,* opuscule paru à Paris en 1901, chez l'éditeur Larose, et dont l'auteur était M. Frantz Despagnet, professeur de droit international à l'Université de Bordeaux, auteur

---

(1) Voir le texte complet de ce traité dans le Recueil de Martens (Goettingue, 1817).

également d'un *Cours de droit international public* ainsi que d'autres ouvrages de droit. Cet opuscule sur la Finlande est accompagné des adhésions de treize professeurs de Facultés de droit françaises, approuvant et appuyant les conclusions de M. Despagnet.

Après avoir, le 21 février 1808, envahi la Finlande sans déclaration de guerre à la Suède, dont elle dépendait, Alexandre Ier notifia aux puissances, le 20 mars 1808, l'incorporation à la Russie du territoire finlandais. C'était déjà, dit Despagnet (p. 19), « un procédé qui, au point de vue du droit des gens, constituait une confiscation brutale et illégitime, puisqu'il n'y avait eu ni déclaration des hostilités, ni conclusion d'un traité justifiant juridiquement l'annexion ».

Peu de temps après, un manifeste du Tsar garantissait aux Finlandais le « maintien » de leurs lois et privilèges. Il les leur « maintenait » et ne les leur « octroyait » pas ; car la Finlande, sous le régime suédois, avait déjà son autonomie.

Le 1er février 1809, le Tsar décida de convoquer, « conformément aux lois du pays », une Diète générale pour le 22 mars dans la ville de Borgo. Et, le 27 mars, il signait un acte où il disait :

La volonté du Très-Haut nous ayant fait entrer en possession du grand-duché de Finlande, nous avons voulu, par les présentes, confirmer et sanctionner la religion, les lois fondamentales du pays, ainsi que les droits et privilèges dont chaque ordre en particulier, dans ledit grand-duché, et tous ses habitants en général, tant grands que petits, ont joui jusqu'à présent en vertu des Constitutions. Nous promettons de maintenir tous ces avantages et lois en pleine vigueur, sans altération ou changement.

Le 28 mars 1809, eut lieu l'ouverture de la Diète finlandaise, devant laquelle le Tsar confirma ses engagements antérieurs. Le 29 mars, eut lieu la remise aux États finlandais de l'acte du 27 mars. Le 4 avril, un décret notifiait à tous les habitants l'acte de garantie du 27 mars. A la clôture de la Diète, le Tsar confirma de nouveau ses engagements.

Le 17 septembre 1809, fut signé, entre la Russie et la Suède, le traité de paix de Fredrikshamn, dont l'article 6 était ainsi conçu :

Sa Majesté l'empereur de toutes les Russies ayant donné déjà les preuves les plus manifestes de la clémence et de la justice, avec lesquelles Sa Majesté a résolu de gouverner les habitants des pays qu'Elle vient d'acquérir, en les assurant généreusement et d'un mouvement spontané, du libre exercice de leur religion, de leurs droits de propriété et de leurs privilèges, Sa Majesté suédoise se voit par là dispensée du devoir d'ailleurs sacré de faire des réserves là-dessus en faveur de ses anciens sujets.

En d'autres termes, quoique d'une manière polie destinée sans doute à exclure toute expression de méfiance, la Suède, par ce traité, obtenait de la Russie la promesse qu'elle maintiendrait l'autonomie de la Finlande. De même que la Russie, en 1815, dans le cas de la Pologne, s'était engagée vis-à-vis des puissances signataires du traité de Vienne, de même, en 1809, elle s'était engagée vis-à-vis des Finlandais et vis-à-vis de la Suède. Dans le cas de la Finlande comme dans celui de la Pologne, elle devait donc violer doublement ses engagements.

Les « lois fondamentales » dont la Russie s'était engagée à respecter l'intégrité étaient : *l'Acte sur la forme du gouvernement*, du 21 mai 1772, et l'*Acte d'union et de sûreté*, des 21 février et 3 avril 1789, d'où résultait un régime constitutionnel avec vote des États.

Le 21 février 1816, un décret instituait le Sénat impérial de Finlande, et, à cette occasion, Alexandre Ier faisait une déclaration, disant notamment :

... Nous espérons avoir suffisamment confirmé, à perpétuité, la garantie qu'ils ont reçue de Nous quant au maintien inviolable de leur Constitution particulière sous Notre sceptre et celui de Nos successeurs.

*
* *

La Finlande n'ayant jamais abusé de son autonomie, n'ayant jamais été un foyer de troubles pouvant inquiéter la Russie, celle-ci était d'autant moins fondée à la priver de ses libertés. Cependant, elle le fit pratiquement par le manifeste impérial du 3-15 février 1899, accompagné des règlements « devant servir de base pour la rédaction, l'examen et la promulgation des lois rendues pour tout l'Empire, y compris le grand-duché de Finlande ».

Y compris le grand-duché de Finlande : cela signifiait l'assimilation de la Finlande à la Russie.

Despagnet examine la double violation du droit des gens commise ainsi d'abord à l'égard de la Suède, puis à l'égard des Finlandais. Il dit :

L'article 6 du traité porte que, en présence des résolutions d'Alexandre Ier au sujet de la situation future de la Finlande, « Sa Majesté suédoise... (voir plus haut le texte de cet article 6).

Au point de vue du droit international, il ne nous semble donc pas douteux que la Suède est en droit d'exiger le respect de cette clause, en vertu du traité de Fredrikshamn, tout comme les puissances signataires de l'Acte de Vienne du 9 juin 1815 pouvaient demander le maintien de la Constitution polonaise.

En ce qui concerne l'aspect russo-finlandais de la question, Despagnet établit que le traité de Fredrikshamn avait pour la Russie le même caractère obligatoire que vis-à-vis de la Suède. En effet, la Finlande n'était pas une province ayant reçu le don gracieux de l'autonomie, mais un État ayant accepté son union personnelle avec la Russie, moyennant la promesse du maintien de son autonomie.

IV

Violation par les Etats-Unis du traité Clayton-Bulwer.
Le canal interocéanique.

Les Américains, pour ce qui est du respect du droit des gens, ne sont pas plus scrupuleux que les autres peuples ; mais ils sont plus habiles. Tandis que d'autres violent les traités franchement, voire brutalement ou cyniquement, ils savent, eux, sauver les apparences en voilant les faits. C'est pourquoi j'ai un moment hésité à adopter pour ce cas un titre commençant de la même manière que pour les autres : « Violation, etc. ». Je le fais toutefois, et je suis convaincu qu'on trouvera que j'ai raison.

Par le traité Clayton-Bulwer du 19 avril 1850 (1), les États-Unis et l'Angleterre s'étaient engagés à ne pas obtenir une situation privilégiée en ce qui concerne un canal maritime à construire éventuellement, à travers l'Amérique centrale, entre l'Atlantique et le Pacifique. L'article 1er de ce traité disait :

Les gouvernements de la Grande-Bretagne et des États-Unis déclarent par les présentes qu'aucun d'eux n'obtiendra ni ne maintiendra jamais pour lui-même un contrôle (2) exclusif sur ledit canal maritime. Ils s'engagent à ce qu'aucun d'eux n'élève ni ne maintienne jamais de fortifications quelconques commandant ce canal...

C'était donc, pour l'Angleterre et les États-Unis, le pied d'égalité absolue dans le cas où un canal interocéanique serait construit. Or, dans son message de 1898, le Président Mac Kinley exprima l'opinion que la construction d'un tel canal était plus nécessaire que jamais pour faire communiquer les deux côtes, atlantique et pacifique, des États-Unis. Il ajouta : « Notre politique nationale demande maintenant plus impérieusement que jamais son contrôle par notre gouvernement. » Il ne doutait pas que le Congrès n'approuvât cette opinion et n'agît en conséquence. Ce langage fut remarqué en Angleterre, et lord Pauncefote, ambassadeur britannique à Washington, demanda des explications au gouvernement américain. Celui-ci lui fit une réponse curieuse, en deux parties difficilement conciliables. On lui donna l'assurance que les États-Unis n'avaient pas l'intention de méconnaître le traité Clayton-

---

(1) Voir ce traité, dans son texte anglais, dans le Recueil de Martens.

(2) On sait que le mot anglais *control*, surtout quand il est employé par des Américains, signifie presque : domination, pouvoir, souveraineté. Néanmoins, on a pris l'habitude de le traduire par le mot français « contrôle », en donnant à celui-ci la signification du mot anglais.

Bulwer. Mais, en même temps, on lui dit que, étant donnée l'opinion, qui voulait que le canal fût construit par les États-Unis, le gouvernement américain devait s'efforcer d'obtenir du gouvernement anglais des modifications au traité, ne portant pas atteinte à son « principe général », mais, le mettant à même d'accomplir cette œuvre.

L'Angleterre comprit sans doute ce que cela voulait dire : qu'elle devait céder, ou qu'on passerait outre à Washington. C'est pourquoi, dans cette affaire comme dans tous ses différends avec les États-Unis, elle transigea. C'était, du reste, la seule chose qu'elle pût faire, dans ce différend comme dans les autres, étant donné qu'elle était désarmée en Amérique vis-à-vis des États-Unis, et qu'elle savait que le gouvernement américain arrivait toujours à ses fins. En transigeant, elle évitait à ce gouvernement de se mettre dans son tort en lui faisant violence ; et, d'autre part, elle sauvait la face pour elle-même, puisqu'elle n'apparaissait pas comme ayant été contrainte. Moralement, on lui faisait violence, on méconnaissait ses droits et lésait ses intérêts ; mais les apparences étaient sauves.

Nous constaterons dans cette affaire un fait particulier aux États-Unis en ce qui concerne leurs rapports internationaux. C'est que le Congrès, c'est-à-dire le Parlement, croit pouvoir s'arroger le droit de prendre des mesures équivalant à l'abrogation ou à la modification des traités conclus avec l'étranger. En général, les choses ne se passent pas ainsi. Un Parlement auquel on présente un traité l'accepte ou le repousse ; mais il ne le modifie pas d'une manière unilatérale. Il se croit encore moins autorisé à voter une loi modifiant ou abrogeant un traité en vigueur. Aux États-Unis, on semble considérer la chose comme normale. Or, c'est la négation même du droit international et du respect des traités.

L'Angleterre, comprenant donc qu'il fallait transiger sous peine de complications avec les États-Unis, soumit un projet de traité, suggéré par Mac Kinley, « amendant » le traité de 1850, mais sans l' « abroger ». Le gouvernement américain devait être autorisé à construire directement ou à faire construire avec son aide financière le canal projeté, et se voyait accorder « tous les droits incidents à une telle construction, de même que le droit exclusif de pourvoir aux règlements et à l'administration du canal ». Les parties contractantes renouvelaient leur intention de « conserver et maintenir le principe de la neutralisation établi dans l'article 8 du traité Clayton-Bulwer ». Mais, au lieu de s'en tenir à cette vague affirmation, elles déclaraient adopter comme base de la neutralisation les règles en vigueur pour le canal de Suez. Les États-Unis auraient le droit d'entretenir les forces de police nécessaires pour le maintien de l'ordre le long du canal. Cela se passait en janvier 1899. Au mois de décembre suivant, Mac Kinley, dans son message, renouvelait sa déclaration de 1898.

Le projet de traité soumis par l'Angleterre devint le traité Hay-Pauncefote, signé à Washington le 5 février 1900 entre lord Pauncefote et M. Hay, secrétaire d'État américain. Mais, auparavant, le député Hepburn avait présenté à la Chambre des représentants un bill dont on peut dire qu'il était l'expression du dédain que professe le Congrès américain pour les traités existants. Ce bill autorisait le gouvernement à construire le canal de Nicaragua, accordait les crédits à cet effet, et enjoignait au Président de négocier avec le Nicaragua et le Costa-Rica pour obtenir le droit de domination sur le futur canal, y compris l'autorisation d'élever des fortifications pour assurer sa défense. Autrement dit, ce bill avait l'air d'ignorer complètement l'existence du traité Clayton-Bulwer, qui n'était même pas encore amendé par le traité Hay-Pauncefote.

L'opinion du monde politique était hostile au traité Hay-Pauncefote. On lui reprochait de ne pas abroger le traité Clayton-Bulwer, qu'on considérait depuis longtemps comme suranné, et de faire la part trop belle à l'Angleterre. Une agitation s'organisa dans le pays, et l'on put voir que les deux partis historiques, républicain et démocrate, professaient un égal dédain pour le traité de 1850, qui liait toujours les États-Unis, et pour le droit qu'avait l'Angleterre de se prévaloir de ce traité. Dans son message de décembre 1900, Mac Kinley recommanda au Congrès le vote du traité Hay-Pauncefote. Le Sénat le vota le 20 décembre, mais en y introduisant trois amendements inacceptables pour l'Angleterre. Le traité Clayton-Bulwer y était déclaré abrogé, et les clauses relatives à la neutralisation, tout en étant maintenues en principe, étaient pratiquement rendues illusoires. Le gouvernement britannique refusa donc d'accepter ce traité amendé. Des négociations furent reprises entre les deux gouvernements. Elles aboutirent à la conclusion du second traité Hay-Pauncefote, signé le 18 novembre 1901. Il fut voté par le Sénat le 16 décembre suivant, sans discussion, car il donnait une satisfaction suffisante aux États-Unis.

Les détails qui précèdent sont empruntés à une étude de M. A. Viallate, professeur à l'École libre des Sciences politiques de Paris, publiée par la *Revue générale de droit international public* (année 1903, p. 5), et intitulée : « Les États-Unis et le canal interocéanique. Un chapitre d'histoire diplomatique américaine ». M. Viallate apprécie de la manière suivante le résultat de cette joute diplomatique :

Les États-Unis avaient, dans cette dernière passe d'armes, gagné la partie contre l'Angleterre. Le traité de 1850 était expressément abrogé et il ne restait plus de lui, vague et peu compromettant souvenir pour le gouvernement américain, que le rappel du « principe général de neutralisation », qui avait été la cause principale de sa naissance. Il était dit dans le préambule de la seconde convention Hay-Pauncefote que ce principe n'était pas modifié ; mais sous la garde de qui serait placée la neutralisation du canal? Il n'était plus question d'une garantie collective ; les États-Unis seuls se chargeaient d'assurer la neutralité. L'Angleterre leur reconnaissait le droit de construire le canal, de l'administrer, de l'exploiter, d'assurer la police le long de son cours. Ils promettaient d'y admettre sur un pied d'égalité les navires de toutes les nations et d'adopter comme guides les règles en vigueur pour le canal de Suez ; mais, ici encore, ils avaient apporté prudemment de sérieuses modifications. Tandis que la première convention portait que « le canal serait ouvert, en temps de guerre comme en temps de paix, aux navires de commerce et de guerre de toutes les nations », la convention finale dit simplement : « Le canal sera libre et ouvert aux vaisseaux de commerce et de guerre de toutes les nations » ; la restriction est vraiment suggestive. La seule sauvegarde qu'ait obtenue l'Angleterre est contenue dans l'article 4. L'abrogation du traité Clayton-Bulwer

rend désormais aux deux puissances le droit d'agir à leur guise
dans l'Amérique Centrale, d'y acquérir des colonies ou des pro-
tectorats ; mais l'intransigeance et la force des États-Unis empêchent l'Angleterre d'user de cette liberté, et si une modification
politique ou territoriale a lieu dans cette région, ce ne peut plus
être qu'au profit des États-Unis eux-mêmes. Dans l'espoir de
se garantir contre les suites dangereuses d'une pareille éventualité, l'Angleterre a obtenu qu'il fut stipulé « qu'aucun changement
de souveraineté territoriale ou des relations internationales...
n'affectera le principe général de neutralisation. » Le gouvetne-
ment américain ne s'est pas fait prier pour accorder cette concession platonique, dont il ne s'embarrassera pas le jour où elle
devrait lui causer la moindre gêne. La seconde convention Hay-
Pauncefote répondait entièrement aux désirs de l'opinion publique
américaine, et la ratification en fut votée sans discussion.

Étant donné que l'Angleterre n'avait pas demandé que
le traité de 1850 fût modifié, et qu'elle pouvait, en droit
strict, s'en tenir à ses stipulations, mais qu'elle s'est vue
obligée de céder aux États-Unis par crainte du pire, est-il
exagéré de dire que les États-Unis ont, moralement, violé,
autrement dit considéré comme un « chiffon de papier »,
le traité Clayton-Bulwer?

Du reste, ce qui allait se passer entre les États-Unis
et la Colombie prouva que l'Angleterre avait été bien inspirée en cédant, avant qu'il fût trop tard, aux tentatives
d'intimidation de Washington. Le bill Hepburn, dont il
a été parlé plus haut, était devenu, après quelques vicissi-
tudes, la loi Spooner, votée au mois de juin 1902. Cette
loi autorisait le Président à acquérir de la Colombie la
domination *(control)* perpétuelle sur une bande de territoire
dans la province de Panama, pour y construire le canal.
A défaut de pouvoir s'entendre avec la Colombie, le Président devait s'entendre avec le Nicaragua. Le 22 janvier
1903, fut signé à Washington, entre M. Hay et M. Herran,
représentant de la Colombie, le traité Hay-Herran. Mais
ce traité suscita en Colombie autant de mécontentement
que le premier traité Hay-Paunecefote en avait suscité
aux États-Unis. S'autorisant sans doute de l'exemple

donné par le Sénat américain, le Congrès colombien proposa des amendements au traité Hay-Herran. Mais Washington s'y opposa. Alors, le Sénat colombien rejeta le traité. Peu après, la province de Panama se révoltait, le 3 novembre 1903, et se constituait en République indépendante. Le gouvernement américain reconnut immédiatement le nouvel État, et, le 18 novembre, il concluait avec lui le traité que la Colombie n'avait pas voulu signer. La Colombie voulut alors transiger, mais il était trop tard (1)...

Si l'on disait que cette révolution de Panama n'avait pas été machinée par les Américains, ils seraient les premiers à en rire. Mais aussi, quelle étrange manie, de la part de la Colombie, d'avoir voulu résister là où l'Angleterre avait vu la nécessité de céder.

V

Violation par la France de l'Acte d'Algésiras.

Le 19 décembre 1911, la Chambre française discutait les affaires marocaines, à propos du nouveau régime issu du traité franco-allemand du mois de novembre précédent. Au cours de cette discussion, Jaurès prononça un discours dans lequel, parlant notamment de l'Acte d'Algésiras, il dit (p. 4.105 du compte-rendu du *Journal officiel*) :

Il inaugurait en Europe, pour la solution des conflits économiques et politiques, une admirable méthode d'organisation internationale ; c'était une noble tentative qui aurait permis à la France de développer largement son influence là-bas, d'accord avec le sentiment international, avec les intérêts, avec les droits de l'Europe ; cela valait la peine d'être essayé... Mais non, avidement, gloutonnement, on a voulu, pour dévorer le Maroc, l'arracher au régime international et acculer le Sultan à la ruine, et l'on a donné

---

(1) Voir sur ces événements, dans la *Revue générale de droit international public* (année 1904, p. 481), l'article de M. A. Viallate : « Les États-Unis et le canal interocéanique. Les démêlés avec la Colombie et le traité avec la République de Panama. »

ce terrible exemple, ce funeste exemple des traités internationaux affirmés et violés, à l'heure même où partout, en Europe, semblait baisser la foi publique... Ce que je déplore pour la France,... ce que je regrette, c'est qu'elle ait fourni sa part d'initiative, sa part d'exemple, sa part de détestable responsabilité dans ces violations universelles de la foi jurée, dans cet abaissement de la signature et de la loyauté internationales.

Il faut dire tout d'abord, à la décharge de la France, que l'Acte d'Algésiras n'était pas la chose « admirable » que Jaurès semblait s'imaginer. Il en parlait en internationaliste plutôt qu'en Français. Dans le *Journal de Genève*, du 30 octobre 1907, son correspondant de Paris disait : « Quelqu'un qui voit les choses au travers du sentiment de sa responsabilité me montrait toutes les difficultés de l'action française en disant que l'Acte d'Algésiras est un second traité de Francfort. » La vérité était entre l'opinion trop optimiste de Jaurès et celle, trop pessimiste, de ce correspondant. L'Acte d'Algésiras était un de ces produits difformes dont la diplomatie fournit de nombreux exemples. Son caractère paradoxal consistait, pourrait-on dire, en ce qu'il constituait la France juge et partie dans la même cause. Il internationalisait la mise en valeur du Maroc, notamment par la manière dont il stipulait qu'il fût procédé aux concessions et adjudications. Mais, en même temps, il mettait la France, chargée de l'administration du Maroc, en état de s'y créer une situation privilégiée. La France, qui était à la peine plus qu'à l'honneur, ne devait-elle pas être tentée d'agir ainsi sans toujours s'en rendre compte? Les Allemands, eux, s'en rendaient compte, et ils ont pu dénoncer, de bonne foi, comme une violation du traité la manière dont il était exécuté. C'est pourquoi leur mécontentement fut grand, surtout après l'occupation de Fez par la France. Et ce mécontentement devait aboutir à l'incident d'Agadir.

Le baron Greindl, l'un des diplomates belges dont le gouvernement allemand publia la correspondance après l'occupation de Bruxelles, a prétendu que la France n'avait signé l'Acte d'Algésiras qu'avec la ferme intention de ne jamais l'observer. C'était une supposition gratuite et injurieuse. On pourrait dire tout aussi bien que l'Allemagne, en imposant cet Acte à la France, avait l'intention de l'induire en violation de traité. Ce serait, sans doute, une supposition tout aussi gratuite.

Supposons que Tantale ait eu la possibilité d'atteindre l'objet de son désir : faudrait-il s'étonner qu'il l'eût fait? De toute manière, on lui accorderait des circonstances très atténuantes. Or, c'était la situation de la France au Maroc sous le régime de l'Acte d'Algésiras.

VI

Violation par la France de son Concordat avec le Saint-Siège.

La France, en procédant comme elle l'a fait à la séparation de l'Église et de l'État en 1905, a violé, autrement dit considéré comme un « chiffon de papier », le traité qu'elle avait conclu avec le Saint-Siège le 15 juillet 1801, et qui était généralement connu sous le nom de Concordat.

Le Concordat stipulait que la nomination des évêques serait faite d'un commun accord par l'État et l'Église, l'État proposant les candidats, et l'Église les confirmant. D'après la théorie la plus favorable à l'État, celui-ci nommait lui-même les évêques, et l'Église les confirmait (ce fut la querelle du *nobis nominavit*).

Le Concordat, soumis au Corps législatif et approuvé par lui, devint la loi du 18 germinal an X (8 avril 1802), y compris « les Articles organiques de ladite convention et les articles organiques des cultes protestants ». On a voulu assimiler ces Articles organiques au Concordat lui-même et leur donner la même valeur contractuelle engageant le Saint-Siège vis-à-vis du gouvernement français, thèse insoutenable. Les Articles organiques étaient simplement une loi française n'obligeant que les citoyens français. La meilleure preuve en est une preuve par l'absurde. Se figure-t-on le gouvernement de la République française réglant avec le Pape l'exercice des cultes protestants en France? Du reste, dès le 18 août 1803, le cardinal Caprara protestait auprès de Talleyrand, au nom du Saint-Siège, contre les Articles organiques considérés comme partie du Concordat et ayant la même valeur.

C'est ce traité qui a été violé par la France, en ce sens que, sans aucune dénonciation faite auprès du Saint-Siège, il a été annulé par la loi de séparation du 9 décembre 1905, comme une loi ordinaire serait abrogée par une autre loi.

Cette mesure était demandée depuis longtemps par certains partis en France ; mais, jusque-là, on avait manqué de prétexte. Deux prétextes s'offrirent alors : d'une part, la protestation du Pape Pie X contre le voyage à Rome de M. Loubet, Président de la République ; puis, les démêlés de Pie X avec les évêques de Laval et de Dijon. Il s'ensuivit d'abord la rupture des relations diplomatiques entre la France et le Saint-Siège, puis le vote de la loi de séparation.

Le 3 avril 1905, au cours de la discussion de cette loi de séparation à la Chambre des députés, M. Ribot prononça un discours dans lequel il fit ressortir : d'abord, que le gouvernement avait provoqué la rupture de propos délibéré, sans motifs suffisants ; puis, que la loi de séparation, impliquant l'abrogation du Concordat, constituait la violation d'un traité international. Le fait que M. Ribot avait été ministre des affaires étrangères conférait à ses paroles une autorité d'autant plus grande, qu'il ne pouvait pas être considéré comme « clérical », étant un républicain éprouvé. Je citerai de son discours, tel qu'il figure au compte rendu du *Journal Officiel* (pp. 1187-1189), le passage le plus significatif :

... Vous dites que non seulement il est nécessaire de dénoncer le Concordat. mais qu'il est rompu déjà à cette heure. Vous ajoutez qu'il n'existe plus et que le gouvernement n'a même pas le devoir de faire connaître au Saint-Siège sa volonté de supprimer ce contrat qui date de cent ans... Non, on ne consultera pas le Pape : c'est entendu, vous ne voulez pas le connaître ; mais non seulement

on ne le consultera pas, on ne cherchera pas une entente avec lui, mais on ne lui dénoncera même pas la *rupture de cet acte qui est pourtant un traité diplomatique....................................*
... Le rapport d'une ambassade, qui est une preuve de mécontentement, une mesure de pression sur un gouvernement étranger, une mesure de rupture qui peut être provisoire, n'est pas *ipso facto* la dénonciation d'un traité ; *il y faut d'autres formes...*

Des juristes, jugeant en dehors des préoccupations politiques, ont exprimé une opinion à peu près semblable à celle de M. Ribot, notamment M. Frantz Despagnet, dans son *Cours de droit international public* (4ᵉ édition, p. 209), et M. Donnedieu de Vabres, professeur à la Faculté de droit de Montpellier, dans la *Revue générale de droit international public* (année 1914, mai-juin).

Comme M. Ribot, ces juristes estimaient que le Concordat aurait du être régulièrement dénoncé.

Mais, même si le gouvernement français avait dénoncé le Concordat, aurait-il été en règle avec le droit des gens ? On peut en douter, étant donné la doctrine de droit international que j'ai rappelée en tête de ce livre, l'empruntant au *Manuel* d'Henry Bonfils. Le Concordat était un « traité diplomatique », comme disait M. Ribot. Il ne pouvait donc pas être dénoncé « par la volonté ou le caprice d'un seul », comme dit Henry Bonfils.

VII

Violation par le Japon, en 1904, de la neutralité de la Corée.

En 1904, les Japonais, pour opérer contre les Russes en Mandchourie, firent débarquer une armée en Corée et la dirigèrent vers le Ya-Lu. « Pendant toute la première partie de la campagne, disait le colonel Feyler dans le *Journal de Genève* du 19 mars 1917, la Corée fut la base d'opération de cette armée. L'envahisseur fit main basse sur le territoire, sur les habitants et sur la Cour. » Finalement, le Japon devait s'annexer le pays:

Or, en 1904, la Corée était, non pas neutralisée, mais neutre, et rien, en droit, n'autorisait le Japon à envahir son territoire pour faire la guerre à la Russie. Mais, la neutralité de la Corée n'étant pas garantie, et, d'autre part, la Ve Convention de La Haye n'existant pas encore, on ne saurait comparer cette violation de neutralité à la violation, pendant la guerre mondiale, de la neutralité de la Belgique, de la Grèce et de la Perse. Si l'on voulait chercher un précédent dans l'histoire, il faudrait plutôt choisir celui de l'invasion de la Suisse par la France, en 1798.

CHAPITRE VII

VIOLATION PAR L'ALLEMAGNE, EN 1914, DE LA NEUTRALITÉ DE LA BELGIQUE ET DU LUXEMBOURG

I

L'innocence de la France.

Not kennt kein Gebot, c'est-à-dire « nécessité fait loi » : telle est la raison que M. de Bethmann Hollweg invoqua pour expliquer la violation par l'Allemagne de la neutralité de la Belgique et du Luxembourg ; telle est en même temps l'excuse qu'il donna à cette action. C'était simple et franc ; cela facilitait beaucoup la discussion. Mais la question se compliqua, l'Allemagne ayant entrepris de justifier son action par d'autres raisons, notamment par l'intention qu'aurait eue la France de violer elle-même la neutralité de la Belgique, et par l'attitude de celle-ci, qui aurait été la première à méconnaître sa neutralité en préparant avec l'Angleterre, dès avant la guerre, une action commune contre l'Allemagne. Il faut donc commencer par déblayer le terrain de ces considérations accessoires pour ramener la question à sa simplicité primitive : « nécessité fait loi ».

Le 31 juillet 1914, sir Edward Grey chargea les ambassadeurs britanniques à Paris et à Berlin de s'informer si la France et l'Allemagne, en cas de conflit entre elles, s'engageaient à respecter la neutralité de la Belgique. La France s'y engagea sans difficulté, tandis que M. de Jagow, secrétaire d'État allemand aux affaires étrangères,

« éluda de répondre à la question », comme le manda lord Goschen, ambassadeur britannique à Berlin, à sir Edward Grey (*Livre bleu* anglais, n° 122). Le 2 août au matin, les Allemands entrèrent dans le Luxembourg. Le même jour (*Livre gris* belge, n° 20), le ministre d'Allemagne à Bruxelles informa M. Davignon, ministre belge des affaires étrangères, que l'Allemagne violerait la neutralité de la Belgique, parce qu'elle savait que la France comptait la violer. Le 4 août, M. de Bethmann Hollweg fit au Reichstag la déclaration suivante :

Nos troupes ont occupé le Luxembourg et ont peut-être déjà foulé le territoire belge. C'est contre le droit des gens. Le gouvernement français a, il est vrai, déclaré à Bruxelles qu'il respecterait la neutralité de la Belgique tant que l'adversaire la respecterait lui-même. Nous savions cependant que la France était prête à l'agression. La France pouvait attendre ; nous, pas. Une attaque française sur notre flanc dans le Bas-Rhin eût pu nous être fatale. Ainsi, nous étions forcés de passer outre aux protestations justifiées des gouvernements luxembourgeois et belge. L'injustice — je suis franc — que nous commettons ainsi, nous tâcherons de la réparer dès que notre but militaire sera atteint...

En parlant ainsi, le chancelier allemand n'était pas seulement discourtois pour la France, en ce sens qu'il l'accusait d'avoir pris un engagement dans l'intention de le violer ; il formulait en outre une affirmation que les événements allaient démentir. En effet, la France avait si peu l'intention de violer la neutralité belge, elle s'y était si peu préparée, qu'elle a été complètement prise au dépourvu par la manœuvre allemande. Cela explique ses premières défaites, notamment celle de Charleroi, et la facilité avec laquelle les Allemands arrivèrent jusqu'à proximité de Paris. Autrement dit, la France avait préparé sa mobilisation comme si l'Allemagne devait l'attaquer par l'Est, et elle dut, à l'improviste, prendre d'autres dispositions.

En Belgique même, on s'attendait à une violation de sa neutralité par l'Allemagne plutôt que par la France. Dans le *Belgische socialist* du 3 mars 1917, M. C. Huysmans a reproduit des déclarations faites par M. de Broqueville, chef du gouvernement belge, en 1913, dans une séance secrète de la Chambre, à propos du projet de loi militaire. Ces déclarations, publiées en français par le *Bulletin documentaire belge* du 21 avril, indiquaient clairement qu'elles étaient les appréhensions de la Belgique.

L'origine de notre projet de loi, avait dit M. de Broqueville, est contenue dans le dépôt de la loi allemande de juin 1912. Cette loi est la plus grande tension de force que l'Allemagne se soit imposée depuis 1870. Ce pays aura en première ligne 300.000 hommes de plus que la France. Pendant l'été dernier, nous avons appris que cette augmentation avait pour but de faire passer l'armée allemande à travers la Belgique.

Cela, nous l'avons appris de différentes puissances......

Pour ce qui concerne la France, permettez-moi de vous rappeler que Lille est déclassé, que de nouveaux forts ont été construits à notre frontière du Sud, et que le gouvernement français a augmenté le nombre des régiments de cavalerie et d'infanterie. Je ne crains pas, il est vrai, une violation de notre indépendance par la France, mais je constate que l'état-major français a dû étudier l'hypothèse d'un passage à travers la Belgique, pour le cas où notre territoire ne serait pas respecté par l'Allemagne. Pour prévenir toute surprise, il faut donc que nous nous préparions et que nous nous gardions des deux côtés.

La même idée se retrouve dans un document du *Livre gris* belge, dépêche adressée, le 22 février 1913, par le baron Guillaume, ministre de Belgique à Paris, à M. Davignon, ministre belge des affaires étrangères. Le baron Guillaume rendait compte d'un entretien avec M. de Margerie, adjoint au directeur général des affaires politiques, qui lui avait demandé quel était le but de la nouvelle loi militaire belge. Après avoir déclaré à son interlocuteur que la Belgique voulait pouvoir défendre sa neutralité contre n'importe quel agresseur et que M. Poincaré lui avait assuré que la France ne prendrait jamais l'initiative de violer cette neutralité, le baron Guillaume avait ajouté :

Je ne puis mettre en doute la parole de M. Poincaré. Je me fie à ses déclarations et je dois même dire qu'à mon humble avis, et je ne parle ici qu'à ce titre, il semble qu'au point de vue stratégique l'Allemagne ait plus d'avantage à emprunter le chemin de la Belgique pour venir frapper la France au cœur, non loin de sa capitale, que n'en auraient les armées de la République à aller attaquer les frontières allemandes aux environs d'Aix-la-Chapelle.

C'était l'évidence même.

Mais il y aurait quelque naïveté à protester trop vivement contre le motif allégué par l'Allemagne pour justifier la violation de la neutralité belge, et à s'attarder à en montrer l'inanité. Il est courant, en politique internationale, de remplacer les raisons vraies par des prétextes quand on ne peut pas avouer ces raisons vraies, ce qui est la plupart du temps le cas.

II

L'innocence de la Belgique.

Quant au grief consistant à reprocher à la Belgique d'avoir, avant la guerre, lié partie avec l'Entente contre l'Allemagne, il ne résiste pas à l'examen. Il est vrai que les Allemands ont trouvé à Bruxelles, après l'occupation de cette ville, les traces d'un projet de coopération militaire entre la Belgique et l'Angleterre ; mais c'était en prévision d'une violation de la neutralité belge par l'Allemagne. Ce projet de coopération avait donc, en tout cas, en ce qui concerne la Belgique, un caractère purement défensif. Du reste, les Allemands n'ayant eu connaissance de ce projet de coopération anglo-belge qu'après leur entrée à Bruxelles, il serait difficile d'y trouver une raison justifiant leur entrée en Belgique.

Il est surprenant que le gouvernement allemand n'ait pas compris qu'il aggravait sa situation en se cherchant, à la charge de la Belgique, d'autres excuses que celle tirée de la nécessité qui fait loi. Il avait l'air de reconnaître que cette excuse était insuffisante ; mais, comme on ne pouvait pas prendre au sérieux celles qu'il y ajoutait, il se mettait lui-même en plus mauvaise posture. Je citerai comme preuve du tort qu'il s'est fait en procédant ainsi cette réflexion qu'un Suisse allemand, M. Conrad Falke, confiait au *Journal de Genève* du 2 juin 1915 :

... Sur la question de la violation de la neutralité belge, qui, au début, nous a le plus divisés, nous sommes aujourd'hui unanimes à la condamner. Si d'abord, nous autres Suisses de l'Est, qui avons l'esprit plus réaliste, n'avons vu là qu'une conséquence inéluctable des cataclysmes qu'entraîne la guerre, nous sommes revenus à d'autres sentiments quand nous avons vu plus tard l'Allemagne publier en fac-similé des documents très librement traduits, où elle cherchait à jeter le blâme sur le pays auquel elle avait fait tort, afin de passer elle-même pour un modèle de vertu.

Du reste, la guerre terminée, on a reconnu en Allemagne qu'on avait injustement accusé la Belgique.

Dans son livre intitulé : *Der Vôlkerbund. — Der Weg zum Frieden*, M. Erzberger dit :

Il ne peut être question d'une faute de la Belgique. Ce pays a au contraire agi comme il devait agir pour rester fidèle aux traités de sa neutralisation. On ne saurait justifier l'invasion allemande par une faute de la Belgique. Cette vérité est aujourd'hui indiscutable pour tout ami de la vérité.

Le 7 mai 1919, le comte Brockdorff-Rantzau, chef de la délégation allemande à la Conférence de la paix, dit ceci dans le discours qu'il prononça à Versailles :

Nous ne sommes pas venus ici pour amoindrir la responsabilité des hommes d'État et des militaires qui ont dirigé la politique de la guerre ni pour nier les infractions au droit international. Nous répétons la déclaration faite au Reichstag allemand au commencement de la guerre : « Nous avons fait tort à la Belgique et nous sommes prêts à le réparer. »

Dans le rapport allemand en réponse à celui de la commission des gouvernements alliés et associés sur les responsabilités des auteurs de la guerre, rapport rédigé par MM. Hans Delbrück, Albrecht Mendelssohn-Bartholdy, le comte Max Montgelas et Max Weber, on lit ceci :

En ce qui concerne la violation de la neutralité belge et luxembourgeoise, les soussignés partagent complètement le point de vue que le chancelier de l'Empire allemand a adopté le 4 août 1914 aux applaudissements du Reichstag, qu'il s'agissait « d'une injustice à réparer. » Ils regrettent que cette façon de voir ait été abandonnée passagèrement pendant la guerre et que l'on ait essayé, après coup, une justification de l'invasion allemande.

Il faut donc écarter résolument du débat tout argument à la charge de la Belgique, toute responsabilité de sa part, et n'envisager la question que du seul point de vue des obligations qui pouvaient résulter pour l'Allemagne des traités existants. Il faut simplement rechercher, en un mot, dans quelle mesure l'Allemagne a violé ces traités en violant le territoire de la Belgique.

III

Le texte des traités.

L'article 7 du traité de Londres du 15 novembre 1831 était ainsi conçu :

La Belgique, dans les limites indiquées aux articles 1, 2 et 4, formera un État indépendant et perpétuellement neutre. Elle sera tenue d'observer cette même neutralité envers tous les autres États.

Cet article a été reproduit textuellement, sous le même numéro 7, dans le traité de Londres, du 19 avril 1839, qui faisait loi en ce qui concerne la neutralité de la Belgique, et qui a été conclu entre les souverains de la France, de l'Autriche, de la Grande-Bretagne, de la Prusse, de la Russie et des Pays-Bas. En vertu de l'article 2, les articles dudit traité « se trouvaient placés sous la garantie de Leurs dites Majestés ».

L'article 2 du traité de Londres du 11 mai 1867, conclu entre l'Autriche, la Belgique, la France, la Grande-Bretagne, l'Italie, les Pays-Bas, la Prusse et la Russie, était ainsi conçu :

Le grand-duché de Luxembourg, dans les limites..., sous la garantie des cours de France, d'Autriche, de la Grande-Bretagne, de Prusse et de Russie, formera désormais un État perpétuellement neutre. Il sera tenu d'observer cette même neutralité envers tous les autres États.

Les hautes parties contractantes s'engagent à respecter le principe de neutralité stipulé par le présent article.

Ce principe est et demeure placé sous la sanction de la garantie collective des puissances signataires du présent traité, à l'exception de la Belgique, qui est elle-même un État neutre.

Les articles 1, 2, 4, 5 et 10 de la Ve convention de La Haye, du 18 octobre 1907, dont il sera de nouveau question plus loin, à propos de la violation, par les Alliés, de la neutralité de la Grèce et de la Perse, sont ainsi conçus :

ART. 1. — Le territoire des puissances neutres est inviolable.

ART. 2. — Il est interdit aux belligérants de faire passer à travers le territoire d'une puissance neutre des troupes ou des convois, soit de munitions, soit d'approvisionnements.

ART. 4. — Des corps de combattants ne peuvent être formés, ni des bureaux d'enrôlement ouverts, sur le territoire d'une puissance neutre au profit des belligérants.

ART. 5. — Une puissance neutre ne doit tolérer sur son territoire aucun des actes visés par les articles 2 à 4.

ART. 10. — Ne peut être considéré comme un acte hostile le fait, par une puissance neutre, de repousser, même par la force, les atteintes à sa neutralité.

Lequel ou lesquels de ces accords internationaux l'Allemagne a-t-elle violés en faisant passer ses troupes par la Belgique et le Luxembourg? Il semble qu'elle les ait violés tous les trois. Ce fut notamment l'avis du gouvernement français, qui, le 4 août 1914, adressa aux représentants des puissances à Paris une communication débutant ainsi (*Livre jaune*, n° 157) :

Le gouvernement impérial allemand, après avoir laissé ses forces armées franchir la frontière et se livrer sur le territoire français à divers actes de meurtre et de pillage ; après avoir violé la neutralité du grand-duché de Luxembourg, au mépris des stipulations de la convention de Londres du 11 mai 1867 et de la convention V de La Haye du 18 octobre 1907, sur les droits et devoirs des puissances et des personnes neutres en cas de guerre sur terre (art. 1 et 2), conventions signées de lui ; après avoir adressé un ultimatum au gouvernement royal de Belgique tendant à exiger le passage des forces allemandes par le territoire belge, en violation des traités du 19 avril 1839, également signés de lui et de la susdite convention de La Haye, a déclaré la guerre à la France le 3 août 1914, à 18 heures 45...

IV

Neutralité et inviolabilité.

Cependant, malgré cette évidence apparente, on a contesté que l'Allemagne eût violé aussi bien les traités de 1839 et de 1867, que la Ve convention de La Haye.

Le *World*, de New-York, a publié, dans son numéro du 23 mai 1916, des déclarations que M. de Bethmann Hollweg avait faites au journaliste américain Karl von Wiegand en réponse à un discours de sir Edward Grey. Dans ces déclarations du chancelier allemand, on remarquait le passage suivant :

Le 4 février 1887, le journal officiel du gouvernement conservateur d'alors en Angleterre, le *Standard*, disait que, si l'Allemagne en cas de guerre réclamait un droit de passage à travers la Belgique, cela ne porterait atteinte ni à l'honneur ni aux intérêts de l'Angleterre, aussi longtemps que l'intégrité et l'indépendance de la Belgique ne seraient pas mises en question. Pas un journal anglais ne protesta contre cette manière de voir. Bien plus, la libérale *Pall Mall Gazette* s'y associa expressément. Or, quelle était la situation avant l'explosion de la guerre? J'offrais expressément à l'Angleterre une entière garantie pour l'intégrité et l'indépendance de la Belgique. Mais l'Angleterre repoussa cette offre comme une « proposition infâme ». C'est que, en 1887, la France passait pour la rivale de l'Angleterre, tandis qu'en 1914, c'était l'Allemagne ; c'est pourquoi l'intérêt de l'Angleterre fit pencher la balance dans le sens de la guerre.

Effectivement, le 4 février 1887, alors que la tension européenne faisait craindre une nouvelle guerre entre l'Allemagne et la France, le *Standard*, qui était l'organe officieux — et non officiel — du gouvernement conservateur, publia une lettre signée « Diplomaticus », et traitant de l'attitude que l'Angleterre devrait observer dans le cas où la neutralité de la Belgique serait violée par l'Allemagne. Car l'auteur considérait cette éventualité comme probable, étant donné que la France, depuis 1870, avait fortifié sa frontière de l'Est, au point qu'il serait difficile à l'Allemagne de la faire forcer par ses armées. Il estimait que, en pareil cas, l'Angleterre pourrait, sans manquer aux traités,

ne pas prendre part à la guerre pour défendre la neutralité
de la Belgique, car « l'usage temporaire d'un droit de
passage était quelque chose de différent d'une prise de
possession permanente et illicite de territoire ». Il suffirait
que l'Angleterre obtînt de l'Allemagne l'engagement que,
après la guerre, le territoire de la Belgique resterait intact
comme avant. Le *Standard*, commentant la lettre de « Diplomaticus », lui donna raison. Il rappela que l'Angleterre,
en 1870, avait résolu de prendre part à la guerre franco-
allemande si la neutralité de la Belgique était violée, et
contre celui des belligérants qui la violerait. Mais, à cette
époque, il y avait peu de vraisemblance que cette éventualité se produirait, tandis que, en 1887, il y avait presque
certitude qu'elle se produirait. « Ce serait de notre part,
concluait le *Standard*, de la folie que d'assumer sans
nécessité des responsabilités qui impliqueraient manifestement notre participation à une guerre terrible ». Telle
était la thèse du journal conservateur, organe officieux du
gouvernement. Le même jour, la *Pall Mall Gazette*, qui
était alors libérale, publia un article dans le même sens,
contestant que les traités relatifs à la Belgique fissent à
l'Angleterre une obligation d'intervenir pour protéger sa
neutralité.

Dans un opuscule publié pendant la guerre mondiale,
et intitulé *The Policy of the Entente*, 1904-14, M. Bertrand
Russell a expliqué de la manière suivante l'attitude différente de l'Angleterre en 1887 et en 1914. En 1887, il y
avait communauté d'intérêts entre elle et l'Allemagne ;
c'est pourquoi elle était disposée à laisser passer les armées
allemandes par la Belgique. En 1914, il y avait communauté
d'intérêts entre elle et la France ; c'est pourquoi elle a
interprété les traités comme interdisant ce passage. « La
vérité, dit l'auteur, c'est que nous avons été pour la Belgique parce que nous étions contre l'Allemagne. »

Au sujet de la déclaration de M. de Bethmann Hollweg au
World, le gouvernement anglais a tenu à spécifier que, en
1887, la Belgique avait demandé au gouvernement anglais
d'abord si l'article du *Standard* représentait sa manière

de voir, et qu'il lui avait été répondu par la négative. Il n'y a donc lieu de faire état que de l'approbation donnée par le *Standard* et d'autres journaux anglais, en 1887, à la thèse que la neutralité de la Belgique ne comportait pas nécessairement l'inviolabilité de son territoire.

Pour soutenir cette thèse, on s'est prévalu aussi des différences qu'il y a entre les traités relatifs à la neutralité belge et à la neutralité suisse. Dans les premiers, il n'est pas question de l' « inviolabilité » du territoire belge. Par contre, dans la « Déclaration dressée à Paris le 20 novembre 1815 au nom de l'Autriche, de la France, de la Grande-Bretagne, du Portugal, de la Prusse et de la Russie pour la reconnaissance et la garantie de la neutralité perpétuelle de la Suisse et de l'inviolabilité de son territoire », il est question de son « intégrité », de sa « neutralité », et, à trois reprises, de l' « inviolabilité » de son territoire. On a alors fait le raisonnement suivant : si la neutralité comporte forcément l'inviolabilité, pourquoi avoir mis tant de soin à proclamer l'inviolabilité de la Suisse après avoir proclamé sa neutralité? D'autre part, si ce soin s'explique parce que la neutralité ne comporterait pas forcément l'inviolabilité, quelle conclusion fallait-il en tirer en ce qui concerne la Belgique?

Si cette perplexité existait dans les esprits, elle ne serait guère atténuée par le peu de précision que mettent les théoriciens du droit des gens à définir la neutralité. Ils sont, du reste, coutumiers du fait. Des diplomates s'assemblent autour d'un tapis vert, et prennent des décisions en se servant de termes qu'ils croient précis et définis. Puis, quand il s'agit d'appliquer leurs décisions, on s'aperçoit que ces termes ne correspondent pas à des notions précises, que les juristes ne sont pas d'accord sur ce qu'ils signifient, si bien qu'on ne sait plus exactement ce que les diplomates ont arrêté dans les traités. Ainsi en est-il en ce qui concerne la notion de neutralité.

Dans son *Traité de droit international public* (1), qui

---

(1) Paris, 1906, A. Pédone, éditeur.

fait particulièrement autorité, Pradier-Fodéré dit (t. VIII,
n° 3224) :

Les définitions de la *neutralité* données par les auteurs modernes
et les contemporains démontrent combien la doctrine a été et est
encore imparfaite à cet égard.

L'auteur résume ensuite les définitions de la neutralité
qu'ont données des jurisconsultes de différents pays :
Vattel, Martens (G. F. de), Klüber, Wheaton, Ortolan,
Azuni, Massé, Hubner, Heffter, Bluntschli, Pasquale
Fiore, Pérels, Rivier, Funck Brentano et A. Sorel, Pillet,
Calvo, Carlos Testa, Kleen. Or, d'après ce résumé, il ne
semble pas qu'aucun de ces jurisconsultes se soit prononcé
expressément en faveur de la thèse d'après laquelle la
neutralité d'un État comporterait forcément l'inviolabilité
de son territoire.

Pradier-Fodéré entreprend ensuite de donner lui-même
une définition de la neutralité, « si l'on tient absolument à
donner une définition essentielle ». Il se prononce, lui, en
faveur de l'. « inviolabilité » découlant de la neutralité :
« On peut dire que la *neutralité* est *la continuation de l'état
de paix* d'une puissance dont l'impartialité d'action et
d'inaction correspond aux devoirs des belligérants de ne
pas l'impliquer dans les opérations de guerre, *mais de
respecter son territoire* (1), sa souveraineté et sa neutralité ».
On remarquera cette manière de s'exprimer : « On peut
dire... » Elle semble indiquer qu'il n'y a pas une doctrine
fixe à cet égard. On a presque l'impression qu'il s'agit d'une
définition personnelle à Pradier-Fodéré. Henry Bonfils,
dont j'ai cité plusieurs fois le *Manuel*, admet aussi cette
définition. Mais il n'y a pas unanimité sur ce point.

V

La Ve convention de La Haye.

Toutefois, alors même qu'on voudrait soutenir que les

----

(1) C'est moi qui souligne.

traités de 1839 et 1867 n'empêchaient pas l'Allemagne de faire passer ses troupes par la Belgique et le Luxembourg, la Ve convention de La Haye ne le lui interdisait-elle pas formellement? Il ne semble pas douteux qu'on doive répondre à la question par l'affirmative. En effet, cette V^e convention stipule expressément que le territoire des puissances neutres est « inviolable », et qu'il est interdit aux belligérants d'y faire passer des troupes. Le doute ne semble donc plus permis. Cependant, la thèse contraire a été soutenue, et, chose curieuse, par un Belge, M. Van Steenberghe, avocat à Anvers et juge suppléant au tribunal de première instance de cette ville.

En juillet 1917, M. Van Steenberghe alla exposer son point de vue à Genève, dans une conférence dont le compte rendu le plus complet a été publié par la *Nation* (n° 7, 14-20 juillet 1917). Quant aux mobiles de son intervention, le conférencier les expliqua de la manière suivante. La situation faite à la Belgique par les traités était si précaire et indéterminée que, d'après lui, il eût été dangereux pour ce pays de revenir, après la guerre, au simple *statu quo ante*. D'où la nécessité de montrer d'abord en quoi ce *statu quo ante* était précaire. Le second mobile est indiqué ainsi dans le compte rendu de la *Nation* : « Si l'Allemagne n'est pas cette puissance qui cyniquement méprise et viole ses engagements, alors on peut traiter avec elle et toute la situation change. On va vers l'apaisement des esprits, vers le rapprochement des idées, sous la lumière sereine de la vérité. »

En ce qui concerne spécialement la Ve convention de La Haye, M. Van Steenberghe soutint qu'elle n'était pas applicable à cause de sa non-ratification par la Serbie ; que, n'étant pas applicable, donc inexistante, elle n'avait pas pu être violée par l'Allemagne envahissant la Belgique.

Voici comment et sur quoi M. Van Steenberghe édifiait cette thèse. Les conventions de La Haye, du 18 octobre 1907, qui sont au nombre de quatorze, contiennent toutes, sauf les trois premières, une clause stipulant que leurs dispositions ne sont applicables qu'entre les puissances contractantes, et seulement si les belligérants sont tous parties à ces conventions. Dans la Ve convention, cette clause forme l'article 20. Au moment où la guerre éclata et où l'Allemagne envahit la Belgique, tous les belligérants étaient-ils parties à la Ve convention? M. Van Steenberghe répondait que non, parce que la Serbie, quoique ayant « signé » la Ve convention, ne l'avait pas « ratifiée ». Certains jursiconsultes soutiennent, en effet, — mais ils ne semblent pas être tous d'accord sur ce point, — que pour qu'un traité soit valable, il faut qu'il soit non seulement « signé » mais « ratifié ». En ce qui concerne la Ve convention de La Haye, les États suivants, quoique l'ayant « signée », ne l'avaient pas « ratifiée » : Bulgarie, Grande-Bretagne, Grèce, Italie, Monténégro, Serbie, Turquie. La Grande-Bretagne avait ratifié la plupart des autres conventions. La Bulgarie, la Grèce, l'Italie, le Monténégro, la Serbie et la Turquie, quoique ayant « signé » toutes les conventions, n'en avaient « ratifié » aucune. Donc, d'après M. Van Steenberghe, la Serbie, n'ayant pas ratifié la Ve convention, n'y était pas partie ; par conséquent, en vertu de la clause figurant à son article 20, cette convention était nulle et non avenue, et l'Allemagne ne pouvait pas l'avoir violée.

On remarquera que cette thèse, si elle était fondée, aurait pris plus d'importance encore dans le courant de la guerre, au fur et à mesure qu'y entraient des États qui n'avaient pas « ratifié » soit la Ve convention, soit les autres. En fait, en vertu de cette thèse, toutes les conventions de La Haye auraient été nulles et non avenues, et n'auraient lié aucun des belliégrants.

Mais que vaut cette thèse? La conférence de M. Van Steenberghe ayant causé à Genève quelque sensation, elle y suscita des polémiques. M. Paul Moriaud, professeur de droit à l'Université de cette ville, dans une lettre qu'il adressa à la *Nation* (n° 8, 21-27 juillet), qualifia de « misérable argutie » l'argument mis en avant par le conférencier pour contester la validité de la Ve convention. Il est difficile de ne pas partager cette opinion.

Du reste, il y a un fait d'une portée plus considérable que toutes les théories. Ni au début de la guerre, ni pendant, aucun gouvernement, belligérant ou neutre, n'a prétendu s'émanciper des conventions de La Haye pour la raison indiquée par M. Van Steenberghe. L'Allemagne, notamment, ne s'en est jamais prévalue pour se disculper dans le cas de la violation de la neutralité belge. Tous les gouvernements belligérants, en accusant leurs adversaires de violer ces conventions, admettaient par là même leur validité.

On peut donc en conclure à la validité de la Ve convention de La Haye, d'où il résulte que, sur ce point au moins, il y a eu violation incontestable d'un traité international.

VI

La Belgique devait-elle se défendre?

On a discuté sur la question de savoir si la Belgique était obligée de défendre son territoire contre l'invasion allemande. Le gouvernement belge a estimé qu'elle y était obligée vis-à-vis d'elle-même et de l'Europe. « Le gouvernement belge, répondit M. Davignon au ministre d'Allemagne à Bruxelles (*Livre gris*, n° 22), en acceptant les propositions qui lui sont notifiées, sacrifierait l'honneur de la nation, en même temps qu'il trahirait ses devoirs vis-à-vis de l'Europe. » Or, c'est cette opinion qui a été contestée.

Dans ce cas, comme pour la question de savoir dans quelle mesure l'Allemagne a violé les traités en violant le territoire belge et luxembourgeois, il faut distinguer entre les traités de 1839 et de 1867, d'une part, et, de l'autre, la Ve convention de La Haye, de 1907.

On a vu plus haut que l'article 7 du traité de 1839, relatif à la Belgique, et l'article 2 du traité de 1867, relatif au Luxembourg, déclarent, d'une manière identique,

que chacun de ces pays « formera un État indépendant et perpétuellement neutre », et qu' « il sera tenu d'observer cette même neutralité envers tous les autres États ». On remarquera qu'il n'est question, ni pour l'un ni pour l'autre de l'obligation de défendre son territoire. En ce qui concerne le Luxembourg, il y avait même impossibilité pour lui de le défendre, puisqu'il n'avait pas d'armée. Le fait que les puissances garantes avaient toléré qu'il n'eût pas d'armée, et que, d'autre part, elles n'avaient jamais veillé à ce que la Belgique fût en état de se défendre, a été interprété par certains comme une preuve que lesdites puissances n'estimaient pas que, vis-à-vis d'elles-mêmes, la Belgique et le Luxembourg fussent obligés de défendre leur territoire contre une violation quelconque. Si l'on admet que la « neutralisation » d'un pays comporte qu'on ne doit pas lui faire la guerre et qu'il ne doit pas la faire lui-même, l'obligation, à sa charge, d' « observer » la neutralité, indiquerait donc simplement qu'il doit s'abstenir de faire la guerre, sans qu'il en résulte l'obligation pour lui de défendre son territoire, dans le cas où un voisin violerait ce territoire, non pas pour lui faire la guerre à lui-même, mais pour la faire à un autre pays. L'un des plus grands hommes d'État belges, Frère-Orban, a émis l'avis, — c'était avant les conventions de La Haye, — que le traité de 1839 n'imposait pas à la Belgique l'obligation de s'opposer à la marche du premier envahisseur. Il estimait plutôt que, en cas de violation du territoire belge, l'armée belge devrait prendre une position d'attente, et se tourner ensuite éventuellement contre celui des adversaires qui paraîtrait le plus dangereux pour la Belgique.

Cependant, depuis 1907, la question ne se présentait plus de la même façon qu'à l'époque où Frère-Orban émettait l'avis qu'on vient de voir, en ne tenant compte que du traité de 1839. Il y avait, en effet, la Ve convention de La Haye, qui interdit aux belligérants de faire passer des troupes par le territoire d'un État neutre, et qui impose à cet État neutre l'obligation de s'opposer à ce passage.

Cette obligation indique clairement que la Ve convention est destinée à protéger non seulement l'État neutre, dont la neutralité pourrait être violée, mais aussi l'État belligérant voisin de cet État neutre, et qui serait menacé par cette violation peut-être plus encore que l'État neutre. C'est pourquoi aucun État neutre, le voulût-il et eût-il intérêt à le faire, n'a le droit de laisser utiliser son territoire pour des opérations militaires dirigées contre un État belligérant. A plus forte raison serait-il coupable, s'il provoquait sur son territoire une intervention étrangère dirigée contre un autre État.

En ce qui concerne la Belgique, elle était donc obligée, la validité de la Ve convention n'étant pas contestée, de résister à l'invasion allemande comme elle l'a fait. Mais, même si elle n'avait pas été dans l'obligation de se défendre, on ne saurait tirer, du fait qu'elle s'est défendue, aucun argument contre elle. On pourrait, sans paradoxe, ajouter : au contraire. Car elle aurait alors sacrifié ses propres intérêts à ce qu'elle aurait considéré, non pas comme une obligation contractuelle, mais comme un devoir d'honneur vis-à-vis d'elle-même et des autres nations auxquelles la violation de son territoire était de nature à nuire. On a donc commis, du côté allemand, une double erreur de psychologie et de politique, en lui faisant grief de s'être défendue.

VII

Pour que la Belgique pardonne.

Il est donc entendu que rien ne peut justifier la violation par l'Allemagne de la neutralité de la Belgique, pas même le fait que les violations de traités sont une pratique courante de la politique internationale. Mais, le but poursuivi dans ce livre étant de travailler à la réconciliation des anciens belligérants, cela autorise à attirer l'attention des Belges sur une considération qui, sans même parler de cette pratique courante, devrait être de nature à atténuer leur sévérité, au demeurant fondée, en ce qui concerne l'événement de 1914.

Cette considération se présentera d'elle-même à leur esprit, s'ils prennent la peine de remonter de 1914 à 1830.

Étant donné que la Belgique a dû son existence d'État indépendant au fait que, en 1830, le traité de Vienne a été violé, autrement dit considéré comme un « chiffon de papier », il devrait y avoir là pour tous les Belges qui apprécient leur indépendance une raison de faire preuve de quelque indulgence à l'égard de tous les violateurs de traités.

Une comparaison entre l'événement de 1914 et celui de 1830 devrait leur faire apparaître cette raison comme s'appliquant particulièrement à celui de 1914.

En 1914, l'Allemagne n'avait pas l'intention de porter préjudice à la Belgique, voulant simplement utiliser son territoire pour opérer militairement contre la France. Au contraire, en 1830, la violation du traité de Vienne visait à porter un préjudice grave au royaume des Pays-Bas : le priver de plus de la moitié du territoire qu'il possédait en vertu de ce traité.

Si la logique présidait aux jugements humains, on devrait condamner la violation de la neutralité belge surtout du point de vue de l'intérêt français. Car le préjudice prémédité par l'Allemagne l'était contre la France seule, à laquelle elle voulait porter comme un coup de Jarnac, en l'attaquant sur un point où elle pouvait se croire protégée par les traités.

Mais la logique a si peu de part dans les jugements humains, qu'on n'a à peine songé à condamner surtout de ce point de vue l'événement de 1914.

En ce qui concerne spécialement la Belgique, le lecteur voudra bien rapprocher la considération générale qui vient d'être indiquée ici, touchant le droit et l'histoire, de la considération signalée au dernier chapitre de ce livre, au sujet du préjudice réellement subi par la Belgique.

———

CHAPITRE VIII

VIOLATION PAR LES ALLIÉS, PENDANT LA GUERRE MONDIALE, DE LA NEUTRALITÉ DE LA GRÈCE.

I

Une opinion de M. Bernard Shaw.

Le *New-York Times* du 9 juillet 1916 a publié, dans son *Magazine Supplement*, un article de M. Bernard Shaw, l'écrivain anglais, dans lequel on lisait notamment ceci :

Au commencement de la guerre, sir Edward Grey et ses collègues obtinrent l'approbation du public en représentant la neutralité de la Belgique comme quelque chose de si sacré, que seuls les Huns dépravés pouvaient prendre les armes contre la Belgique. J'ai été alors d'un avis complètement opposé à celui de sir Edward Grey, au point de dire que si notre propre succès militaire était en jeu, nous violerions la neutralité du ciel, plutôt que de laisser à un soldat allemand l'ombre seulement de la possibilité de fouler du pied un chemin du Kent. Ce qui s'est passé en Grèce a prouvé que j'avais complètement raison. Comme le montre l'interview du *Chicago Daily News*, lord Grey ne s'est pas converti à ma manière de voir. Il persiste à penser que l'Allemagne doit être condamnée au nom de la question de la neutralité, même au risque de représenter comme moralement inadmissible notre propre manière d'agir en Grèce. Comme j'ai heureusement, en 1914, résisté à la tentation de me servir de la convention de La Haye et du traité de 1839 comme d'un bâton pour frapper l'Allemagne, je peux maintenant, sans me rendre publiquement ridicule, reconnaître que la nécessité militaire donnait à l'Angleterre le droit d'occuper les îles grecques et de demander le droit de passage en faveur de son alliée, la Serbie.

M. Bernard Shaw, qui a toujours son franc parler, avait raison : on ne peut pas, sans se rendre publiquement ridicule, condamner l'action de l'Allemagne en Belgique et approuver celle des Alliés en Grèce. C'est pourquoi, quand la Chambre française, le 27 janvier 1917, votait un ordre du jour où il était dit que « la France pouvait être justement fière d'opposer son attitude généreuse envers une Grèce détournée de ses devoirs, à l'odieuse altitude de l'Allemagne envers une Belgique fidèle aux siens », elle ajoutait à de tragiques événements cette note humoristique que j'ai déjà signalée à l'occasion d'autres événements, et que j'aurai de nouveau l'occasion de signaler dans la suite.

A l'époque où M. Bernard Shaw écrivait ce qu'on vient de lire, aux États-Unis, on y pensait assez généralement de la même manière que lui. Le *Temps* du 17 octobre 1916 disait :

> Il est peu de pays où les arguments de droit aient plus de force pour l'appréciation des faits qu'aux États-Unis. On n'en est que plus étonné lorsqu'on voit des journaux qui reflètent souvent l'opinion du cabinet de Washington confondre le cas de la Grèce avec celui de la Belgique.

Le *Temps*, après avoir essayé, par des arguments qui ne tenaient pas debout, d'établir une différence entre ces deux cas, concluait :

> L'erreur du *World* est complète. On aurait cru que les torpillages allemands qui préoccupent tant l'opinion d'outre-mer auraient accentué la netteté du jugement américain au lieu de l'embrumer. Souhaitons que la claire vision du droit reprenne bientôt toute son acuité de l'autre côté de l'Atlantique.

Le souhait du *Temps* devait être exaucé quand les États-Unis furent entrés en guerre. Dès lors, en effet, les Américains, de même que les belligérants d'Europe, perdirent toute objectivité.

Avant d'aller plus loin, je dois préciser que lorsqu'il sera parlé, au cours des considérations qui vont suivre, des Alliés ou de l'Entente comme ayant violé la neutralité de la Grèce, cela ne s'appliquera pratiquement qu'à la

France et à l'Angleterre. En effet, la Russie et l'Italie ne devaient s'associer que pour le principe aux opérations purement militaires, et ne pas s'associer du tout aux mesures de coercition prises contre le roi Constantin.

Une autre remarque préliminaire s'impose.

Il est bien entendu que je ne discuterai pas au fond, du point de vue grec et militaire, la question de savoir si la Grèce devait ou ne devait pas prendre part à la guerre. Je n'y toucherai qu'incidemment, en parlant des raisons que le roi Constantin pouvait avoir de préférer une politique d'abstention et de neutralité. Je serai obligé de le faire pour une raison bien simple : c'est que l'Entente a prétendu justifier son intervention en Grèce non seulement au nom de l'obligation qui aurait incombé à ce pays de secourir la Serbie, mais aussi parce qu'elle prétendait qu'il lui aurait été facile, et même profitable, de remplir militairement cette obligation.

Pareillement, je voudrais pouvoir ne pas m'immiscer, du point de vue grec, dans la querelle entre vénizélistes et constantinistes. Mais je serai quand même obligé d'en parler pour une raison également bien simple : c'est que l'Entente a cherché un autre motif à son intervention dans la politique soi-disant anticonstitutionnelle du roi Constantin.

II

Violation de la neutralité perpétuelle de Corfou.

Il convient d'envisager la violation du territoire grec par les Alliés sous trois aspects différents : 1° l'occupation, avant l'entrée en guerre de la Bulgarie, des îles de Mytilène, Lemnos, Imbros et Castello Rizo, occupation destinée à fournir aux Alliés une base d'opération contre la Turquie, en vue de l'expédition des Dardanelles; 2° le débarquement à Salonique, alors que l'entrée en guerre de la Bulgarie était imminente, mais non encore un fait accompli ; 3º l'utilisation de l'île de Corfou, comme base d'opération militaire.

C'est d'abord de ce dernier aspect de la question que je m'occuperai, parce qu'il présente un caractère tout spécial qui la rattache directement et l'identifie à la question de la neutralité belge. En effet, tandis que la Grèce prise dans son ensemble était un pays resté « neutre » dans la guerre européenne, mais à laquelle elle avait le droit de prendre part, Corfou était un territoire « neutralisé », au même titre que la Belgique, le Luxembourg et la Suisse, et qui devait, de toute manière, être laissé en dehors des opérations militaires, *même si la Grèce eût été belligérante*.

Le traité conclu à Londres, le 5 novembre 1815, entre l'Autriche, la Grande-Bretagne, la Prusse et la Russie, avait fixé le sort des îles Ioniennes. Elles devaient former « un seul État libre et indépendant, sous la dénomination des États-Unis des îles Ioniennes ». Cet État serait placé « sous la protection immédiate et exclusive » de l'Angleterre. Cette situation dura jusqu'en 1863, époque à laquelle les îles furent cédées à la Grèce, sous les conditions suivantes.

L'article 3 du « traité relatif à la couronne de Grèce », conclu à Londres, le 13 juillet 1863, entre la France, le Danemark, la Grande-Bretagne et la Russie, était ainsi conçu :

La Grèce, sous la souveraineté du prince Guillaume de Danemark et la garantie des trois cours, forme un État monarchique, indépendant, constitutionnel.

L'article 5 du même traité était ainsi conçu :

Les îles Ioniennes, lorsque leur réunion au royaume de Grèce aura été effectuée, seront comprises dans la garantie stipulée par l'article 3 du préseut traité.

L'article 1ᵉʳ du traité de Londres du 14 novembre 1863, conclu entre la France, la Grande-Bretagne, l'Autriche, la Prusse et la Russie, prévoyait l'abandon, par la Grande-

Bretagne, de son protectorat, et l'union des îles Ioniennes
à la Grèce. L'article 2 du même traité était ainsi conçu :

Les îles Ioniennes, après leur union au royaume de Grèce, jouiront des avantages d'une neutralité perpétuelle, et, en conséquence,
aucune force armée, navale ou militaire, ne pourra jamais être
réunie ou stationnée sur le territoire ou dans les eaux de ces îles,
au delà du nombre strictement nécessaire pour maintenir l'ordre
public et pour assurer la perception des revenus de l'État. Les
hautes parties contractantes s'engagent à respecter le principe de
neutralité stipulé par le présent article.

L'article 3 stipulait, « comme conséquence nécessaire
de la neutralité », la démolition des fortifications de Corfou.

Comme on le voit par l'article 2, la neutralisation des
îles Ioniennes était beaucoup plus strictement définie que
celle de la Belgique. On pourrait, à cause de la clause
relative à l'éloignement de toute force armée, la comparer
à celle de la Suisse, qui comportait expressément son
inviolabilité.

La conférence de Londres du 25 janvier 1864 restrei-
gnit aux deux seules îles de Corfou et de Paxo les avantages de la neutralisation, qui devaient d'abord s'appliquer à toutes les îles Ioniennes.

Le traité de Londres du 29 mars 1864, conclu entre
la France, la Grande-Bretagne et la Russie, d'une part,
et la Grèce, d'autre part, fixa définitivement le sort des
îles. L'article 1er stipulait la renonciation de l'Angleterre
au protectorat. L'article 2 était ainsi conçu :

Les cours de France, de la Grande-Bretagne et de Russie, en
leur qualité de puissances garantes de la Grèce, déclarent, avec
l'assentiment des cours d'Autriche et de Prusse, que les îles de
Corfou et de Paxo ainsi que leurs dépendances, après leur réunion
au royaume hellénique, jouiront des avantages d'une neutralité
perpétuelle.
Sa Majesté le roi des Hellènes s'engage, de son côté, à maintenir
cette neutralité.

Ainsi, la situation était aussi claire que possible. Corfou
était aussi incontestablement neutralisée qu'inviolable ;
cette neutralité et cette inviolabilité étaient garanties

par les puissances signataires et par la Grèce. On ne pouvait même pas discuter, en ce qui concerne Corfou, sur la question d' « inviolabilité », comme on a pu le faire pour la Belgique. Il ne peut donc y avoir aucun doute, aucune discussion sur ce point : que les Alliés, en faisant de Corfou une base militaire, spécialement pour la réorganisation de l'armée serbe, ont violé les traités signés par eux, d'une manière plus incontestable que l'Allemagne ne l'a fait dans le cas de la Belgique.

III

Occupation des îles de l'Egée.

Pour ce qui est du territoire grec en général, abstraction faite de Corfou, il aurait dû, puisque la Grèce restait alors neutre dans le conflit européen, être respecté par les Alliés, soit en vertu du droit des gens courant, qui oblige à respecter le territoire d'un État non belligérant, soit en vertu de la Vᵉ convention de La Haye (1).

----

(1) Je rappelle ici les articles suivants de cette convention

Art. 1ᵉʳ. — *Le territoire des puissances neutres est inviolable.*

Art. 2. — *Il est interdit aux belligérants de faire passer à travers le territoire d'une puissance neutre des troupes ou des convois, soit de munitions, soit d'approvisionnements.*

Art. 4. — *Des corps de combattants ne peuvent être formés, ni des bureaux d'enrôlement ouverts, sur le territoire d'une puissance neutre au profit des belligérants.*

Art. 5. — *Une puissance neutre ne doit tolérer sur son territoire aucun des actes visés par les articles 2 à 4.*

Art. 10. — *Ne peut être considéré comme un acte hostile le fait, par une puissance neutre, de repousser, même par la force, les atteintes à sa neutralité.*

Comme on le voit, ces prescriptions sont absolument impératives. Aucune exception n'y est prévue, autorisant à les transgresser. Il en résulte qu'aucun belligérant n'a le droit d'arguer d'une circonstance quelconque pour violer les articles 1 et 2 de la Vᵉ convention, et qu'aucun neutre n'a non plus le droit d'en violer les articles 4 et 5. Cette constatation réfute d'avance tous les arguments qu'on a voulu mettre en avant pour justifier ce qui s'est passé en Grèce, en violation de la Vᵉ convention.

L'occupation par les Alliés, au début de leur guerre
contre la Turquie, des îles grecques de Mytilène, Lemnos,
Imbros et Castello-Rizo, *occupation contre laquelle le gouvernement grec protesta*, constituait une violation évidente
des articles 1 et 2 de la Ve convention, le premier stipulant que « le territoire des puissances neutres est inviolable », le second disant qu' « il est interdit aux belligérants
de faire passer à travers le territoire d'une puissance
neutre des troupes et des convois, soit de munitions, soit
d'approvisionnements. »

Puissance neutre, la Grèce l'était incontestablement
au moment de l'occupation de ces îles, comme, plus tard,
au moment de l'occupation de Salonique. La question
de savoir si, du point de vue de ses intérêts, elle avait
tort ou raison de rester neutre, ne pouvait en rien influer
sur l'attitude des belligérants. C'était une question à
débattre et à trancher entre Grecs, et qui a été débattue
passionnément. Mais aussi longtemps que la Grèce restait
neutre, les belligérants devaient se comporter à son égard
comme à l'égard d'une puissance neutre, et elle-même
devait se comporter en conséquence à l'égard des belligérants. Il est donc exact de dire que l'occupation des
îles grecques par les Alliés était, sans conteste, une violation du droit des gens, notamment de la Ve convention
de La Haye. Dans le cas de ces îles, les Alliés ne pouvaient
même pas se prévaloir des raisons qu'ils mirent en avant
plus tard pour justifier leur débarquement à Salonique,
et dont nous verrons l'inanité. Il ne s'agissait pas, en
effet, de porter secours à la Serbie, ni de se substituer,
pour le faire, à une Grèce « défaillante ». Quand, après
l'échec de l'entreprise des Dardanelles, les Alliés eurent
décidé de transporter leur corps expéditionnaire à Salonique, le *Journal des Débats* du 5 octobre 1915 se livra
aux réflexions suivantes :

Diplomatiquement, les objections ne devaient pas être plus
fortes contre le débarquement dans un port continental que contre
l'occupation des deux îles. Au point de vue des principes, la différence est nulle. En fait, on pourrait soutenir que le débarquement
à Salonique est plus justifié, puisqu'il s'agit pour les troupes expé-

ditionnaires d'aller secourir un pays allié de la Grèce que celle-ci est tenue de défendre contre une agression bulgare imminente.

Le *Journal des Débats*, obligé d'être subjectif, ne pouvait pas parler autrement. Mais, en réalité, en disant, subjectivement, que le débarquement à Salonique était plus « justifié » que l'occupation des îles, il avouait, objectivement, que celle-ci était plus « injustifiée » encore.

Pour la justifier, on a usé, du côté des Alliés, d'un argument qui, bien loin de constituer une circonstance atténuante, était plutôt une circonstance aggravante. On sait que la Turquie n'avait pas reconnu la réunion des îles à la Grèce, réunion décidée par les puissances. Dans ce cas, a-t-on dit du côté des Alliés, pourquoi respecter comme grec un territoire que la Turquie ne considérait pas comme grec? Argument singulier, car on aggravait ainsi le tort fait à la Grèce ; on avait l'air de contester ses titres de propriété sur les îles qu'on lui avait accordées, et d'adopter, contre elle, la thèse turque. Pour recourir à un pareil argument, il fallait qu'on se sentît bien à court d'arguments valables.

Pour conclure sur ce point, on peut dire que, étant donné les stipulations de la Ve convention de La Haye, les Alliés, en utilisant les îles grecques pour opérer contre la Turquie, ont, à peu de chose près, agi comme avaient agi les Allemands en utilisant le territoire belge et luxembourgeois pour opérer contre la France. Le fait que les Alliés devaient échouer dans leur entreprise ne saurait, on en conviendra, constituer pour eux une excuse.

IV

Le débarquement à Salonique.

Il est difficile d'arriver à une conclusion différente pour ce qui est de l'affaire de Salonique, bien que ce cas présentât certaines particularités dont il ne pouvait pas être question à propos des îles.

Mais, tout d'abord, il faut éliminer du débat, en ce qui concerne ce point spécial, toute considération se rapportant au conflit aigu qui devait s'élever ultérieurement entre les Alliés et le roi Constantin, à propos soit de ses tendances qu'on prétendait germanophiles, soit de ce qu'on a appelé sa politique anticonstitutionnelle. Au moment du débarquement à Salonique, en octobre 1915, ce conflit n'existait pas encore ; les Alliés ne se prévalurent pas des griefs qu'ils devaient alléguer plus tard.

La validité de la Ve convention de La Haye n'étant pas contestée, le débarquement des Alliés à Salonique était une violation de ses articles 1 et 2 ; car il est facile de prouver que les particularités que présentait le cas de Salonique, et qui le distinguaient de celui des îles, n'avaient que la valeur de circonstances atténuantes, et non pas celle d'une justification.

On a prétendu que les Alliés avaient le droit de débarquer à Salonique pour aller au secours des Serbes, parce que la Grèce, malgré son traité d'alliance avec la Serbie, refusait de lui porter secours. Il convient, toutefois, de faire remarquer que les Alliés n'ont pas tout d'abord formulé ce grief contre la Grèce. Le *Journal de Genève* du 6 octobre 1915 a publié le texte suivant de la lettre par laquelle le ministre de France à Athènes avait annoncé le débarquement à M. Vénizélos :

> Par ordre de mon gouvernement, j'ai l'honneur d'annoncer à V. E. le débarquement à Salonique d'un premier détachement de troupes françaises et de déclarer en même temps que la France et l'Angleterre alliées de la Serbie, envoyent leurs troupes au secours de cette dernière pour maintenir leurs communications avec elle. Les deux puissances comptent sur la Grèce, qui n'a donné jusqu'à présent que des preuves d'amitié, pour qu'elle ne s'oppose pas à la mesure prise dans l'intérêt de la Serbie à laquelle la Grèce est aussi alliée.

Comme on le voit, il n'était pas encore question de l'oubli, par la Grèce, de ses devoirs d'alliée. La France

et l'Angleterre n'utilisaient le territoitre grec que comme
alliées de la Serbie, à laquelle la Grèce elle-même était
alliée. Ce n'est que plus tard qu'on formula contre la
Grèce le reproche de trahir la Serbie, la Chambre française allant jusqu'à parler, dans son ordre du jour du
27 janvier 1917, d'une « Grèce détournée de ses devoirs ».

Le motif mis en avant par le ministre de France pour
justifier le débarquement à Salonique pouvait-il se soutenir sérieusement? Il n'y a aucune clause, dans la Ve convention, qui autorise à en transgresser les prescriptions
pour un motif quelconque. Du reste, il suffit de réfléchir
un instant pour comprendre que, même sans cette V^e convention, un pareil motif serait vain. Pendant les premiers
mois de la guerre, et jusqu'à la dénonciation de la Triple-
Alliance par l'Italie, celle-ci était l'alliée de l'Allemagne
et de l'Autriche-Hongrie, de même que la Grèce était
l'alliée de la Serbie. Mais l'Italie, comme la Grèce, était
restée neutre, estimant que le *casus fœderis* n'existait
pas. Si donc l'Allemagne, alléguant que l'Italie était
l'alliée de l'Autriche-Hongrie, dont elle était elle-même
l'alliée, avait prétendu utiliser le territoire italien pour
opérer contre la France, en faveur de l'Autriche-Hongrie,
ou si l'Autriche-Hongrie, faisant le même raisonnement,
avait émis la même prétention, pour aider l'Allemagne,
l'Allemagne et l'Autriche-Hongrie auraient agi comme
la France et l'Angleterre prétendant utiliser le territoire
grec en faveur de leur alliée la Serbie, parce que la Grèce
était elle-même l'alliée de la Serbie. Qu'aurait-on dit
de cette prétention austro-allemande dans le camp des
Alliés? Et pourtant, cette prétention eût été plus justifiée
de la part de l'Allemagne et de l'Autriche-Hongrie, puisque
l'une et l'autre étaient en même temps alliées à l'Italie,
ce qui n'était pas le cas pour la France et l'Angleterre
par rapport à la Grèce.

C'est sans doute parce que l'inanité de ce motif était
trop évidente que, peu à peu, on s'est surtout prévalu,
du côté des Alliés, du prétendu reniement, par la Grèce,
de ses devoirs d'alliée. Mais, même si ce reniement avait

été réel, y aurait-il eu là un motif suffisant d'intervention en territoire grec? Pour répondre à cette question, ayons de nouveau recours à une comparaison. Aussi bien du côté allemand que du côté austro-hongrois, on estimait qu'il y avait *casus fœderis* pour l'Italie et qu'elle aurait dû marcher avec ses alliés de la Triple-Alliance. D'autre part, comme le roi Charles de Roumanie avait signé un traité d'alliance avec les Empires centraux, on estimait, à Berlin et à Vienne, que la Roumanie aurait dû, dès le début de la guerre, marcher avec ces Empires. C'était aussi l'avis du roi Charles, et l'on a assuré que le chagrin de n'avoir pas pu remplir ce qu'il considérait comme son devoir avait hâté sa fin. Si donc les Empires centraux, alléguant que l'Italie et la Roumanie ne remplissaient pas leurs devoirs d'alliées, avaient prétendu utiliser leur territoire pour opérer contre la France ou contre la Russie, ils auraient agi comme la France et l'Angleterre prétendant utiliser le territoire grec, parce que la Grèce, selon elles, ne remplissait pas ses devoirs d'alliée. Qu'aurait-on dit de cette prétention austro-allemande dans le camp des Alliées? Et pourtant, elle eût été plus justifiée que celle de la France et de l'Angleterre, puisque l'Allemagne et l'Autriche-Hongrie étaient l'une et l'autre alliées à l'Italie et à la Roumanie « détournées de leurs devoirs », ce qui n'était pas le cas pour la France et l'Angleterre par rapport à la Grèce « détournée de ses devoirs ».

Du reste, était-il exact que la Grèce ne remplissait pas, vis-à-vis de la Serbie, les devoirs que lui imposait le traité d'alliance gréco-serbe? C'était absolument inexact, comme le prouve un examen tant soit peu objectif de la question. C'était encore plus inexact, pourrait-on même ajouter, qu'en ce qui concerne le prétendu oubli, par l'Italie et la Roumanie, de leurs devoirs d'alliées.

Pendant quelque temps, on a prétendu que le traité gréco-serbe imposait à la Grèce le devoir de secourir la Serbie même en dehors du cas d'une attaque bulgare. Autrement dit, même avant l'entrée en guerre de la Bulgarie, la Grèce aurait dû se joindre à la Serbie contre l'Autriche-Hongrie. Un moment de réflexion, à la lecture du texte du traité et de la convention militaire qui le complétait, aurait dû suffire à faire comprendre que cette interprétation était impossible. La convention militaire stipulait que l'alliance ne jouerait que si la Serbie pouvait mettre en ligne 150.000 hommes dans la région de Guevkeli, Coumanovo et Pirot, autrement dit sur la frontière serbo-bulgare. Or, il était évident que la Serbie ne pourrait jamais remplir cette condition si elle était attaquée par l'Autriche-Hongrie. Cette évidence aurait dû immédiatement faire naître la conviction que le traité gréco-serbe ne s'appliquait qu'à des éventualités balkaniques, et tout spécialement à l'éventualité d'une attaque de la Serbie ou de la Grèce par la Bulgarie. Vouloir prouver cela aujourd'hui serait perdre son temps ; car la preuve est faite désormais, et surabondamment. Les documents officiels grecs qui ont été publiés n'ont laissé subsister aucun doute sur ce point. Non seulement M. Vénizélos reconnaissait que l'alliance gréco-serbe ne jouait pas contre l'Autriche-Hongrie, mais encore il était d'avis qu'il eût été dangereux pour la Grèce de s'engager dans cette aventure. Bien plus, il insistait auprès du roi Constantin pour que la Grèce fît la guerre à la Turquie, de concert avec les Alliés, sans s'inquiéter de la Serbie et de son conflit avec l'Autriche-Hongrie. D'une manière très réaliste, il expliquait au roi qu'une guerre contre la Turquie, aux côtés de la France et de l'Angleterre, serait presque sûrement couronnée de succès, tandis qu'il doutait du succès dans le cas d'une guerre balkanique.

Dans la lettre qu'il adressait au roi au mois d'août 1914, et qui a été publiée en août 1917 (v. le *Temps*, du 26 août), M. Vénizélos disait, en envisageant la participation de la Grèce à une guerre contre la Turquie : « Nous n'avons aucune raison, aucun intérêt à déclarer aussi la guerre aux puissances de l'Europe centrale ». M. Vénizélos a exprimé la même idée dans le grand discours qu'il a prononcé à la Chambre le 13-26 août 1917, et qui a été publié à Paris, en français, dans les numéros 35, 36 et 37 du *Journal des Hellènes*.

Deux documents du *Livre blanc* grec sont en outre très instructifs à cet égard. Dans une dépêche du 13-26 juillet 1914 au ministre de Grèce à Belgrade (N° 15), M. Vénizélos n'envisageait l'intervention de la Grèce que dans le cas où la Bulgarie attaquerait la Serbie. Encore n'était-ce pas pour se conformer au traité d'alliance, mais pour « assurer le maintien du traité de Bucarest », la Grèce étant intéressée au maintien de l'équilibre balkanique établi par ce traité.

Dans les *Archives rouges* que le gouvernement russe des Soviets a publiées en 1922, et dont le *Journal des Débats* a donné une traduction française dans ses numéros des 4 et 5 octobre 1922, il y a deux autres documents encore plus significatifs que les précédents.

Le 12-25 juillet 1914, M. Bronevsky, chargé d'affaires russe à Berlin, mandait à M. Sazonof :

Vénizélos, qui est arrivé ce matin à Munich, a chargé, par téléphone, le ministre grec d'ici de porter à la connaissance du ministre des affaires étrangères que, si la Bulgarie se décidait à profitre du conflit austro-serbe pour commencer une action hostile contre la Serbie, la Grèce se verrait obligée de s'opposer à une pareille intervention de la Bulgarie, pour protéger ses intérêts.

Le 14-27 juillet 1914, M. Bronevsky mandait à M. Sazonof :

Le ministre grec venant de rentrer de Munich, à la suite d'une entrevue avec Vénizélos, m'a communiqué que samedi, lorsqu'il eut notifié, selon les instructions reçues, au ministre des affaires étrangères qu'il sera impossible à la Grèce de rester indifférente au cas d'une attaque de la Bulgarie contre la Serbie, le ministre des affaires étrangères tenta, pendant toute la conversation, de prouver qu'il serait erroné de poser le problème d'une façon pareille, et qu'il ne voit pas en quoi précisément une action agressive de la Bulgarie contre la Serbie léserait les intérêts grecs. Le ministre grec a indiqué que la Bulgarie une fois ses forces augmentées au détriment de la nouvellë Serbie, se ruerait plus tard sur la Grèce qui aurait perdu, au surplus, l'appui de la Serbie.

Ainsi, il n'était pas question pour M. Vénizélos, d'une

« obligation » qu'un traité d'alliance aurait imposée à la Grèce. Il ne s'agissait que d'une intervention jugée opportune « pour protéger ses intérêts ». Et pourtant, lui et le ministre grec à Berlin auraient été en bien meilleure posture vis-à-vis du gouvernement allemand, s'ils avaient justifié l'intervention éventuelle de la Grèce par l'obligation morale de faire honneur à un traité d'alliance.

Du reste, le 4 octobre 1915, M. Vénizélos a fait à M. Paxton Hibben, correspondant de l'*Associated Press* des États-Unis, la déclaration suivante, qu'il a contresignée de sa propre main pour en garantir l'authenticité :

Le traité gréco-serbe ne prévoyait que l'éventualité d'une guerre balkanique. Quand il a été conclu, personne ne pouvait prédire le conflit européen actuel avec toutes ses complications étendues. Mais l'esprit de l'alliance était une défense mutuelle, et parce que les dangers menaçant notre allié se sont accrus dans des proportions imprévues, nous n'avons pas d'excuse pour nous réfugier derrière le verbiage du traité en vue d'échapper aux responsabilités de nos engagements. (Paxton Hibben : *Constantine I and the Greek People*, p. 65).

En raisonnant ainsi, ou bien M. Vénizélos croyait que la Grèce, en entrant en guerre, pourrait s'en tirer à son avantage, ou bien il sentait et parlait comme don Quichotte. Dans le premier cas, il était en désaccord avec tous les militaires compétents. Dans le second cas, il ne pouvait pas s'attendre à ce qu'un souverain, sachant qu'il y allait du sort de son pays, sentît et voulût agir comme lui.

Il est donc désormais hors de doute qu'on ne doit envisager le traité d'alliance gréco-serbe qu'en ce qui concerne les devoirs qu'il pouvait imposer à la Grèce vis-à-vis de la Serbie dans le cas d'une attaque de la part de la Bulgarie. Or, la condition essentielle du *casus fœderis* n'étant pas remplie, dans l'automne de 1915, par la Serbie qui ne pouvait pas disposer de 150.000 hommes dans la région indiquée, on ne peut pas, objectivement et honnêtement soutenir que le *casus fœderis* existait, et que la Grèce était obligée de soutenir la Serbie contre la Bulgarie. Ce point essentiel, on l'a systématiquement passé sous silence toutes les fois qu'on a accusé la Grèce de n'avoir pas rempli ses devoirs d'alliée ; et il était manifeste qu'on le passait sous silence non pas par ignorance, mais par mauvaise foi.

L'*Echo de Grèce* a donné, dans son numéro du 27 septembre 1917, la première traduction française du traité d'alliance gréco-serbe du 19 mai 1913 et de la convention militaire le complétant. C'est l'article 2 de cette convention qui contient la clause relative aux 150.000 hommes à rassembler par la Serbie « dans les districts de Guevkeli, Velez (Kioproulu), Coumanovo, Pirot ». Ces documents ne peuvent laisser aucun doute sur ces deux points : 1º que l'alliance ne visait qu'une guerre balkanique ; 2º que le *casus fœderis* n'existait pas en 1915, quand la Bulgarie attaqua la Serbie.

Dans un livre que j'ai déjà cité, *D'Athènes à Constantinople* (1), M. C. Ibañez de Ibero a publié une interview de M. Scouloudis, alors président du conseil en Grèce, dont il faut reproduire le passage suivant (p. 36) :

Je vais vous faire le résumé de la situation. Tout d'abord, le *casus fœderis* prévu dans le traité serbo-grec ne s'est pas présenté, quoi qu'on en dise ; en effet, cet accord visait exclusivement une guerre entre États balkaniques ; il fut conclu dans le but de s'opposer à une agression de la Bulgarie contre l'un des deux États contractants ; la Grèce et la Serbie devaient fournir chacune d'elle un contingent de 150.000 hommes ; or, ce traité ne peut en aucun cas s'appliquer aux circonstances actuelles : la Serbie est attaquée à la fois par la Bulgarie et les puissances centrales et, d'autre part, elle n'est plus en état de remplir la clause du traité qui l'obligeait à opposer 150.000 hommes à la Bulgarie ; toute la question est là.

Dans une lettre publiée par le *Temps* du 20 février 1916, le prince Nicolas de Grèce s'exprimait dans le même sens que M. Scouloudis. Il disait, notamment :

Mais la Grèce n'a pas tenu ses engagements vis-à-vis de la Serbie, lui reproche-t-on ; elle aurait lâché son alliée à un moment critique, malgré les assurances réitérées de tous ses gouvernants que le

---

(1) Paris et Neuchâtel, Attinger frères, éditeurs.

traité gréco-serbe serait exécuté. Si ce traité nous tient à tous très à cœur et si la nation serbe est à tout Grec plus sympathique encore pendant cette crise qu'elle traverse, moi, personnellement, j'ai des raisons toutes spéciales pour apprécier notre alliance avec la Serbie : j'ai moi-même pris une part active aux négociations qui ont abouti à la conclusion de ce traité d'alliance. Je puis affirmer que ce traité n'obligeait pas la Grèce à entrer en campagne pour défendre la Serbie, attaquée simultanément par la Bulgarie et par les puissances centrales. Le traité gréco-serbe est un traité balkanique qui ne vise que la politique balkanique. Il n'avait ni ne pouvait avoir en vue de participer à une guerre mondiale, dont les conditions et les facteurs étaient impossibles à prévoir et à apprécier d'avance. Le traité, d'ailleurs, prescrivait que la Serbie devait fournir 150.000 hommes contre la Bulgarie pour coopérer à la frontière commune avec l'armée grecque contre les Bulgares. Cet engagement n'a pu être exécuté par la Serbie. Les conditions dans lesquelles les opérations franco-anglaises ont été poursuivies aux Dardanelles et à Salonique n'offraient visiblement pas de garanties suffisantes que la lacune serait comblée ; à l'époque, du reste, où l'invasion et l'écrasement de la Serbie étaient accomplis, l'armée franco-anglaise débarquée à Salonique n'atteignait même pas la moitié de l'effectif des 150.000 hommes qui devaient remplacer le contingent serbe. Si l'armée grecque avait participé, elle n'aurait pas sauvé l'armée serbe, opérant à une distance telle que nos effectifs ne pouvaient la rejoindre à temps ; elle aurait probablement subi le sort de l'armée serbe, et les Bulgares avec les Austro-Allemands et les Turcs se trouveraient aujourd'hui en ennemis sur notre territoire. Est-ce qu'une Grèce affaiblie à ce point constituerait un avantage pour la Serbie, et partant pour la cause des alliés.

Cette lettre du prince Nicolas nous amène à envisager le débarquement à Salonique d'un point de vue spécial, en ce qui concerne l'appoint qu'il pouvait fournir à la Grèce pour remplacer les 150.000 Serbes manquants. Il était naturel qu'il agréât aux Alliés de fournir à la Grèce le contingent que la Serbie ne pouvait pas lui fournir. Même si ce contingent eût été équivalent au contingent serbe, non seulement quant au nombre, mais aussi quant à son efficacité, la Grèce eût été libre d'accepter ou de ne pas accepter cette substitution. Mais encore eût-il fallu qu'il y eût équivalence. Or, bien avant la publication de la lettre du prince Nicolas au *Temps*, il était évident pour les gens impartiaux et réfléchis qu'il n'y avait pas équivalence.

Il y a eu à Salonique, assez tard, plus de 150.000 hommes ; mais ils ne représentaient pas la valeur des 150.000 Serbes prévus par le traité d'alliance. Éléments hétérogènes venus d'un peu partout, ils ne pouvaient pas être comparés à 150.000 hommes combattant dans leur propre pays et défendant leurs foyers. D'autre part, le climat très insalubre de la région de Salonique, avec ses fièvres paludéennes, décimait les troupes alliées.

A l'occasion de ce qu'on a appelé l'affaire Paix-Séailles, on a eu connaissance de lettres que ce militaire avait reçues de Salonique sur l'état de l'armée d'Orient. Le *Temps* du 12 novembre 1917 disait à ce sujet :

C'étaient, d'abord, une dizaine de lettres écrites, du 3 mai au 15 juin 1916, par le capitaine Mathieu, officier d'état-major à l'armée d'Orient, à son ami le sergent Paix-Séailles. Dans ces lettres, le capitaine Mathieu protestait contre la campagne menée par certains publicistes, qui réclamaient une offensive de l'armée d'Orient. Il exposait que cette armée n'était suffisamment pourvue ni en hommes ni en matériel pour tenter une offensive, et il adjurait son ami d'agir dans ce sens auprès du gouvernement.

Les débats du procès du *Bonnet rouge*, en mai 1918, devaient ajouter des précisions aux rapports si peu optimistes du capitaine Mathieu.

Voici un autre témoignage. Le *Journal* a publié, le 26 décembre 1917 et le 7 janvier 1918, deux articles de M. Edouard Helsey, qui avait accompagné le général Sarrail à Salonique, en octobre 1915. Parlant des inquiétudes du général, M. Helsey disait :

... Il calculait que les Bulgares, à eux seuls, pouvaient jeter sur les Serbes plus de 200.000 combattants. Il savait le compte de ses hommes. Il n'en avait que 35.000.

On n'a pas oublié l'héroïque tentative et comment, dès le 15 octobre, nos premiers bataillons, munis de 200 cartouches par fusil, s'avançaient le long du Vardar, s'engageaient dans des défilés, à la merci des Grecs qui tenaient le chemin de fer et qui nous regardaient passer avec un sourire ambigu.

Nous allâmes ainsi jusqu'à Krivolak, jusqu'à Gradec, à 150 kilomètres de notre base, nous obstinant à la vaine résolution de tendre enfin la main aux Serbes... Il était déjà trop tard. Et que pouvait une poignée d'hommes? Après six semaines de combats victorieux, il fallait bien quitter l'espoir, céder le terrain.

Parlant de la situation après la retraite, M. Helsey disait :

Quelle fut, depuis, la vie du général Sarrail? Contraint de prendre seul et d'autorité les plus hasardeuses décisions, il ne tarda pas à se sentir paralysé dans un réseau d'inextricables difficultés.....

Et cependant ses avis, ses appels réitérés, hélas ! confirmés par les faits, ne convainquaient ni Paris, ni Londres. En outre, de vieilles hostilités, dues à des erreurs du temps de paix, renaissaient quelquefois suscitées par des amis peu sûrs ou maladroits.

Alors que des ordres exprès lui interdisaient de prendre l'offensive, des gens bourdonnaient à Paris : « Que fait donc Sarrail, là-bas, avec ses 400.000 hommes? Sarrail dans Salonique, c'est Bazaine dans Metz. » Il avait 18.000 fusils. Les troupes anglaises se tenaient sur la défensive. C'est avec ses 18.000 hommes et à peu près 40.000 Serbes qu'en septembre 1916 il refoula les Bulgares de 100 kilomètres, franchit la frontière, libéra Monastir. Le jour où il entra dans la ville, il fut pris, malgré la victoire, d'un accès de rage en voyant nos pauvres troupes lasses, boueuses, à bout de souffle. Il murmurait, en serrant le poing : « Pas une brigade pour pousser... »

Non, sa tâche ne fut pas facile, ni facilitée.

En ce qui concerne l'armement des soldats de Sarrail, M. Helsey disait :

La force d'une armée ne dépend pas que de ses effectifs. Ne craignons pas de le dire tout haut : depuis deux ans les gouvernements de l'Entente n'ont pas fait ce qu'il fallait pour l'expédition d'Orient. Elle a été la parente pauvre, l'importune, la disgraciée. Il est urgent que cela cesse.

Des choses sérieuses se préparent là-bas. Espérons que le général Guillaumat sera plus heureux que le général Sarrail. Il faut lui donner ce qu'il demandera. Il faut renoncer à écouler en Macédoine tout le matériel démodé, à y envoyer le personnel fatigué, à y caser les rossignols inutilisables ailleurs.

Longtemps l'armée d'Orient put être considérée comme le cabinet de débarras de nos ministres de la guerre. Tout ce dont personne ne voulait était assez bon pour elle. On alla jusqu'à lui compter comme renforts des éclopés et des indésirables. Il est permis d'espéque ces déplorables méthodes ont, aujourd'hui, disparu pour toujours.

Et l'on aurait voulu que ce corps expéditionnaire, mal recruté et mal armé, fût considéré comme l'équivalent des 150.000 Serbes prévus par le traité d'alliance? On aurait voulu que le roi Constantin s'appuyât sur ce pauvre embryon d'armée pour entreprendre une guerre d'où pouvait dépendre le sort de la Grèce?

Enfin, et ceci est très important, même à égalité de climat, même à égalité quant à la valeur des troupes, 150.000 hommes à Salonique ne représentaient pas la même chose que 150.000 hommes dans la région de Pirot, de Coumanovo et de Guevkeli. Il suffit de regarder une carte pour s'en rendre compte. Salonique est située dans une plaine basse dominée au Nord par un système de montagnes qu'il s'agissait de forcer pour atteindre la Bulgarie. Par contre, de Pirot et de Coumanovo on peut l'atteindre beaucoup plus facilement. Pirot, notamment, est sur la route de Nisch à Sofia, à proximité de la frontière bulgare, dans une vallée qu'il suffit de suivre, sans avoir à forcer des montagnes (1).

Ainsi, non seulement les Alliés n'étaient pas fondés, en droit, à se substituer à une Grèce qui n'aurait pas rempli ses devoirs d'alliance, mais, en outre, la Grèce ne se

---

(1) Dans son livre : *Aus meinem Leben*, Hindenburg dit à ce sujet (p. 351 de l'édition française) :

«... Il était non moins frappant de constater que l'ennemi avait choisi comme front d'attaque la région montagneuse la plus sauvage, front excessivement difficile à percer si les troupes bulgares et leurs chefs de petites unités faisaient preuve de quelque volonté de résistance. »

Dans *Les travaux et les jours de l'armée d'Orient*, de M. Jacques Ancel, lui-même ancien combattant de l'armée d'Orient, on trouve une confirmation française de cette opinion de Hindenburg. L'auteur parle (pp. 186-188) de cette « rébarbative barrière », et ajoute même que la percée ne pouvait être entreprise qu'à l'endroit le plus difficile, là où l'ennemi « ne s'imaginait point qu'elle pût se faire jamais. »

Dans *Le commandement unique (Deuxième partie : Sarrail et les armées d'Orient)*, M. Mermeix cite le sénateur français Debierre, qui, comme membre de la commission de l'armée, avait été chargé de faire un rapport sur l'armée d'Orient. M. Debierre constatait que les routes partant de Salonique étaient carrossables dans le camp retranché sur 30 kilomètres, et qu'au delà c'étaient « des pistes impraticables par mauvais temps ».

Dans ce livre de M. Mermeix, on constate aussi que l'armée de Salonique était paralysée par l'anarchie dans le commandement, les Français et les Anglais ne s'entendant pas.

trouvait pas dans cette situation, puisque le *casus fœderis* n'existait pas.

On a prétendu aussi que les Alliés avaient le droit de débarquer à Salonique, parce qu'ils auraient été appelés par le gouvernement de M. Vénizélos. Le fait était-il exact? Il a été donné comme tel par M. Scouloudis à M. Ibañez de Ibero (*D'Athènes à Constantinople*, p. 40). Mais, dans le même livre, se trouve une interview du roi Constantin, dans laquelle le souverain nie que les Alliés aient été appelés par le gouvernement grec. M. Vénizélos lui-même s'est toujours défendu de les avoir appelés. Dans l'interview qu'il a accordée à M. Ibañez de Ibero, et qui se trouve aussi dans le livre précité, il a expliqué de la manière suivante comment les choses s'étaient passées (p. 80) :

> Voici la façon très exacte dont se sont passées les choses. Ce que je vais vous dire n'a pas encore été publié jusqu'ici :
>
> Le 10 septembre, jour de la promulgation du décret de mobilisation, je me rendis à quatre heures à Tatoï et j'eus avec le roi un entretien, au cours duquel je lui proposai de demander aux gouvernements de l'Entente si, dans le cas où la Grèce se déciderait à intervenir, les puissances seraient disposées à suppléer au renfort de 150.000 hommes que la Serbie n'était pas en état de fournir. *Le souverain acquiesça à ma demande;* aussitôt après je convoquai pour six heures du soir les représentants de l'Entente, et je les priai de transmettre la question télégraphiquement à leurs gouvernements, *mais à sept heures du soir, je reçus un envoyé du palais, lequel me pria, au nom du roi, de m'abstenir d'accomplir la démarche dont nous avions convenu trois heures auparavant :* « Il est trop tard, répondis-je, la démarche est faite. »
>
> La réponse des puissances arriva deux jours plus tard : elle était affirmative.
>
> Je m'empressai de remercier, mais j'ajoutai toutefois que l'intervention de la Grèce ne me semblait plus probable; en effet, dès lors, la crise ministérielle était presque latente.
>
> Telle était la situation lorsque, le 18 septembre, l'arrivée à Salonique des premiers contingents alliés fut annoncée par une dépêche des autorités militaires de la ville. Voilà les faits exacts.

D'après cette version, on avait donc demandé aux Alliés s'ils fourniraient 150.000 hommes « dans le cas où la Grèce se déciderait à intervenir », c'est-à-dire dans le cas où elle deviendrait belligérante. Dans ce cas, la

Grèce aurait été aussi autorisée à demander des contingents aux Alliés, que ceux-ci à les lui envoyer. Mais ceux-ci
semblent avoir considéré comme une invitation à débarquer la simple question qui leur était posée en vue d'une
éventualité dont ils savaient qu'elle ne se réaliserait pas,
puisque M. Vénizélos, en recevant leur réponse à cette
question, les avait avertis que la Grèce resterait neutre.

Faut-il croire que M. Vénizélos leur avait fait comprendre
officieusement qu'il tolérerait leur intervention et qu'il
la verrait avec plaisir? On peut le soutenir en se prévalant
de ses propres déclarations à M. Ibañez de Ibero. A sept
heures du soir, il aurait pu annuler la question qu'il avait
posée à six heures aux représentants de l'Entente, qui
n'avaient peut-être même pas encore télégraphié à leurs
gouvernements. D'autre part, n'aurait-il pas dû avertir
immédiatement les représentants de l'Entente que la
Grèce resterait neutre, au lieu d'attendre, pendant deux
jours, que leurs gouvernements répondissent?

Cette interprétation des faits mettrait d'accord M. Scouloudis, prétendant que *M. Vénizélos* avait appelé les
Alliés, et le roi Constantin, disant que le *gouvernement
grec* ne les avait pas appelés.

Si M. Vénizélos avait appelé les Alliés en Grèce, ce qu'il
semble bien avoir fait, il aurait violé l'article 99 de la
Constitution, qui est ainsi conçu :

Aucune troupe étrangère ne peut être admise au service de la
Grèce, ni séjourner dans le royaume, ni traverser le territoire,
si ce n'est en vertu d'une loi (1).

Il aurait violé aussi, indirectement, la Ve convention

---

(1) L'article 122 de la Constitution roumaine alors en vigueur,
était identique à l'article 99 de la Constitution grecque. C'est pourquoi la proposition tendant à la mise en accusation du ministère
Bratiano, présentée à la Chambre roumaine par un groupe de
députés le 12 juillet 1918, mentionnait comme premier chef d'accusation le fait que ce ministère, contrairement à la Constitution,
avait autorisé le passage de troupes russes sur territoire roumain
sans l'approbation du Parlement.

de La Haye, en invitant les Alliés à commettre des actes interdits par ses articles 1 et 2.

Il l'aurait violée aussi, directement, puisqu'elle fait aux neutres une obligation de ne pas tolérer que de tels actes soient commis par des belligérants.

Quand M. Vénizélos eut reçu la lettre du ministre de France, citée plus haut, lui annonçant le débarquement des troupes alliées à Salonique, il y répondit par la lettre suivante, que j'emprunte au même numéro du *Journal de Genève* du 6 octobre 1915 :

En réponse à votre lettre, j'ai l'honneur de déclarer à V. E. que le gouvernement royal, étant neutre dans la guerre européenne, ne peut autoriser l'action entreprise parce qu'elle porte à la neutralité de la Grèce un coup d'autant plus sérieux qu'elle a été entreprise par deux grandes nations belligérantes. Le gouvernement hellénique éprouve le besoin de protester contre le passage de troupes étrangères à travers le territoire grec.

La raison que les troupes sont destinées uniquement à venir en aide aux Serbes alliés des Grecs ne change rien à la situation juridique du gouvernement, car au point de vue balkanique également il ne saurait être porté un préjudice à la neutralité hellénique avant la réalisation du *casus fœderis* par le danger que court actuellement la Serbie et qui provoque l'envoi de troupes internationales de secours.

VENIZELOS.

Il n'est pas paradoxal de dire que cette protestation de M. Vénizélos aurait encore plus de valeur, si l'on admettait qu'elle n'était qu'une comédie. En effet, si M. Vénizélos, ayant appelé les Alliés, avait néanmoins cru devoir protester contre leur débarquement, il n'aurait pas pu reconnaître d'une manière plus éloquente qu'il n'avait pas plus le droit de les appeler, qu'eux n'avaient celui de répondre à son appel.

M. Vénizélos devait-il aller au delà de cette protestation? Devait-il, pour imiter le gouvernement belge s'opposant à l'entrée des Allemands, s'opposer à l'entrée des Alliés, comme lui en faisait un devoir l'article 5 de la Ve convention, lequel stipule qu'« une puissance neutre ne doit tolérer sur son territoire aucun des actes visés par les articles 2 à 4 »? En droit strict, il a violé cet article 5 en ne résistant pas aux Alliés. En fait, il était difficile de s'attendre à ce qu'il le fît respecter.

Dans une autre circonstance, au moins d'avril 1916, le gouvernement de M. Scouloudis se montra plus énergique que celui de M. Vénizélos. L'armée serbe s'étant réorganisée à Corfou, en violation des traités relatifs à la neutralisation de cette île, les gouvernements alliés demandèrent au gouvernement grec de la laisser aller à Salonique à travers le territoire grec, c'est-à-dire en violation de la Ve convention. Il en résulta une correspondance diplomatique assez animée (numéros 39 à 45 du *Livre blanc* grec). Finalement, M. Scouloudis refusa le passage au nom de cet argument :

Ce passage constituerait la violation la plus flagrante et la plus sérieuse de notre souveraineté et de notre neutralité. L'autre groupe belligérant le considérerait comme un acte hostile de la part de la Grèce, car il s'agirait de l'occupation du cœur même du pays.

En droit strict, rien n'était plus correct que ce langage et cette attitude de M. Scouloudis.

En résumé, étant donné les stipulations de la Ve convention de La Haye, les Alliés l'ont incontestablement violée en débarquant dans les îles de l'Égée et à Salonique ; de son côté, la Grèce l'a également violée en les y laissant débarquer.

Dans un autre sens encore, la Ve convention a été violée. Son article 4 stipule que « des corps de combattants ne peuvent être formés, ni des bureaux d'enrôlement ouverts, sur le territoire d'une puissance neutre au profit des belligérants ». Or, M. Vénizélos, en constituant son « armée nationale » et en l'adjoignant à l'armée du général Sarrail, formait un « corps de combattants » au profit d'un des belligérants, « sur le territoire d'une puissance neutre », la Grèce. Il violait donc la Ve convention. Le gouvernement grec, en le laissant faire, la violait aussi ; et l'Entente, en lui prêtant son appui, se faisait sa complice dans cette violation.

Si la Grèce a violé la Ve convention en laissant débar-

quer les Alliés, à plus forte raison l'aurait-elle violée si,
restant neutre, elle les avait appelés, officiellement ou
secrètement. C'est pourquoi les Alliés ne sauraient justifier
leur action en alléguant qu'ils répondaient au désir, exprimé
ou secret, de la Grèce. L'article 2 de la V⁰ convention,
stipulant qu'il est interdit aux belligérants de « faire passer »
des troupes à travers le territoire d'une puissance neutre,
prouve que cette convention est destinée à protéger moins
encore la puissance neutre que le belligérant, contre lequel
on pourrait « faire passer » des troupes par le territoire de
la puissance neutre. Il en résulte qu'aucune puissance
neutre n'a le droit de délier un belligérant quelconque
du devoir que lui impose la V⁰ convention de respecter
son territoire. En le déliant de ce devoir, elle ferait acte
de partialité, pour ne pas dire d'hostilité, contre l'ennemi
de ce belligérant. C'est ce que M. Scouloudis faisait remarquer à propos du passage éventuel des troupes serbes de
Corfou.

Quand les puissances neutralisaient la Belgique, ce
n'était pas seulement dans son intérêt. C'était aussi, et
même peut-être plus encore pour se protéger elles-mêmes
contre une attaque venant par la Belgique. La Belgique
n'avait donc pas plus le droit d'inviter les Allemands,
même officieusement, à passer par son territoire ou de les
y laisser passer pour attaquer la France, ou inversement,
que la Grèce, restant neutre, n'avait le droit d'inviter les
Alliés à passer par son territoire ou de les y laisser passer
pour attaquer les Impériaux.

Il convient de répéter que le grief consistant à reprocher
au roi Constantin sa politique « anticonstitutionnelle »
n'a joué aucun rôle dans ces différents événements ; les
Alliés ne s'en sont pas prévalus pour accomplir ces actes.
Ils ne se sont pas non plus prévalus de leur qualité de
puissances « protectrices » de la Grèce, puisqu'ils ne devaient
intervenir en cette qualité que pour contrecarrer la politique « anticonstitutionnelle » du roi. Ce n'est que plus
tard, à l'occasion des événements dont il sera parlé plus
loin, que ce grief et cette qualité devaient être

invoqués par les Alliés pour justifier leur attitude en Grèce.

Après le débarquement des Franco-Anglais à Salonique, M. Viviani, président du conseil en France, fit à la Chambre, le 12 octobre 1915, la déclaration suivante :

> Pour secourir les Serbes, nous devons passer par Salonique, et dès les premiers jours de la mobilisation bulgare, nous avons engagé à cet effet des négociations avec le président du conseil à Athènes. Ces négociations étaient d'autant plus naturelles que le traité défensif conclu entre la Serbie et la Grèce, à l'issue de la seconde guerre balkanique, vise une agression de la Bulgarie.
>
> On a dit que nous violions la neutralité de la Grèce et l'on a même osé comparer notre action à celle de l'Allemagne violant la neutralité de la Belgique, parjurant sa signature et mettant à feu et à sang ce noble pays. Les conditions dans lesquelles nous sommes allés à Salonique, les conditions dans lesquelles nous avons débarqué, l'accueil que nous avons reçu, suffisent à démontrer l'inanité de ces accusations.

Ce qu'il y a de plus intéressant dans cette déclaration, c'est ce qui ne s'y trouve pas ; c'est l'absence de toute allusion à l'« obligation » qui aurait incombé à la Grèce de secourir la Serbie, et au droit des Alliés de se substituer à elle ; c'est, surtout, l'absence de toute allusion à un traité quelconque qui aurait autorisé la France et l'Angleterre comme puissances « protectrices », à intervenir comme elles l'ont fait. Croit-on que le premier ministre français, préoccupé d'établir une différence entre la violation de la Belgique et celle de la Grèce, aurait omis de se prévaloir de tels arguments, s'il avait cru pouvoir s'en prévaloir ? L'Allemagne, disait M. Viviani, avait « parjuré sa signature ». Il vient d'être démontré que la France et l'Angleterre avaient bien plus incontestablement « parjuré » la leur, en violant la Ve convention de La Haye et les traités relatifs à Corfou.

Quant à la comparaison établie entre la manière dont les Allemands se sont comportés en Belgique et les procédés des Alliés en Grèce, elle ne rimait à rien. Pour qu'elle eût un sens, il aurait fallu que la Grèce eût résisté à l'invasion des Alliés comme la Belgique avait résisté à celle des Allemands. Si l'on voulait établir une comparaison qui rimât à quelque chose, il faudrait l'établir entre ce que les Allemands ont fait au Luxembourg et ce que les Alliés ont fait en Grèce. Ces deux cas, en effet, étaient identiques, s'agissant de pays qui avaient laissé violer leur neutralité sans résister. Étant donné certains procédés des Alliés en Grèce, on peut en conclure qu'ils auraient traité une Grèce récalcitrante exactement comme les Allemands ont traité la Belgique récalcitrante. On sait qu'en octobre 1919 le *Journal officiel* français publia le compte rendu des séances en comité secret que la Chambre avait tenues en juin 1916. Or, voici ce qu'on lisait dans l'analyse de cette publication qu'a donnée le *Temps* du 29 octobre 1919 :

L'exposé documentaire fait par M. Briand des incidents de la lutte que son gouvernement dut engager contre un gouvernement hellénique « peu favorable » pour installer en toute sécurité nos troupes à Salonique, doit être lu au *Journal officiel*. On y trouvera le texte des instructions envoyées au ministre de France à Athènes. M. Briand constate : « D'abord, nous sommes restés à Salonique ; j'y suis pour quelque chose. Ensuite, nous avons obtenu de la Grèce les conditions de sécurité pour nos troupes, en plein conflit, dans des conditions difficiles. » C'est sur la menace, faite le 15 novembre 1915, de détruire la flotte grecque, de bombarder Salamine et le Pirée, d'occuper militairement Milo et Corfou, de bloquer le golfe d'Athènes et le canal de Corinthe qu'un accord s'établit entre notre ministre et le gouvernement hellénique. « Il a été convenu que nos troupes prendraient possession des territoires dont elles avaient besoin et qu'elles s'y installeraient en toute sécurité. Le gouvernement grec se réservait de protester ; nous nous réservions de ne pas répondre. Les protestations se sont faites au fur et à mesure de notre action, et nous les avons laissé faire, on peut dire sans en tenir compte. »

Que penser, en présence de ces révélations faites en 1919, des paroles que M. Viviani prononçait en 1915 : « Les conditions dans lesquelles nous sommes allés à Salonique, les conditions dans lesquelles nous avons débarqué, l'accueil que nous avons reçu, suffisent à démontrer l'inanité de ces accusations ? »

Dans la suite, l'Entente n'a pas « mis à feu et à sang ce noble pays », mais elle l'a affamé par le blocus. Puis elle s'y est livrée à toute une série d'empiétements sur ses

droits de souveraineté. On en arrive même à se demander
si la manière de procéder des Allemands en Belgique, brutale mais franche, ne supporte pas sans trop de désavan-
tage la comparaison avec celle des Alliés en Grèce, insi-
dieuse, subreptice et sournoise.

Du reste, les Alliés ne se montraient pas opposés à combiner la manière allemande avec la leur.

Ce fut le cas, notamment, à l'occasion du soi-disant
« guet-apens d'Athènes », dont il sera parlé plus loin. Comme
on le verra, l'amiral français Dartige du Fournet, dans la
journée du 1er décembre 1916, et en présence des événements sanglants auxquels avait donné lieu sa tentative
de s'emparer de l'armement grec, avait accepté la proposition transactionnelle du roi Constantin, qui lui avait
offert de lui livrer six batteries. Or, dans ses *Souvenirs de
guerre d'un amiral*, publiés en 1920, il nous apprend (p. 237)
ce qu'il se proposait de faire dans le cas où le président
du conseil n'aurait pas ratifié l'engagement du roi. Dans
un télégramme au ministre français de la marine, il disait :

... Si réponse est négative, je ferai rentrer toutes les troupes au
Pirée et je vous demande alors à m'autoriser à bombarder Athènes,
en donnant un délai de trois jours qui m'est demandé par les ministres alliés pour eux et pour leurs colonies et en respectant les
monuments anciens et les quartiers qui méritent d'être ménagés.

Bombarder Athènes parce que le roi, soucieux d'observer
la neutralité vis-à-vis des deux camps belligérants, aurait
refusé de livrer six batteries destinées à être utilisées contre
les Germano-Bulgares ! On se demande avec effroi ce que
les Alliés auraient fait contre la Grèce si, imitant la Belgique, elle avait fait mine de leur interdire d'utiliser son
territoire, à Salonique et ailleurs, pour opérer contre les
Empires centraux.

A la suite des événements du 1er décembre, l'amiral
Dartige du Fournet avait été rappelé à Paris. Il était
tombé en disgrâce, parce qu'il avait accepté la proposition
transactionnelle du roi Constantin, au lieu d'imposer à la
Grèce la volonté de l'Entente en ce qui concerne la livraison

de l'armement. Dans le récit qu'il fait de son entretien avec le ministre de la marine, on lit ceci (p. 224) :

« Il fallait, m'a dit le ministre à mon retour à Paris, imposer votre volonté au roi, réduire plutôt Athènes en cendres. » Et comme je me récriais, il ajouta aussitôt : « Je vous aurais soutenu, comme j'ai soutenu C... », etc. Je ripostai que des raisons d'humanité supérieures ne me permettaient pas d'agir ainsi... »

Dans l'esprit de l'amiral, ces « raisons d'humanité supérieures » ne se rapportaient pas aux Grecs, mais aux étrangers. En effet, il dit (p. 226) :

Bombarder ainsi Athènes, à titre de vengeance immédiate, c'était tirer en aveugle, au hasard et enfreindre nécessairement les prescriptions les plus justes du droit international. Comment se résoudre à mettre à feu et à sang, sans avertissement préalable, sans délai d'évacuation donné aux alliés et aux neutres, une ville où la légation de France est à 100 mètres du palais du roi et à 20 mètres du ministère de la guerre, où...? Dans un tel enchevêtrement, c'était nécessairement frapper pêle-mêle les neutres et les alliés confondus avec les Grecs...

Comme on le voit, l'amiral se préoccupait des « prescriptions les plus justes du droit international ». Or, une de ces prescriptions interdit de bombarder une ville ouverte dans un pays avec lequel on est en guerre, et à plus forte raison dans un pays avec lequel on n'est pas en guerre. Athènes étant une ville ouverte et la Grèce n'étant pas en guerre avec l'Entente, l'amiral n'aurait pas dû vouloir la bombarder, même après un délai d'avertissement de trois jours. Au fait, pendant les événements du 1er décembre, il l'avait fait bombarder partiellement, les navires de l'escadre ayant tiré sur la colline du Stade, et quelques obus étant tombés près du palais du roi.

L'amiral Fournier ayant été chargé de faire une enquête sur la conduite de l'amiral Dartige du Fournet, il lui reprocha aussi « de n'avoir pas bombardé Athènes pour intimider les Grecs, pour « bluffer comme au poker » (*sic*) (p. 281).

Plus tard, à l'occasion de la déposition du roi Constantin, les Alliés se montrèrent de nouveau prêts à combiner la manière allemande avec la leur.

M. Jonnart, demandant à M. Zaïmis l'abdication du roi
Constantin, lui disait (1) :

Mon département d'origine, le Pas-de-Calais, est en partie
dévasté par les barbares. Arras, où je me trouvais il y a quelques
jours, est en ruines. S'il faut que demain je fasse subir à Athènes
je même sort, la mort dans l'âme. je le ferai, je vous l'affirme !

Dans son livre : *La Conquête d'Athènes*, le général Regnault
qui commandait les troupes françaises au moment de la
mission de M. Jonnart en Grèce, donne la preuve qu'il
n'était pas disposé non plus à sa montrer accommodant.
Craignant les conséquences de l'effervescence populaire
qui avait suivi l'éloignement du roi Constantin, il était
décidé à procéder de la manière qu'il définit ainsi dans son
livre (p. 54) :

Si une goutte de sang français venait à couler, je serais amené
à une répress on sanglante, dont souffr·raient certainement des
innocents, et qui serait préjudiciable à l'œuvre que nous avons
entreprise.

A M. Négris, ministre de l'intérieur, qui lui parlait de
l'intention du cabinet Zaïmis de démissionner s'il ne réus-
sissait pas à résoudre pacifiquement le conflit, le général
Regnault disait :

Monsieur le ministre, c'est une résolution que je regretterais
beaucoup pour ma part, car je serais désolé d'avoir à jouer à
Athènes, ne fût-ce que pour quelques jours, le rôle que le général
von Bissing a joué à Bruxelles.

Une autre question se pose, délicate mais importante.
Les Alliés, en débarquant à Salonique, avaient-ils réellement pour but de secourir la Serbie attaquée par la Bulgarie? Ou bien n'y avait-il là qu'un honnête prétexte pour
couvrir un plan différent et plus vaste? Il faut faire remar-

---

(1) Raymond Recouly : *M. Jonnart en Grèce et l'abdication de
Constantin* (p. 113).

quer, d'abord, que le débarquement à Salonique se produisit avant l'entrée en guerre de la Bulgarie. D'autre part, il est admis aujourd'hui que les Alliés avaient, bien auparavant, projeté une expédition par Salonique, dans un tout autre but. Le *Matin* du 2 novembre 1915 le reconnaissait, en disant ceci :

... Avant même les négociations des mois de mars et d'avril auxquelles fait allusion l'organe athénien (l'*Embros*), M. Briand avait préconisé une expédition balkanique qui aurait eu pour but, non plus de secourir la Serbie comme aujourd'hui, mais à travers la Serbie d'aller attaquer l'Autriche. Des raisons d'ordre militaire firent à ce moment ajourner cette entreprise. Cela se passait au mois de janvier.

Le *Temps* du 29 novembre 1916 a reconnu le même fait, en disant :

L'expédition de Salonique avait été préconisée par le chef actuel (M. Briand) du gouvernement français, bien antérieurement à l'entrée en action de la Bulgarie.

Il devait donc s'agir d'une opération semblable à celle entreprise par l'Allemagne en passant par la Belgique pour attaquer la France : passer par un pays neutre, la Grèce, pour aller attaquer un des belligérants principaux, l'Autriche-Hongrie. Cette opération, disait le *Matin*, n'avait été qu'« ajournée », non pas à cause de scrupules juridiques, mais « pour des raisons d'ordre militaire ». M. Vénizélos avait-il fait partager aux Alliés sa conviction d'alors, à savoir que cette expédition ne serait pas couronnée de succès? Quelle que soit la raison de l'« ajournement », il n'est peut-être pas téméraire d'admettre que, en débarquant à Salonique au mois d'octobre 1915, les Alliés voulaient simplement reprendre, sous couleur de défendre la Serbie, leur projet « ajourné » d'une grande expédition contre l'Autriche-Hongrie, ou, plus exactement, contre l'Allemagne, qu'il s'agissait d'atteindre par l'Autriche-Hongrie. Ce projet avait été préconisé par d'autres. M. André Chéradame, notamment, l'avait soutenu dans l'*Illustration* ; seulement, au lieu des Alliés d'Europe, c'étaient les Japonais qu'il faisait débarquer à Salonique. D'autre part, il admettait qu'alors la Grèce serait belligérante ; il n'y aurait donc pas eu violation de sa neutralité.

Le projet de M. Briand devait constituer une violation du droit des gens sans l'apparence d'une circonstance atténuante, puisqu'il comportait une violation du territoire neutre de la Grèce, sans même que ce fût pour secourir la Serbie.

Il serait vain de prétendre, comme on a essayé de le faire pour justifier cette violation, qu'on espérait bien qu'elle ne serait qu'éphémère, en ce sens que l'apparition même des troupes alliées en Grèce déterminerait automatiquement sa participation officielle à la guerre, de sorte que la violation de sa neutralité aurait immédiatement cessé. A la séance que la Chambre française tint en comité secret le 20 juin 1916, et dont le compte rendu ne devait être publié qu'en octobre 1919, M. Briand déclara que le gouvernement français, en décidant d'aller dans les Balkans, avait l'espoir d'une coopération grecque, qui eût été un accroissement de force. Puis il ajouta : « Mais tout de même, le principe de l'expédition se posait pour nous ; que la Grèce y fût jointe, c'était un appoint de plus, mais nous nous y serions tout de même trouvés. » Ainsi, il y avait eu propos délibéré de passer par le territoire de la Grèce même si elle devait rester neutre, autrement dit de violer sa neutralité.

*
* *

La Grèce n'étant pas obligée d'aller au secours de la Serbie, malgré le renfort militaire que les Alliés mettaient à sa disposition, il était naturel qu'elle se préoccupât surtout du risque qu'elle courrait elle-même en entrant en guerre. C'est ce que faisait le roi Constantin, et l'on sait que son avis était aussi celui de milieux militaires compétents. Du reste, les Austro-Allemands ayant, dès le 16 octobre 1915, opéré leur jonction avec les Turcs par la Bulgarie, et la Serbie ayant été écrasée par les Austro-

Bulgares bien avant que l'Entente eût pu envoyer des effectifs sérieux, cet événement ne pouvait-il pas être considéré comme donnant raison au roi, d'après qui la Grèce, si elle était devenue belligérante, aurait subi le même sort que la Serbie?

Au mois d'avril 1919, le *Journal des Débats* a révélé des documents diplomatiques où, de son propre aveu, on pouvait trouver une explication de l'attitude du roi. Il s'agissait (numéro du 1er avril) d'un traité austro-bulgare conclu en septembre 1914 et d'une convention austro-bulgare conclue le 24 août-6 septembre 1915 ; puis (numéro du 17 avril), d'une convention militaire germano-austro-bulgare, conclue le 24 août-6 septembre 1915.

L'article 3 de la convention austro-bulgare du 24 août-6 septembre 1915 disait :

Dans le cas où la Grèce, pendant le présent conflit, sans provocation aucune de la part du gouvernement bulgare, attaquerait la Bulgarie, ses alliés ou la Turquie, l'Autriche-Hongrie consentira à l'annexion par la Bulgarie des territoires cédés à la Grèce par le traité de Bucarest.

L'article 8 de la Convention germano-austro-bulgare portant la même date disait :

A partir du jour de la conclusion de la présente convention, tous les États contractants devront considérer tout ennemi qui attaquerait l'un d'eux comme adversaire commun et se comporter en conséquence. D'autre part, la Bulgarie s'engage à garder la neutralité vis-à-vis de la Roumanie et de la Grèce jusqu'à la fin des opérations contre la Serbie, si ces États, de leur part, donnent l'assurance :

De ne pas mobiliser, de rester neutres, et de ne pas occuper militairement les territoires serbes.

L'article 10 de la même convention disait :

— Le droit d'adhérer à cette convention est pleinement réservé à la Turquie. Le commandement suprême allemand engagera sans retard des pourparlers avec elle à ce sujet. D'après les démarches déjà faites, aucun doute ne subsiste sur le fait que la Turquie ne soit décidée, au cas où la Bulgarie le désirerait, à prêter à celle-ci son concours militaire contre n'importe quel ennemi et à mettre sous les ordres du commandement bulgare les troupes employées dans ce but.

C'est à propos de l'article 8 que le *Journal des Débats*
du 17 avril 1919 disait :

Il explique les pressions exercées alors sur la Roumanie et la
Grèce, l'abstention de la Roumanie et le refus du roi Constantin
de suivre l'avis de M. Vénizélos, d'après lequel la Grèce devait se
solidariser avec la Serbie.

En effet, il résulte de cet article 8, complété par l'article 10,
que la Grèce ne se serait pas seulement trouvée en guerre
avec la Bulgarie, mais encore avec l'Allemagne, l'Autriche-
Hongrie et la Turquie. Elle se serait donc exposée, sans y
être obligée par son traité avec la Serbie, à un péril mortel.
C'est ce qui n'échappait pas au roi Constantin.

Est-ce que, du moins, M. Vénizélos avait la certitude que,
même en cas de succès militaires, la Grèce aurait vu se
réaliser ses aspirations? Il a avoué le contraire dans le
discours qu'il a prononcé à Paris, le 21 juin 1919, à l'occasion de sa réception comme membre associé étranger de
l'Académie des sciences morales et politiques. Dans ce
discours, publié par le *Temps* du 22 juin, se trouve le passage suivant :

Je constituai le gouvernement provisoire de Salonique et appelai
le peuple à former une armée nationale, pour laver avec son sang
la honte du manquement à la parole donnée. Je ne lui fis aucune
promesse au sujet de ses aspirations. Cette réserve m'était absolument imposée, car si la Bulgarie et la Turquie avaient, peu de
mois avant leur déroute militaire, demandé la paix, il est très
probable que les Alliés, ayant en vue l'avantage qui en fût résulté
pour l'intérêt général, eussent consenti à respecter l'intégrité
territoriale de l'une et à laisser à l'autre ses possessions d'Europe
et d'Asie-Mineure. Dans ces conjonctures, la Grèce n'eût eu aucune
possibilité de réaliser ses vœux nationaux.
Si aujourd'hui elle peut avec confiance nourrir un espoir contraire, elle le doit à l'aveuglement de ses ennemis, qui, n'ayant mis
bas les armes qu'après avoir été battus, ont laissé aux Alliés pleine
et entière liberté de régler les affaires d'Orient sur la base des principes du président Wilson.

Ainsi M. Vénizélos, voulant précipiter la Grèce dans une
guerre qui pouvait très mal tourner, savait que, même en
cas de succès militaire, elle ne pouvait en espérer un avan-

tage politique qu'en escomptant l'« aveuglement de ses
ennemis » ! Or, comme il est admis qu'on ne doit jamais
escompter l'aveuglement de ses ennemis, peut-on s'étonner que le roi Constantin ait refusé de suivre son premier
ministre? On peut d'autant moins s'en étonner qu'il n'y
avait pas « manquement à la parole donnée », donc aucune
« honte » à laver.

Dans les révélations faites par l'*Opinion* du 3 janvier
1920, sur la mission du prince Sixte de Bourbon en vue
de négocier une paix séparée entre l'Autriche-Hongrie et
l'Entente, on trouve des indications que l'éventualité
d'une paix séparée avec la Turquie et la Bulgarie, qui
aurait frustré la Grèce de ses espérances, n'était pas chimé-
rique. Dans sa note verbale du 30 mars 1917, destinée à
être remise à M. Poincaré, le prince Sixte disait (p. 14) :

> Les cercles autrichiens croient savoir, au surplus, que l'une des
> puissances de l'Entente, soit directement, soit indirectement,
> se serait mise en rapport avec la Turquie, pour lui garantir, malgré
> les déclarations précédentes, la possession de Constantinople.

Dans le récit de l'entrevue que le prince Sixte eut, le
8 mai 1917, avec l'empereur et l'impératrice d'Autriche,
on lisait ceci (p. 23) :

> L'empereur et l'impératrice expriment au prince la certitude
> que bientôt la paix sera faite et qu'une nouvelle vie pourra com-
> mencer pour la Monarchie. La Bulgarie et la Turquie suivront
> immédiatement l'exemple de l'Autriche.

V

La « Germanophilie » du roi Constantin.

J'aborde maintenant le dernier aspect des événements
provoqués en Grèce par l'intervention des Alliés, à savoir
cette série d'incidents qui ont abouti à la déposition et à
l'exil du roi Constantin.

Si la Belgique, faisant comme le Luxembourg et la

Grèce, avait livré passage aux Allemands au lieu de leur résister ; si les Allemands, installés en Belgique et ne se contentant pas de sa passivité, avaient voulu obtenir son concours militaire contre la France et l'Angleterre ; si, pour atteindre ce but, ils s'étaient livrés à de nombreux empiétements sur la souveraineté de la Belgique, allant jusqu'à l'affamer par un blocus et à favoriser la création d'un gouvernement rebelle ; si, malgré cela n'arrivant pas à leurs fins, ils avaient déposé et exilé le roi des Belges, en excluant de sa succession son héritier légitime ; s'ils avaient alors mis à la place du roi déposé le gouvernement rebelle ayant pour programme de marcher contre les Alliés ; s'ils avaient fait tout cela, les Allemands se seraient comportés en Belgique comme les Alliés se sont comportés en Grèce.

Car c'est cela, on ne saurait le contester, que les Alliés ont fait en Grèce.

Au début, sous le gouvernement de M. Scouloudis, ils ont pu n'avoir qu'un seul grief : la tendance de la Grèce à faire respecter sa neutralité plus que ne l'avait fait M. Vénizélos ; et qu'un seul but : obtenir qu'elle restât aussi passive qu'au moment du débarquement à Salonique. Mais il apparut bientôt que, abandonnant ce programme restreint, ils prétendaient que la Grèce passât de la passivité à l'action, c'est-à-dire prît part à la guerre en se rangeant du côté de l'Entente.

Pour expliquer et justifier leur action, les Alliés ont invoqué trois sortes de griefs : la prétendue partialité du roi en faveur de l'Allemagne ; le « guet-apens » d'Athènes ; puis, les violations de la Constitution dont le roi se serait rendu coupable.

L'argument tiré de la « germanophilie » du roi était si faible que, officiellement, les gouvernements alliés n'en ont guère fait état. C'est ainsi que M. Ribot, en rendant compte à la Chambre française, le 14 juin 1917, des événements qui avaient abouti à la déposition du roi Constantin, n'a parlé que des violations de la Constitution.

Qu'en était-il, du reste, de la partialité du roi en faveur des Impériaux, de sa « germanophilie »? En étudiant les faits et les documents diplomatiques avec objectivité et sincérité, on arrive à cette conviction : que le roi Constantin, alors même qu'il aurait eu, comme homme, des préférences pour l'Allemagne, a plutôt, comme souverain, favorisé la cause de l'Entente contre celle des Impériaux (1).

Au début de la guerre, comme l'ont prouvé les documents du *Livre blanc* grec, il a énergiquement résisté aux instances de Guillaume II, qui voulait l'entraîner dans le camp des Impériaux. On a l'impression très nette qu'il a agi comme roi des Hellènes, dans le seul intérêt de la Grèce, ou du moins de ce qu'il considérait comme l'intérêt de la Grèce, et non pas comme beau-frère de Guillaume II ou comme « germanophile ». Il a averti Guillaume II qu'il ne marcherait contre ses alliés balkaniques que si ceux-ci portaient atteinte aux intérêts de la Grèce. Mais, en même temps, il faisait savoir qu'il ne se tournerait pas contre l'Entente ni contre les alliés de la Serbie.

Ce qu'avait déjà prouvé le *Livre blanc* grec a été amplement confirmé par les *Documents allemands sur l'explosion de la guerre* publiés en décembre 1919. Certaines notes marginales de Guillaume II sont très significatives quant à la résistance que lui opposait le roi Constantin. D'autre part, ces notes montrent que l'empereur allemand adressait à son beau-frère des menaces qui ne pouvaient que contribuer à le faire hésiter à prendre part à la guerre en se rangeant du côté de l'Entente.

Ce fut le cas, par exemple, à propos du télégramme que le roi Constantin adressa, le 2 août 1914, à Guillaume II (*Documents allemands*, t. III, p. 163, n° 702). La première note marginale de Guillaume II était ainsi conçue :

Communiquer à Athènes que j'ai conclu une alliance avec la Turquie et la Bulgarie en vue d'une guerre avec la Russie, et que

---

(1) Dans *Le Commandement unique* (*Deuxième partie : Sarrail et les armées d'Orient*), M. Mermeix, hostile au roi Constantin et à sa politique, pose et étudie cette question : « Constantin était-il, autant qu'on l'a dit, inféodé à Guillaume II ? » Il aboutit (pp. 40-41) à cette conclusion : que cela n'est pas prouvé. Il semble plutôt pencher pour la négative.

je traiterai la Grèce comme ennemie, si elle n'y adhère pas immédiatement ; je viens de dire cela personnellement à Theotokis, en lui communiquant notre alliance avec la Turquie et la Bulgarie.

Le roi expliquant à l'empereur que la Grèce ne se joindrait pas aux Serbes, mais qu'elle ne pouvait pas non plus se joindre à leurs ennemis, puisqu'il y avait alliance grécoserbe, l'empereur inscrivait en marge : « Vous devriez marcher contre la Russie. » Le roi disant que « les intérêts de la Grèce exigeaient une neutralité absolue et le maintien du *statu quo* dans les Balkans tel qu'il avait été créé par le traité de Bucarest », l'empereur inscrivait en marge : « Impossible. » Le roi disait ensuite :

Si nous abandonnions ce point de vue, la Bulgarie pourrait s'agrandir en s'annexant les parties de la Macédoine dernièrement gagnées par la Serbie, s'étendre sur nos frontières jusqu'en Albanie et constituer pour nous un énorme danger. Je n'ai pas de garantie que cela n'arrivera pas. Ces considérations nous obligent à garder la neutralité et à faire le possible en coopération avec la Roumanie pour empêcher la Bulgarie de participer à la guerre.

L'idée d'une « coopération avec la Roumanie » était qualifiée de « bêtise » (*Blech*) en note marginale. Puis, la note suivante résumait le point de vue et réitérait les menaces de Guillaume II :

Si la Grèce ne marche pas immédiatement avec nous, alors elle perdra sa position comme puissance balkanique et ne serait plus appuyée par nous dans ses aspirations, mais considérée comme ennemie. Il ne s'agit pas de l'équilibre balkanique, mais d'une action commune des États balkaniques en vue de libérer définitivement la péninsule de la Russie.

Son avis, différent de celui de M. Vénizélos, le roi Constantin devait, plus tard, l'exprimer de nouveau en ces termes dans son entretien avec M. Ibañez de Ibero (*D'Athènes à Constantinople*, p. 29) :

... Dans toute cette question il conviendrait de s'expliquer loyalement une fois pour toutes ; que veut-on de nous? Que nous sortions de la neutralité? Eh bien qu'on le dise !

Pour ma part, aucun autre sentiment ne m'anime que le désir d'être utile à mon pays ; je ne puis exposer celui-ci aux calamités d'une guerre sans que ses intérêts soient directement mis en jeu.

La Grèce doit songer d'abord à consolider ses conquêtes antérieures, voilà la véritable sagesse ; et puis, voyez le triste sort de la Serbie : c'était le nôtre si nous étions intervenus.

Cette manière de voir n'était pas personnelle au roi Constantin. Elle était partagée par la majeure partie du peuple grec et du monde politique. La Grèce ayant cruellement souffert des deux précédentes guerres balkaniques, ayant dépensé des sommes considérables, on estimait qu'elle devait panser ses blessures avant de courir de nouvelles aventures. C'est pourquoi le peuple était foncièrement pacifique.

En novembre 1916, un important journal de l'Entente, le *Corriere della Sera*, publiait les réflexions suivantes de son envoyé spécial à Athènes (1) :

Au printemps 1915, M. Vénizélos, alors ministre, voulait l'intervention de la Grèce à côté de l'Entente et dirigeait son action dans ce but. Le roi Constantin ne voulait absolument pas l'intervention ; il renversa le ministre Vénizélos, et la Grèce n'intervint pas.

On a dit alors que le roi opprimait et foulait violemment aux pieds les aspirations de tous ses sujets. Aujourd'hui, nous pouvons examiner avec plus de calme et d'impartialité ce geste, qui parut alors violent. Hélas ! décidons-nous à dire la vérité, que quelques-uns, parmi nos alliés, ne veulent pas encore se résigner à voir et à avouer : ce ne fut pas seulement le souverain qui ne voulait pas la guerre, ce fut la Grèce elle-même, ce fut le peuple. Le roi Constantin n'a fait qu'interpréter le sentiment du peuple : loin de commander et d'imposer sa volonté personnelle, le roi Constantin n'a fait que suivre la volonté du pays. C'était le pays qui ne voulait pas la guerre et, encore aujourd'hui, c'est le pays qui ne la veut pas.

La preuve que cela était vrai, d'après le correspondant du *Corriere della Sera*, c'est que le mouvement insurrectionnel de M. Vénizélos et ses efforts pour constituer une « armée nationale » aboutissaient à une vraie faillite :

Après deux mois de gouvernement provisoire, le comité de défense nationale, favorisé de toutes les manières, avec des navires, avec de l'argent, etc., a pu réunir deux mille hommes ; pour arriver à ce résultat, on a dépensé dix millions.

Pour l'avenir, le gouvernement de Salonique promet, il est vrai,

---

(1) Je cite d'après le *Journal de Genève* du 9 novembre 1916.

de grandes choses ; il dit que 50.000 volontaires grecs d'Amérique
sont prêts à se rapatrier et à prendre les armes contre les Bulgares ;
qu'à Chypre sera établi un service de recrutement ; qu'en Crète
une division est déjà formée ; qu'à Mytilène une division
entière sera prête dans quelques jours. Mais la vérité est bien
autre : En deux mois se sont enfuis de la Grèce et se sont
embarqués pour l'Amérique trente mille hommes astreints au
service militaire, pour se soustraire à l'éventualité d'une guerre,
et chaque jour, à chaque départ de vapeur, on assiste, au port
du Pirée, aux courses de gendarmes qui tentent d'empêcher le
départ de ces Grecs. Et M. Vénizélos promet cinquante mille
volontaires d'Amérique !

Quant aux divisions déjà prêtes, il n'y a qu'à répéter le chiffre
que le général Sarrail a indiqué à Salonique : deux mille hommes.

A Salonique, l'élément juif, c'est-à-dire une très grande partie
de la population, s'oppose au recrutement et le gouvernement
provisoire est obligé de demander main-forte aux Alliés pour procéder à des arrestations et à des punitions.

Et alors? Les Français, lesquels ne sont pas seulement des soldats très valeureux mais savent aussi apprécier avec intelligence
les valeurs, ont une locution qu'ils peuvent redire quant à M. Vénizélos : « Le jeu n'en vaut pas la chandelle. »

Dans la suite, surtout après la défaite de la Russie et de
la Roumanie et leur paix séparée avec les Impériaux, cet
état d'esprit neutraliste et abstentionniste du peuple grec
devait aller en s'accentuant. Le *Journal des Débats* du
19 août 1918 a publié à ce sujet une lettre d'Athènes ne
laissant aucun doute sur la désapprobation de la nation
à l'égard de la politique de guerre et sur son peu d'enthousiasme à faire la guerre.

Que conclure en définitive, quant au prétendu parti-pris
du roi Constantin en faveur des Impériaux? Le *Sunday
Times* du 8 février 1920 a publié une interview de lui,
reproduite en français par l'*Echo de Grèce* du 26 février,
et dont il convient de citer le passage suivant comme
réponse à cette question :

D'autres accusations avaient été formulées contre moi, quoique
j'aie toujours été guidé par la seule détermination d'agir d'accord
avec les intérêts de mon peuple, dont la grande majorité, comme
je l'ai déjà dit, m'avait donné la preuve de son appui. Il était allégué que j'avais brisé tout désir du public d'entrer en guerre, aussi
que le général Sarrail à Salonique restait inactif de peur que je ne
l'attaquasse par derrière. Je ne puis pas comprendre ce qui a pu
donner naissance à ces monstrueuses suggestions. Je demandai à

sir Francis Elliot, le ministre de la Grande-Bretagne, s'il croyait à ces allégations. Il me répondit que non, parce que quant au premier point il savait que toute la Grèce s'opposait à la guerre, et qu'il savait positivement, quant au deuxième point, que j'étais incapable de toute intention de frapper le général Sarrail dans le dos. Pourtant, malgré toutes ces assurances d'un représentant de l'Entente, ces malins desseins m'étaient continuellement imputés. Dernièrement encore, en avril de l'année passée, il a été prétendu dans la presse qu'à l'occasion de la retraite des armées alliées en Macédoine, après la bataille de Krivolak, j'étais sur le point de déclarer la guerre à l'Entente. Pourtant le fait est que c'est grâce à mon intervention que l'avance allemande s'arrêta à la frontière grecque et que les armées alliées purent se retirer en sécurité. J'envoyai une note au ministre allemand à Athènes, et je donnai des instructions à mon ministre à Berlin de déclarer à von Jagow et au général Falkenhayn, qu'au cas où les armées allemandes dépasseraient la frontière grecque, elles se heurteraient à l'armée grecque. Cette intervention obtint l'effet désiré et ainsi notre détermination de conserver notre neutralité rendit, à cette occasion, un service appréciable aux alliés.

S'il est besoin d'autres preuves encore de nos bonnes intentions à l'égard de l'Entente, je n'ai qu'à rappeler que lors de l'ultimatum du 21 juin 1916, le général Sarrail n'avait que 100.000 hommes à Salonique, tandis que l'armée grecque, alors sur pied de guerre, était forte de 300.000 hommes. Le moment était donc propice pour une alliance avec les puissances centrales. Il est donc absurde de dire, en face de ces occasions — dont jamais nous n'aurions songé à profiter, — que nous étions à dissimuler des intentions hostiles contre l'Entente. Notre bienveillance envers les alliés était aussi démontrée par le fait que nous leur permîmes dès le commencement de se servir du port de Salonique comme d'une base de ravitaillement et d'opérations en faveur de l'armée serbe. Il leur fut aussi permis d'établir un front en Macédoine, tandis que Corfou, les Sporades du nord et d'autres îles grecques furent transformées en bases navales pour leurs flottes. Toutes ces concessions étaient bien suffisantes pour amener les puissances centrales à nous déclarer la guerre. En effet, elles nous envoyèrent protestation sur protestation, chacune accompagnée de menaces.

En toute impartialité et sincérité, on est obligé de reconnaître que ces paroles ont la valeur d'un verdict plus encore que d'un plaidoyer.

En réalité, la Grèce, sous le roi Constantin, aura rendu un immense service à l'Entente, en ne s'opposant pas à son entreprise de Salonique, comme la Ve convention lui en donnait le droit, et lui en faisait même un devoir vis-à-vis des Empires centraux.

En effet, comme on le verra plus loin, quand il sera
question de la « gravité comparée des violations de traités
et du droit des gens », c'est sur le front de Salonique que
fut frappé le coup qui entraîna la débâcle de ces Empires.

Il n'y a aucune contradiction entre ce que j'avance là
et ce que j'ai dit précédemment sur l'insuffisance de
l'armée alliée à Salonique. Ce n'est que dans la dernière
phase de la guerre que, ayant été renforcée, elle est devenue
un facteur puissant dans l'ensemble des opérations militaires de l'Entente. Mais, auparavant, alors qu'on demandait au roi Constantin de voir en elle l'appoint pouvant
remplacer les 150.000 Serbes prévus par le traité d'alliance,
son insuffisance était manifeste.

Cela a été confirmé à la Chambre française, le 25 juin
1920, par M. André Tardieu. Ce n'était un mystère pour
aucun des initiés, a-t-il dit, que, jusqu'à l'automne de
1917, l'armée d'Orient s'était plainte de manquer de moyens
d'action en hommes et en matériel. C'est en automne 1917
que les renforts avaient commencé à arriver, et en janvier-
février 1918 que les gros arrivages s'étaient faits. C'est en
juin 1918 que le général Franchet d'Esperey avait pris
le commandement de cette armée. C'est le 15 septembre
qu'avait commencé l'offensive décisive d'où était sortie
la victoire.

En parlant ainsi, M. Tardieu justifiait le roi Constantin
de n'avoir pas fait la guerre au moment où l'on aurait
voulu qu'il la fît, c'est-à-dire au moment où l'armée
d'Orient, « manquant de moyens d'action en hommes et en
matériel », n'aurait pas pu lui prêter un concours suffisant.

Au témoignage de M. Tardieu, on peut ajouter celui du
Journal des Débats commentant, dans son numéro du
3 juillet 1920, le livre du général Sarrail : *Mon Commandement en Orient.* Ce journal montrait comment l'armée
d'Orient « de laquelle devait cependant venir la manœuvre
décisive, resta inactive de décembre 1915 à septembre 1918
(sauf une période brillante à la fin de l'été et à l'automne
1916, lors de la prise de Monastir) et fut longtemps considérée comme un poids mort ». C'est qu'il y avait des raisons

« qui condamnèrent longtemps l'armée d'Orient à une presque complète impuissance ». Aussi, « en tout état de cause, l'expédition d'Orient, en septembre 1915, ne pouvait être que de peu d'efficacité... Les trois ou quatre corps d'armée réclamés par le général Sarrail, à ce moment ne pouvaient pas être rendus disponibles ; même s'ils l'avaient été, ils n'auraient pu être transportés à temps en Macédoine ». Puis venait cette constatation importante : « Il faudra attendre 1918 et des circonstances favorables pour que cette entreprise dispendieuse qu'était l'armée d'Orient rapporte enfin quelque chose, et ce sera la décision de la guerre. » Car, « pour que la manœuvre par les Balkans fût possible, il fallait que les forces austro-allemandes fussent complètement accrochées sur les théâtres principaux d'opérations ; cette occasion ne se présenta à nouveau qu'en 1918. Quel qu'eût été notre effort dans les Balkans en 1915 ou en 1917, ou dans les premiers mois de 1918, la situation stratégique aurait alors permis aux Allemands d'envoyer des forces suffisantes pour parer à tout événement, et ces forces seraient toujours arrivées avant les forces alliées ; car les premières arrivaient par chemin de fer, tandis que les secondes devaient accomplir un long voyage par mer. »

Il est surprenant que les Alliés aient cru pouvoir se plaindre de la partialité dont le roi Constantin et son gouvernement auraient fait preuve en faveur des Impériaux. Il semble que c'est plutôt le contraire qui aurait dû se produire, puisque le premier acte de partialité, de la part de la Grèce, avait consisté à ne pas s'opposer à ce que les Alliés utilisassent le territoire grec, dans les îles et à Salonique, pour opérer contre les Impériaux, alors que la Ve convention de La Haye lui faisait un devoir de ne pas le permettre et de s'y opposer même par la force. En d'autres termes, la Grèce, sous le roi Constantin, aura rendu à l'Entente le même service que la Belgique aurait rendu à l'Allemagne, si, n'observant pas la Ve convention, elle avait livré passage aux Allemands au lieu de leur résister.

C'est pourquoi aussi on comprend difficilement l'espèce

d'indignation qui se manifesta du côté des Alliés à l'occasion de l'abandon aux Bulgares du fort de Rupel et de Cavalla. Si, après avoir laissé les Alliés s'établir à Salonique sans leur résister, la Grèce avait procédé différemment à l'égard des Bulgares, elle aurait accentué son premier acte de partialité en faveur des Alliés.

VI

Le « guet-apens » d'Athènes.

Il n'en est pas moins vrai que cette affaire de Rupel et de Cavalla allait avoir de graves et tristes conséquences, c'est-à-dire aboutir à ce qu'on a très improprement appelé le « guet-apens d'Athènes ». Ce prétendu « guet-apens » ayant augmenté la tension entre les Alliés et le roi Constantin, ayant donc contribué à faire se produire la crise d'où devait résulter la déposition du roi, il importe d'exposer avec sang-froid et bonne foi des événements autour desquels on a répandu des légendes (1).

Le 3/16 novembre 1916, l'amiral Dartige du Fournet adressa au premier ministre grec, M. Lambros, une lettre dans laquelle il lui disait que « la livraison du fort de Rupel et de Cavalla aux Bulgares et surtout l'abandon de l'important matériel de guerre qui s'y trouvait avaient déterminé au profit des ennemis de l'Entente une rupture d'équilibre d'une importance considérable ». Mais, l'abandon aux Alliés des îles et de Salonique n'avait-il pas déterminé au profit de l'Entente une rupture d'équilibre plus considérable encore? En réalité, on peut dire que la Grèce, en livrant le fort de Rupel et Cavalla, avait rétabli l'équi-

______

(1) L'Union Hellénique de Suisse a publié à Genève, en 1917, sous ce titre : *Le Guet-Apens du* 1er *décembre* 1916 *à Athènes,* une brochure où l'on trouvera l'exposé des faits établi par le gouvernement grec et les principaux documents officiels relatifs à cette affaire.

libre, et même à peine, entre les deux groupes de belligérants. Néanmoins, l'amiral français faisait savoir à M. Lambros que son gouvernement avait décidé de demander au gouvernement grec « la livraison de tout le matériel de guerre qui lui restait, et que la remise de l'armée sur le pied de paix avait rendu pour lui inutile. » Ce matériel devait être mis à la disposition du commandant en chef de l'armée d'Orient. Le 9/22 novembre, M. Lambros répondit à l'amiral : que le gouvernement grec alors au pouvoir ne pouvait observer d'autre attitude sans sortir de la neutralité ; qu'il avait formulé des protestations catégoriques, et qu'il avait communiqué à temps aux gouvernements de l'Entente le contenu de ces protestations et son propre point de vue sur la question. Quant au matériel de guerre demandé, M. Lambros opposait à l'amiral « le refus le plus formel. » Il faisait remarquer que, en ce qui concernait l'équilibre des forces, l'Entente, comme cela résultait d'un tableau annexé à sa lettre, détenait un plus grand nombre de canons et de fusils grecs que les puissances centrales n'en avaient reçu à la suite des événements de Rupel et de Cavalla. Concernant la neutralité, il disait : « En cédant en effet son matériel de guerre avec ou sans compensation, le gouvernement grec se livrerait à une si flagrante violation de la neutralité de la Grèce, que l'Entente a reconnue, que les Empires centraux, lesquels ont déjà protesté avec force contre la prise de la flotte légère grecque, considéreraient sans doute son acte comme un acte d'hostilité à leur égard. » Cette réponse était fort judicieuse. La livraison du matériel de guerre eût constitué, en faveur des Alliés, un second acte de partialité, qui eût appelé une seconde compensation en faveur des Impériaux.

L'amiral n'en répondit pas moins que si le matériel n'était pas livré le 1er décembre, il prendrait « telles mesures que la situation comporterait », ce qui annonçait manifestement le recours à la force.

A cette menace, M. Lambros répondit par une nouvelle lettre du 17/30 novembre. Il relevait d'abord l'un des arguments que l'amiral avait fait valoir à l'appui de sa demande : à savoir que les armes alors inutilisées de l'armée grecque étaient destinées à combattre pour la délivrance d'un sol arrosé du plus généreux sang grec. Sa réponse mérite d'être citée, car il en résulte un fait très important : à savoir que la Grèce, si elle avait refusé d'intervenir dans des conditions dangereuses pour elle, se réservait d'intervenir à son heure, quand ses intérêts le lui commanderaient, ce qui expliquait qu'elle devait conserver ses armes.

Le gouvernement royal, disait M. Lambros, est également convaincu que les armes grecques ne sont pas destinées à rester à jamais dans ses dépôts. C'est pourquoi elles doivent être prêtes à armer éventuellement l'armée grecque, le jour même où la Grèce, qui, au premier chef est jalouse de ses droits et de son devoir patriotique envers le sol conquis par des sacrifices et le sang hellène, se trouverait contrainte de protéger les droits imprescriptibles qu'elle y a acquis. Or, elle ne serait pas en mesure de le faire, si elle mettait ses armes et ses munitions à votre disposition, vu qu'en cas de danger imminent elle ne pourrait pas dans l'avenir les avoir sans aucun retard dans ses mains sous les modalités de restitution que vous avez bien voulu me proposer.

M. Lambros opposait donc un « nouveau refus » à la demande de l'amiral, qu'il qualifiait d'« inacceptable ». Quant à sa menace, il y répondit de la manière suivante :

Je ne veux pas croire, monsieur l'amiral, qu'après avoir examiné avec bienveillance et équité les raisons qui mettent le peuple grec et son gouvernement dans l'impossibilité de vous satisfaire, vous voudrez procéder à de « telles mesures que la situation comporterait », mesures qui viendraient à l'encontre des liens d'amitié traditionnelle unissant la France et la Grèce, et que le peuple considérerait à juste titre comme des actes d'hostilité pris contre lui d'ordre du gouvernement de la République.

Ainsi, le 30 novembre, veille du débarquement des troupes françaises au Pirée, l'amiral était averti par le gouvernement grec que cette intervention serait considérée comme un acte d'hostilité. Il pouvait donc s'attendre à de la résistance, de sorte qu'une résistance éventuelle ne devait pas présenter le caractère d'un guet-apens.

Étant donné que M. Lambros avait averti l'amiral qu'il considérerait comme un acte hostile le fait, de sa part, de vouloir s'emparer par la force des armes grecques, le gouvernement grec exprimait l'opinion, dans son exposé, qu'il lui avait indiqué en même temps que son insistance à vouloir s'en emparer aménerait fatalement un choc. Il semble bien, du reste, que l'amiral s'attendait à de la résistance. Cela ressort de deux ordres trouvés sur des soldats français capturés, et que le gouvernement grec a publiés. Le corps de débarquement devait « s'établir au besoin par la force sur des positions dont l'occupation constituait une menace pour Athènes et assurer la possession d'établissements militaires ou d'utilité militaire se trouvant dans sa zone d'opération ». Des dispositions étaient prises, des instructions étaient données en prévision d'une résistance, et même d'une attaque. De chaque côté, on a voulu rejeter sur l'autre la responsabilité d'avoir commencé les hostilités. La thèse du gouvernement grec ayant été passée sous silence dans les pays de l'Entente, l'équité la plus élémentaire commande de la faire connaître. Dans son exposé des faits, le gouvernement grec disait que, ne croyant pas que l'amiral pousserait les choses à l'extrême, il avait donné des ordres sévères pour que les troupes grecques évitassent toute provocation et ne fissent pas les premières usage de leurs armes. Puis, il expliquait de la manière suivante comment les collisions s'étaient produites :

Le 1er décembre au matin fut déclenchée l'avance offensive contre Athènes d'une force évaluée à 3.000 hommes, qui avaient débarqué au Pirée, divisée en trois colonnes. Elle avança refoulant ou capturant nos petits postes avancés et prit possession de la poudrière et des casernes du génie. A 10 heures du matin, un petit poste grec qui se retirait de cette poudrière, fut assailli par les Français d'une fusillade nourrie, et à 11 heures et 15 minutes, un autre de nos détachements fut traité de même à côté de l'Observatoire. Sur la colline où s'élève l'ancien monument de Philopappos se trouvait déjà depuis une heure un détachement de 70 soldats grecs cerné par trois compagnies françaises, et tandis qu'il se tenait en repos autour du monument, il fut tout à coup attaqué de près, de 3 mètres à peine de distance, par les trois compagnies françaises, à peine les coups de feu, qui venaient de la direction de l'Observatoire, furent entendus. Les soldats grecs, ainsi inopinément assaillis n'eurent même pas le temps de se ressaisir et de se défendre. En ce lieu, 4 soldats grecs furent tués et 5 autres blessés, la plupart par les officiers français faisant usage de leurs revolvers. Les vieux

marbres du monument de Philopappos sont encore teintés du sang
de nos soldats attaqués avec une telle désinvolture, alors qu'ils se
tenaient en repos.

Aussi un détachement allié fort de 400 hommes, qui avait occupé
la poudrière à proximité du cimetière et bloqué un poste grec de
5 hommes, à peine ayant entendu les coups de feu ci-dessus, a tiré
le premier, sans provocation aucune, de ses fusils et de ses mitrailleuses sur un détachement grec de 70 hommes qui se trouvait à
une petite distance en face de lui. Notre détachement, assailli
ainsi à l'improviste et ne pouvant pas faire autre chose, attaqua
à la baïonnette et dispersa la majeure partie du détachement
étranger sauf 180 hommes environ, qui s'enfermèrent dans la
poudrière et y restèrent jusqu'à la fin de la journée...

... Nos pertes en officiers et soldats furent relativement élevées.
Nous avons eu 4 officiers et 26 soldats tués et 4 officiers et 51 soldats
blessés, sans compter ceux qui dans la ville même sont tombés
victimes du guet-apens des révoltés tirant des maisons.

Conformément aux ordres du gouvernement et des autorités
militaires d'éviter toute collision avec les Alliés, nos troupes ont
fait montre d'une longanimité et d'une patience extraordinaires.
Quoique chassés de leurs postes, provoqués sans cesse et capturés
par les compagnies de débarquement alliées, nos soldats ont fait
usage de leurs armes seulement lorsqu'ils se sont vus forcés de se
défendre.

D'après ce document, les troupes grecques se seraient
donc trouvées dans le cas de légitime défense.

VII

*Le témoignage du général Sarrail
et de l'amiral Dartige du Fournet.*

A l'appui des réflexions et des conclusions qui précèdent,
je citerai maintenant ce que j'appellerai les aveux du
général Sarrail, qui fut le commandant en chef des armées
alliées en Orient, et de l'amiral Dartige du Fournet, qui
y commanda en chef les forces navales alliées. Ces aveux
ont d'autant plus de valeur, que le général et l'amiral
avaient pour mission de seconder l'entreprise vénizéliste
contre le roi Constantin, et qu'ils s'en acquittèrent de leur
mieux.

Dans la *Revue de Paris* du 15 décembre 1919, le général Sarrail a consacré à « la Grèce vénizéliste » un article au cours duquel il reconnaît que le peuple grec ne voulait pas la guerre, et qu'il était hostile aux projets belliqueux de M. Vénizélos. En voulant la paix, le roi Constantin était donc d'accord avec son peuple. Le général Sarrail explique aussi combien il était difficile à M. Vénizélos de recruter son armée de volontaires : « Péniblement arrivaient à se former les unités vénizélistes auxquelles nous fournissions d'ailleurs habillement, équipement, nourriture. Le 22 septembre, un premier bataillon avait pu cependant partir pour le front... Il ne se présentait d'ailleurs pas mal ; mais mettre 1.000 hommes sur pied quand on fait appel aux volontaires de toute la Grèce n'est pas œuvre à faire jaillir l'enthousiasme. » Comme, dans certaines îles, les réservistes « hurlaient qu'ils ne voulaient répondre qu'à l'appel du roi », le gouvernement vénizéliste télégraphiait : « Envoyez des gendarmes crétois. » A Samos, pour hâter la mobilisation, un ministre vénizéliste télégraphiait : « Si c'est nécessaire, il faut faire régner la terreur. »

Plus intéressants encore sont les aveux de l'amiral Dartige du Fournet dans son livre : *Souvenirs de guerre d'un amiral* 1914-1916 (Paris 1920, Plon éditeur). C'est surtout lui qui eut à exécuter les mesures de coercition contre la Grèce, et il avoue (p. 108) qu'il les désapprouvait, sauf en ce qui concerne deux points secondaires, le séquestre de la flotte, et la cession de la flotte légère.

Sur les sentiments du peuple grec à l'égard de l'entreprise vénizéliste, l'amiral n'est pas moins précis que le général. L'Entente, dans son ultimatum adressé au cabinet Scouloudis, avait demandé la dissolution de la Chambre issue des élections du 6/19 décembre 1915. Comme il n'avait pas été donné satisfaction à cette exigence, on avait prétendu que le roi Constantin ne voulait pas faire procéder à de nouvelles élections pour pouvoir gouverner en autocrate. Or, l'amiral avoue (p. 121) que la question de la dissolution de la Chambre avait été écartée par l'Entente, parce que « tout faisait supposer que de nouvelles élections

ne seraient pas favorables au parti vénizéliste, dont la
cause était si intimement liée à la nôtre ».

A cause de cette « liaison », le peuple grec englobait
malheureusement la France dans son hostilité contre
M. Vénizélos. L'amiral l'explique ainsi (p. 132) :

Ce départ (de M. Vénizélos pour la Crète) eut un retentissement
et des conséquences considérables. La masse du peuple de la Grèce
continentale était hostile au chef des libéraux; sachant que son
retour au pouvoir signifierait la guerre, dont la majorité de la
nation ne voulait pas. Cette masse s'était peu à peu détachée de
l'Entente, sous la pression allemande et le poids de nos erreurs.
Quand elle vit que M. Vénizélos faisait acte de sécession et que
nous le soutenions officieusement, elle nous devint nettement
hostile.
Les Allemands, soufflant sur le feu, exploitèrent activement
les maladresses et les violences de notre Service de renseignements.
Deux ans auparavant, tous les Grecs étaient amis de la France ;
en octobre 1916, les deux tiers d'entre eux étaient nos ennemis.
On s'en aperçut dès que les vénizelistes voulurent organiser et
développer le mouvement dissident.

Que pense l'amiral des procédés déloyaux dont la Grèce
aurait fait preuve à l'égard de l'Entente? Il qualifie (p. 304)
de « tissu de légendes absurdes » les révélations de la presse
vénizéliste sur le prétendu ravitaillement des sous-marins
allemands en Grèce. Chargé par le ministre de la marine
d'affirmer qu'à plusieurs reprises le gouvernement grec
avait abusé du télégraphe pour fournir aux ennemis de
l'Entente des renseignements militaires, l'amiral « ne reçut
jamais de Paris communication d'une preuve quelconque
qui pût l'éclairer, le guider dans ses déclarations ».

Par contre, les vexations de l'Entente à l'égard de la
Grèce n'avaient rien d'imaginaire. En ce qui concerne, par
exemple, l'organisation du triple contrôle des chemins de
fer, du port du Pirée et de la police, l'amiral dit (p. 142) :

... Pas plus que son conseiller habituel, le ministre de la marine
ne paraissait se douter que nous allions faire toucher du doigt
par le dernier habitant du pays grec ce que nos adversaires appe-
laient l'abus de la force de l'Entente. Nous admettions officiellement le droit de la Grèce à la neutralité, et pourtant nous en
venions à mettre la main sur une partie de sa vie nationale et
jusque sur les secrets de la vie privée de tout Hellène.

En ce qui concerne la main-mise sur la flotte légère grecque, l'amiral avoue (p. 135) que cette mesure ne fut pas prise par crainte d'une attaque de la part de cette flotte, mais parce qu'il ne disposait pas lui-même d'un nombre suffisant de torpilleurs.

Sur la question, importante entre toutes, du « guet-apens d'Athènes », l'amiral Dartige du Fournet rectifie certaines des affirmations qui ont servi à formuler contre le gouvernement grec et le roi Constantin l'accusation de « félonie ».

Sur l'opportunité même qu'il y avait à demander le désarmement de la Grèce comme une compensation pour l'accroissement de force qu'avait procuré aux Bulgares la reddition du fort de Ruppel et de Cavalla, l'amiral dit que poser ainsi la question du désarmement « c'était s'engager dans des complications certaines » (p. 150).

En principe, l'armement grec devait être mis à la disposition du commandant en chef des armées alliées à Salonique. En fait, tout le monde savait qu'il était destiné aux volontaires vénizélistes de Salonique. L'amiral le reconnaît (p. 305).

Quel usage les volontaires vénizélistes devaient-ils faire des armes qu'on demandait au gouvernement légal de la Grèce de leur livrer? Devaient-ils s'en servir pour combattre avec l'armée de Sarrail, contre les Bulgares? Devaient-ils, au contraire, s'en servir, comme insurgés, pour renverser ce gouvernement légal au profit de M. Vénizélos? Dans ce second cas, on conviendra que ce gouvernement ne pouvait pas se montrer disposé à livrer l'armement demandé. Or, il résulte des révélations de l'amiral français que le roi Constantin et son gouvernement refusèrent de livrer cet armement parce que l'Entente ne voulait pas leur donner la garantie qu'il ne serait pas utilisé contre eux.

Avant d'aller plus loin, il faut rappeler comment la légende a représenté les événements. Trompé par cette légende, mais certainement de bonne foi lui-même, M. Raymond Recouly, dans *M. Jonnart en Grèce et l'abdication de Constantin*, publié en 1918, a donné la version suivante,

qu'on peut citer comme un exemple de tout ce qui a été dit ,
et écrit sur la « félonie » du roi Constantin et de son gouvernement (pp. 45-49) :

... Le 29 novembre 1916, l'amiral a une entrevue avec le roi.
Constantin lui explique qu'une certaine pression militaire sera
indispensable pour justifier son consentement à l'abandon des
canons. Il demande, en somme, qu'on ait l'air de lui forcer la
main. L'amiral se prête à cette comédie : il lui expose en détail
les dispositions militaires déjà prises et celles qu'il prendra le
1er décembre pour exercer la pression convenue.

Dupe des promesses royales, convaincu de la sincérité de Constantin (nous avions pourtant payé assez cher pour savoir le contraire),
l'amiral prépare ingénument son scénario. Puisqu'il ne s'agit que
d'une simple promenade, d'une parade dans les rues d'Athènes, à quoi
bon prendre de grandes précautions. Un petit détachement de
marins franco-anglais viendra chercher les canons et tout sera dit.

Pendant ce temps, Constantin, le diadoque et toute la clique
militaire se livraient à d'autres préparatifs bien autrement sérieux.
Des réservistes sont équipés et armés dans les dépôts, encadrés
par leurs officiers de réserve. Les autorités policières et militaires
ont l'ordre d'intervenir « au moment où les détachements étrangers
tenteront d'exécuter les demandes de l'amiral. » Des marins grecs
occupent les divers édifices de la capitale.

Le cabinet Lambros publie dans les journaux une note où il
repousse la demande de l'Entente et proteste près des puissances
neutres. L'amiral ne s'en émeut pas autrement, persuadé que cette
protestation est de pure forme, destinée simplement à sauver les
apparences...

La perfidie de Constantin, son hypocrisie, sa duplicité appa-
raissent ici dans toute leur beauté. Il encourage d'une part l'amiral
à une pression militaire ; il donne d'autre part tous ses ordres
pour que l'opération conseillée provoque un conflit sanglant...

...Dans la matinée du 1er décembre, des détachements de marins
français, équipés comme pour une promenade militaire, débarquent
et se dirigent vers la capitale. Ils se heurtent à des troupes grecques,
retranchées, qui ouvrent immédiatement le feu sur eux. Des
mitrailleuses de l'armée royaliste, dissimulées à différents endroits
bien choisis, entrent en action. Les Français, qui ne s'attendent
à rien, éprouvent des pertes sensibles. C'est le plus ignoble des
guets-apens. L'amiral Dartige s'en méfiait si peu qu'il était allé
de sa personne dans la ville elle-même, au Zappeion.

Voilà la version qui eut cours durant toute la guerre.
M. Recouly ajoutait que l'émotion avait été très vive en
France et en Angleterre ; que les gouvernements alliés
avaient décrété le blocus de la Grèce ; que M. Briand avait
dès ce moment envisagé la déposition du roi Constantin,

mais que sa proposition dans ce sens n'avait pas été agréée
par les gouvernements alliés.

Or, cette version ne correspondait pas à la réalité, que
l'amiral Dartige du Fournet expose de la manière suivante.

Dans la deuxième quinzaine d'octobre arriva en Grèce
M. Bénazet, député français, rapporteur du budget de
la guerre, envoyé à Salonique pour y examiner l'état
sanitaire des troupes françaises. Il entreprit de s'entre-
mettre entre le roi Constantin et l'Entente, autorisé à cet
effet par le gouvernement français. Ayant négocié directement avec le roi, il arriva à un projet d'accord que l'amiral
expose à la page 154 de son livre. Le roi faisait d'importantes concessions à l'Entente, sous la forme d'une démo-
bilisation partielle, de la cession de la flotte légère et d'un
important matériel de guerre, du retrait de l'armée dans
le Péloponèse. En retour de ces concessions, le roi entendait
garder la neutralité.

Le roi, dit l'amiral, demandait en outre le relâchement des
contrôles et la garantie que les armes ainsi cédées ne seraient
pas employées contre lui dans un but séditieux. C'était la périphrase
convenue pour stipuler que ces armes ne seraient pas livrées
aux vénizelistes. Le roi n'ignorait pas certains télégrammes attes-
tant qu'elles étaient destinées aux « troupes révolutionnaires » *(sic)*.

En ce qui concerne la « comédie » dont M. Recouly a
parlé dans son livre, voici ce que dit l'amiral :

Enfin le roi demandait que les puissances alliées lui fissent, le
plus **tôt** possible, sous forme de sommation, envoi d'une note à
la fois ferme et courtoise confirmant cet accord. Il s'engageait
à le faire accepter par le peuple grec en lui adressant au besoin
une proclamation. On trouvera en annexe, à la fin de ce travail,
le texte du projet d'adresse arrêté entre le roi et M. Bénazet.

Il importe de faire remarquer que c'est à M. Bénazet, en
octobre, que le roi a fait cette suggestion, et non pas à
l'amiral au cours d'une audience qui aurait eu lieu le
29 novembre, alors que la dernière audience entre le roi
et l'amiral eut lieu le 27.

L'amiral estime que si, de part et d'autre, on avait

observé ces engagements, on aurait évité la crise du
1er décembre. Mais cette crise s'est produite parce que
l'Entente, répudiant l'accord élaboré par M. Bénazet,
a voulu exiger du roi l'accomplissement de ses promesses,
sans lui accorder les concessions qui devaient être la contre-
partie des siennes.

Le 4 novembre, les troupes du gouvernement provisoire
de Salonique ayant attaqué les troupes royales à Ekatérini,
on eut ainsi un indice de l'usage que les vénizélistes pourraient faire contre le gouvernement royal des armes qu'il
leur livrerait. L'amiral dit à ce sujet (p. 169) :

> Les vénizelistes cessaient de se poser uniquement en adversaires
> de la Bulgarie. Ils marchaient sur la Vieille Grèce. Certains d'entre
> eux répandaient le bruit que leur objectif était Athènes et qu'ils y
> entreraient sous des arcs de triomphe. Ce coup de force compro-
> mettait, à dessein sans doute, le succès des arrangements en cours
> avec le cabinet grec.

Dès ce moment, le roi et son gouvernement se montrèrent
beaucoup moins disposés à se laisser désarmer. L'amiral
l'explique ainsi (p. 172) :

> C'est que le roi avait une police politique bien informée. Il
> n'ignorait pas l'ordre de marche envoyé aux troupes du gouverne-
> ment provisoire avec injonction de ne pas hésiter à en venir aux
> mains avec les défenseurs d'Ekatérini. Il voulait rester armé contre
> la guerre civile qui menaçait d'éclater. Ce désir n'avait rien de
> surprenant.

Néanmoins M. Bénazet continua ses pourparlers, et il
arrêta même avec le roi le texte de la sommation qui lui
serait adressée. On y lisait notamment ceci (p. 177) :

> Pour reconnaître cette cession (du matériel de guerre) et assurer
> à l'avenir les rapports les plus bienveillants entre la Grèce et les
> Puissances, celles-ci s'engagent à rapporter les mesures de répres-
> sion prises par elles jusqu'à ce jour et à ne jamais tolérer que des
> groupements grecs armés, ayant déclaré n'avoir pour but que de
> lutter pour la revendication des idées nationales, se laissent détour-
> ner de cet idéal pour se livrer à des actes séditieux.

Or, dit l'amiral (p. 179) :

> Sans vouloir donner au gouvernement grec les deux garanties

qu'il demandait, on exigea de lui l'exécution des engagements dont elles étaient la contre-partie. C'était là une prétention vraiment draconienne et inattendue. Son maintien, malgré mes avertissements, fut la cause principale des événements du 1er décembre

Le ministre français de la guerre, général Roques, étant passé par la Grèce, il y laissa à l'amiral des instructions qui « ne comportaient plus l'emploi de la formule de conciliation de M. Bénazet ». L'amiral allait donc avoir à exécuter une opération dont il dit lui-même ceci (p. 187) :

Il sentait parfaitement combien il était difficile à un pays neutre de remettre ses armes sans conditions, alors qu'elles constituaient sa sauvegarde à la fois contre les Bulgares et contre des mouvements séditieux ouvertement annoncés.

L'amiral adressa donc au premier ministre, M. Lambros, sa lettre du 16 novembre dont il a été question plus haut, et par laquelle il lui demandait la livraison de l'armement. Le 19, le roi fit demander l'amiral. Il lui exprima son étonnement de la rédaction si inattendue de sa lettre à M. Lambros, et de l'absence des deux garanties qui lui avaient été promises. « En terminant, dit l'amiral, il me déclara que la situation était changée, qu'il craignait d'être débordé et impuissant à imposer la livraison de tout le matériel. » Le 21 novembre, M. Lambros répondit par un refus à la lettre de l'amiral du 16. Le 24, nouvelle lettre de l'amiral à M. Lambros, lui fixant le 1er décembre pour la livraison de l'armement. Le 30, nouvelle réponse de M. Lambros à l'amiral, confirmant le refus de livrer l'armement.

Entre temps, le 27 novembre, l'amiral avait eu une dernière entrevue avec le roi. En en rendant compte au ministre de la marine, l'amiral disait (p. 201) :

Mon opinion personnelle est que le roi, n'ayant pas reçu les garanties qu'il espérait et dont le détail a été envoyé dans mon télégramme n° 11683 A 531, du 8 novembre, se considère comme dégagé de ses promesses et met très peu de zèle à les tenir.

Dans cette entrevue, l'amiral avait déclaré au roi que les troupes de débarquement ne chercheraient pas à s'emparer par la violence de l'armement grec, mais qu'elles occuperaient certains emplacements, cette occupation devant cesser quand l'armement aurait été livré.

Il faut encore retenir ceci, comme important : l'amiral avait déclaré au roi que « pas un coup de feu ne serait tiré, sauf en cas de légitime défense » ; et, de son côté, le roi avait répondu « que les troupes grecques recevraient également l'ordre de ne pas tirer les premières ».

Malgré tout, et contrairement à ce qu'on a affirmé en France, l'amiral n'avait nullement la certitude que tout se passerait pacifiquement et que ses troupes n'auraient à faire qu'une « promenade militaire ». Cela ressort non seulement de ses préparatifs et de ses précautions, mais aussi de ses propres déclarations. Dans son télégramme au ministre de la marine, rendant compte de sa dernière entrevue avec le roi, il avait dit : « J'ai toujours l'impression que le roi ne résistera pas à une pression énergique... » C'était donc une « impression », et non une certitude. Ailleurs (p. 214), l'amiral dit : « Étant donné que les Grecs avaient toujours cédé dans le passé, il était vraisemblable qu'ils céderaient une fois encore... » Il s'agissait donc d'une « vraisemblance », et non d'une certitude.

Ainsi, à la veille du 1er décembre, la situation était la suivante. Ni le roi ni son gouvernement ne consentaient plus à livrer le matériel de guerre ; le gouvernement l'avait formellement déclaré, le roi l'avait laissé entendre. Le gouvernement, en outre, avait déclaré qu'une tentative de s'emparer par la force du matériel serait considérée comme un acte hostile. D'autre part, il n'était plus question de la « comédie » qu'aurait constituée une pression concertée entre le roi et l'amiral. L'amiral n'avait pas la promesse du roi qu'aucune résistance ne lui serait opposée, mais simplement que les troupes grecques ne tireraient pas les premières.

L'amiral était si peu rassuré, qu'il dit : « La réponse à cette série de télégrammes n'aurait-elle pas dû être l'ordre de surseoir à toute opération ou celui d'accorder les garanties ? »

La journée critique du 1er décembre arriva donc : collisions entre les troupes de débarquement et les Grecs ; fusillades ; morts et blessés des deux côtés ; — bref, ce qu'on a appelé le « guet-apens d'Athènes ».

On a vu plus haut que le gouvernement grec accusait les troupes de débarquement d'avoir fait les premières usage de leurs armes. Or, ce même reproche est adressé aux Grecs par l'amiral Dartige du Fournet et par le capitaine de vaisseau Pugliesi-Comti, chargé d'exécuter l'opération, et dont le rapport est publié en annexe dans le livre de l'amiral.

A moins que, de chaque côté, on ne veuille admettre comme incontestablement vraie la version officielle du gouvernement de son propre pays, ce qui serait une singulière manière de chercher la vérité, on est obligé de se demander, en présence de deux versions aussi contradictoires : où est la vérité?

Après avoir recherché avec sincérité quelle réponse il convient de donner à cette question, on arrive à cette conviction : que les marins alliés et les Grecs se trouvaient dans une situation telle, que les fusils, comme on dit, devaient partir tout seuls ; de sorte que la question posée, capitale en apparence, perd beaucoup de son importance.

L'amiral, en débarquant au Pirée, constata lui-même l'état de surexcitation où se trouvait la population. Il savait aussi, par des rapports, que l'état d'esprit était le même à Athènes. Dans une atmosphère aussi surchauffée, le moindre incident pouvait mettre les gens aux prises.

En lisant le rapport du capitaine de vaisseau Pugliesi-Conti, on est rendu perplexe quant à la question de savoir qui a commencé. Cet officier dit d'abord ceci (p. 290) : « Nos troupes virent leur route jalonnée de postes et de patrouilles qui se retirèrent après de courts pourparlers. » Puis il dit ceci, sur quoi j'attire l'attention :

Les bataillons trouvèrent, en règle générale, les positions qui leur avaient été désignées, préalablement occupées par de forts contingents de troupes régulières grecques qui déclarèrent ne vouloir s'écarter de leurs positions qui devaient être les nôtres.

qu'après réception d'ordres de leur gouvernement et qui prirent
en plusieurs cas formation de combat.

Ces troupes régulières grecques n'avaient fait rien que
de très naturel en occupant ces positions sur territoire
grec ; et elles ne faisaient rien que de très naturel en refusant de les évacuer sans ordres. D'autre part, ni cette
occupation ni ce refus ne constituaient la violation d'un
engagement pris, puisque le roi avait simplement promis
que les soldats grecs ne tireraient pas les premiers.

Ces positions, que les soldats grecs occupaient et ne
voulaient pas abandonner, le capitaine de vaisseau Pugliesi-
Conti avait l'ordre de les occuper, même par la force. Cette
question se pose donc : n'était-il pas dans la logique de la
situation que l'attaque vînt de cet officier, que ce fût lui
qui commençât. Supposons, pour mettre les choses au
mieux, qu'il ait fait procéder à l'attaque de ces positions
sans faire tirer ses hommes, puisque l'amiral avait lui-
même promis que les marins alliés ne tireraient pas les
premiers. C'eût été alors une lutte à la force du poignet,
comme ont coutume d'en livrer des enfants qui jouent à
la guerre. Mais, en supposant même que les choses aient
commencé ainsi, pouvaient-elles continuer ainsi? Étant
donné que ceux qui luttaient avaient les uns et les autres
des fusils, ces fusils ne devaient-ils pas finir par partir
tout seuls?

A la fin de son rapport, le capitaine de vaisseau dit
(p. 298) :

En somme, le corps de débarquement a parfaitement atteint
tous ses objectifs. Il s'y est établi et aurait pu y tenir longtemps,
n'eût été la question du ravitaillement en vivres et en munitions.

Le corps de débarquement s'était donc emparé de ces
positions que les Grecs ne voulaient pas évacuer. L'avait-il
fait sans attaquer? On se pose naturellement cette question, et on n'y trouve pas de réponse dans le rapport du
capitaine de vaisseau.

En admettant même, selon la version française, que les

Grecs aient tiré les premiers, il y aurait tout lieu de croire qu'ils l'auraient fait spontanément, en quelque sorte irrésistiblement. Absolument rien n'autoriserait à dire qu'ils l'auraient fait sur l'ordre du roi, lequel aurait ainsi violé sa promesse et commis un acte de « félonie ». L'amiral indique lui-même que, après que la fusillade eut commencé, le roi intervint à plusieurs reprises pour la faire cesser.

A un autre endroit de son livre (pp. 232-233), l'amiral semble admettre que les soldats grecs pouvaient agir sans ordres. Le commandant grec Antoniakis étant venu lui demander de faire éloigner ses troupes avant la fin du crépuscule, de peur que de nouvelles collisions ne se produisissent, l'amiral lui répondit qu'il ne le ferait que lorsqu'il aurait la certitude que le gouvernement royal consentait à la cession immédiate des six batteries que le roi venait d'offrir comme base d'un compromis.

« D'ici là, avait ajouté l'amiral, les Grecs n'ont qu'à retirer leurs troupes, dont ils ne paraissent pas être maîtres ; les nôtres, dont le commandant en chef est parfaitement maître, resteront sur leurs positions. »

Malgré tout, l'amiral estime que ses troupes ont été « traîtreusement » attaquées. Mais, chose curieuse, il ne fait pas état, pour formuler cette accusation, de la promesse du roi que les troupes grecques ne tireraient pas les premières. Il fait état d'un document qui ne prouve absolument rien, à savoir d'une lettre datée du 28 novembre, que lui remit, le 29, le comte Mercati, maréchal de la Cour, et dans laquelle il était dit :

D'ordre de S. M. le roi, j'ai l'honneur de vous transmettre les hautes assurances de mon Auguste Maître que, ni les personnes, ni les maisons privées ou magasins des commerçants vénizelistes n'ont rien à redouter, car la police, ainsi que les autorités du royaume préposées à assurer le maintien de l'ordre public exerceront la surveillance la plus stricte et garantiront leur sécurité.

Ces hautes assurances sont données, bien entendu, sous la condition formelle que ni la police secrète au service des puissances de l'Entente, ni les compagnies de débarquement ne procéderont à des arrestations, disparitions ou déportations de sujets hellènes, et que, de même, les partisans vénizelistes s'abstiendront, de leur côté, de commettre tout acte de violence, d'excès ou d'abus qui puisse provoquer des représailles.

Cette lettre ne contenait aucun engagement en ce qui concerne l'attitude des troupes grecques à l'égard du corps de débarquement. C'est pourquoi les appréciations suivantes de l'amiral, relatives à l'attitude des troupes grecques et en tant qu'elles prétendent se fonder sur la lettre du comte Mercati, manquent en réalité de fondement (p. 209) :

Malgré ces réticences, la promesse était ferme. Si elle avait été tenue, les sanglants conflits des 1er et 2 décembre ne se seraient pas produits. Les troupes alliées de débarquement n'ont tiré qu'après avoir été violemment et traîtreusement attaquées.

En résumé, on peut dire que les explications du général Sarrail et de l'amiral Dartige du Fournet confirment que le roi Constantin et son gouvernement, en ne voulant pas prendre part à la guerre, se conformaient aux vœux du peuple grec, et qu'ils ne faisaient pas acte de partialité en faveur des Empires centraux. On peut dire aussi, en ce qui concerne le « guet-apens d'Athènes », que l'exposé des faits présenté par l'amiral ne prouve pas qu'il ait raison quand il dit que ses troupes ont été « traîtreusement » attaquées.

VIII

Les violations de la Constitution et la déposition du roi
Constantin.

Quant au troisième grief de l'Entente contre le roi Constantin, il ne paraissait pas plus fondé que les autres ; on ne pouvait pas mettre à sa charge des violations caractérisées de la Constitution. Pour le faire, il fallait établir une confusion voulue entre un régime « constitutionnel » et un régime « parlementaire ». Le roi était tenu de respecter le régime « constitutionnel », qui l'obligeait à gouverner de concert avec le Parlement, c'est-à-dire sans que ni le Parlement pût supprimer le roi, ni le roi le Parlement. Le régime « parlementaire », sous lequel le roi est pratiquement supprimé par le Parlement et les ministres, et réduit au rôle d'un simple figurant, n'était pas le régime imposé à la Grèce par les traités et la Constitution. S'agissant de décisions à prendre d'où pouvait dépendre le sort du royaume, il était inadmissible de prétendre interdire au roi d'avoir une opinion personnelle et de lui faire une obligation de suivre aveuglément un premier ministre avec lequel il n'était pas d'accord.

Cela était d'autant plus inadmissible, qu'il était avéré que la volonté du roi était identique à celle du peuple.

Du reste, l'article 31 de la Constitution grecque disant expressément, et sans restrictions, que « le roi nomme et révoque ses ministres », le roi Constantin pouvait, sans la violer, se passer des services de M. Vénizélos.

En quoi donc le roi Constantin aurait-il violé la Constitution?

Au moment de l'expédition des Alliés aux Dardanelles, M. Vénizélos proposa que la Grèce entrât en guerre. Le roi, à cause des conséquences graves que cet acte eût comportées, ne consentit pas à adhérer à cette proposition. C'était son droit, et il pouvait en user sans violer la Constitution. A la suite du refus du roi, M. Vénizélos démissionna M. Zaïmis lui succéda, ayant la promesse de M. Vénizélos qu'il lui accorderait son appui parlementaire. Cette promesse n'ayant pas été tenue, et la situation politique étant par suite devenue embarrassée, la Chambre fut dissoute, très constitutionnellement, et de nouvelles élections eurent lieu le 31 mai-13 juin 1915. Entre la dissolution et ces nouvelles élections, M. Vénizélos avait déclaré que désormais « l'occasion était perdue » de faire une guerre nationale. C'est donc comme non-interventionnistes que lui et ses partisans se présentèrent aux électeurs, et c'est comme tels qu'ils obtinrent la majorité dans la nouvelle Chambre. Quand la Bulgarie fut entrée en guerre, M. Vénizélos, s'appuyant sur une majorité qui avait été élue comme non-interventionniste, voulut de nouveau que la Grèce entrât en guerre. Le roi, qui avait le peuple avec lui, n'y consentit de nouveau pas, et très légalement, en vertu de l'article 37 de la Constitution, il procéda, en novembre 1915, à la dissolution de la Chambre élue le 31 mai/13 juin 1915. C'était son droit absolu, et il pouvait en user sans violer la Constitution. C'était même son devoir constitutionnel de consulter le peuple sur la nouvelle situation politique qui se présentait.

Par contre, une violation bien caractérisée de la Constitution, accomplie par le gouvernement vénizéliste sous les auspices et à l'instigation de l'Entente, a consisté dans le rappel, après l'éloignement du roi Constantin, de cette Chambre régulièrement dissoute par lui. D'autre part, l'état de choses illégal issu de cet acte, fut aggravé dans la suite par la manière dont cette chambre ressuscitée fut, à plusieurs reprises, prorogée. L'histoire vaut la peine d'être rappelée.

La Chambre élue le 31 mai/13 juin 1915 ayant donc été dissoute très régulièrement en novembre 1915, en vertu de l'article 37 de la Constitution, en vertu du même article, une nouvelle Chambre fut élue le 6/19 décembre. Les vénizélistes ne prirent pas part aux élections, alléguant que la non-participation des électeurs mobilisés rendait les élections inconstitutionnelles. Or, aucune prescription constitutionnelle ou légale ne permettait de soutenir ce point de vue. La nouvelle Chambre légiféra régulièrement pendant toute une session, lorsque, le 8/21 juin 1916, les puissances de l'Entente, dans leur ultimatum au cabinet Scouloudis, exigèrent sa dissolution, parce qu'elles la considéraient comme inconstitutionnelle, et le recours à de nouvelles élections. Elles parlaient, évidemment, d'après M. Vénizélos. M. Scouloudis ayant démissionné, M. Zaïmis lui succéda, acceptant de dissoudre la Chambre et de procéder à de nouvelles élections. Mais, parce que l'opinion publique se montrait peu favorable à M. Vénizélos, ces mêmes puissances dites protectrices, agissant à son instigation, suggérèrent au gouvernement grec l'ajournement des élections. Comme, d'autre part, elles s'opposaient à la convocation de la Chambre du 6/19 décembre 1915, le pays resta sans pouvoir législatif. Quand, au mois de juin 1917, M. Jonnart vint déposer le roi Constantin, M. Vénizélos prit le pouvoir. Il fit alors une chose que les puissances de l'Entente n'avaient même pas osé réclamer dans leur ultimatum de juin 1916. Par un simple décret, il annula le décret royal par lequel, aux yeux mêmes de l'Entente, avait été dissoute très régulièrement la Chambre du 31 mai / 13 juin 1915, et en même temps il la rappela à la vie. Autant la dissolution de cette Chambre avait été constitutionnelle, autant son rappel à la vie était inconstitutionnel. La durée de la législature étant de quatre ans, les pouvoirs de cette Chambre ressuscitée auraient dû expirer le 31 mai /13 juin 1919, et de nouvelles élections auraient dû avoir lieu. Mais c'est alors que fut mis en pratique le système des prorogations. Une première prorogation de six mois intervint, par simple décret, bien qu'aucune disposition constitutionnelle ni aucun précédent ne justifiassent cette manière de procéder. M. Vénizélos se réservait seulement de demander à la prochaine Chambre l'approbation et la régularisation de son acte. Après l'expiration de ces six mois, le 30 novembre /13 décembre 1919, une nouvelle prorogation de quatre mois intervint jusqu'au 31 mars /13 avril 1920. Puis intervint une nouvelle prorogation jusqu'au 30 juillet 1920.

C'est ainsi qu'une Chambre, dont le rappel à la vie était inconstitutionnel, a vu prolonger son existence d'une manière inconstitutionnelle. Pour justifier cette manière de procéder, M. Vénizélos alléguait que la question turque restait en suspens. Comme cette cause ne pouvait pas justifier cet effet, on est obligé d'admettre que M. Vénizélos voulait conserver cette Chambre parce qu'il était sûr d'elle, et qu'il doutait que le corps électoral fût disposé à lui en renvoyer une pareille.

En fait, la réaction contre sa politique arbitraire allait croissant. On put s'en rendre compte, notamment, par

le manifeste de l'opposition unie qui fut publié à Athènes
le 2/15 avril 1920, et reproduit en français par l'*Echo de
Grèce* du 29 avril. Ce document mettait de nouveau en
lumière le caractère inconstitutionnel de la Chambre en
question. Il faisait ressortir ce qu'avait d'anormal le fait
que cette Chambre inconstitutionnelle pouvait prendre
des décisions dans les questions les plus graves intéressant
la politique tant intérieure qu'extérieure. Enfin, il faisait
remarquer que, dans tous les pays qui avaient pris part
à la guerre, sans en excepter la Turquie, on avait renouvelé
la représentation nationale.

Dans ces conditions, on conviendra qu'il était plaisant
qu'on accusât le roi Constantin de violer la Constitution.

Du reste, un fait très significatif prouve que ce grief
était un simple prétexte. Ce fait, c'est que l'Entente, en
même temps qu'elle prétendait frapper de déchéance le
roi Constantin, faisait subir le même sort à son fils aîné
et héritier légitime, le diadoque. Le diadoque avait-il
donc violé la Constitution? « Comment l'aurait-il fait, s'il
n'était pas né », c'est-à-dire s'il n'avait pas encore régné?
Quelle preuve plus évidente pourrait-on donner que le
but des Alliés n'était pas de sauvegarder la Constitution,
mais d'entraîner la Grèce dans la guerre, ce qui obligeait
à éloigner du trône le diadoque, qu'on savait aussi opposé
à la guerre que son père.

Dans son discours du 14 juin 1917, M. Ribot, après avoir
parlé des mesures de l'Entente à l'égard du roi Constantin,
ajouta : « Nous avons pensé aussi que son fils aîné, dont les
sentiments étaient trop connus, ne pouvait lui succéder. »
Connus pourquoi? Quand on prend une mesure aussi grave
à l'égard d'un prince héritier, on devrait préciser. Mais il
eût été difficile de le faire.

On aurait dû préciser aussi en quoi consistaient les
violations de la Constitution reprochées au roi Constantin.
Dans son discours du 14 juin, M. Ribot dit : « Je n'appren-
drai rien à personne en disant que cette Constitution avait
été violée, mise à néant dans son esprit aussi bien que dans
la lettre. » M. Ribot donna ensuite lecture d'un mémoran-

-dum où il était affirmé également, mais sans précisions, que le roi avait violé la Constitution. Dans une autre partie de son discours, M. Ribot dit que le roi « avait à tout moment violé la Constitution ». Il eût donc été facile de donner quelques exemples. Ou, plutôt, il eût été du devoir de M. Ribot de faire devant la Chambre française un exposé complet et juridique des violations de la Constitution par le roi. Il le devait au roi détrôné et au monde, devant lequel on le détrônait. Il le devait surtout à la France, et voici pourquoi. Dans une dépêche qu'il adressa à M. Vénizélos, et qu'a publiée le *Temps* du 18 juin, M. Ribot constatait que les puissances « protectrices » avaient « confié à la France la mission de prendre en leur nom les mesures nécessaires pour faciliter au peuple grec le retour à cette unité qu'elles avaient jadis contribué à fonder ». Il y eut des Français que cette « mission » inquiéta et qui se demandèrent si ce ne serait pas sur leur pays, agent d'exécution, que retomberait, dans le présent et dans l'avenir, la responsabilité des mesures prises. Le gouvernement de la France devait à ces Français de leur prouver que cette « mission » était justifiée et avouable.

Les puissances de l'Entente se sont prévalues de leur qualité de puissances « protectrices » de la Grèce, ainsi que le protocole de Constantinople du 23 juillet 1832 a désigné la France, l'Angleterre et la Russie. Or, ce rôle de « protectrices » les obligeait seulement à défendre l'indépendance de l'État nouvellement créé contre toute entreprise venue du dehors. Jamais, même aux époques les plus troublées de l'histoire de la Grèce, elles ne s'en étaient prévalues pour s'immiscer dans ses affaires intérieures. En le faisant pendant la guerre, elles ont semblé vouloir confondre la notion de « protection » avec celle, toute différente, de « protectorat ».

Les puissances de l'Entente, avant de recourir à la mesure extrême de la déposition du roi Constantin, avaient procédé à de multiples empiétements sur la souveraineté, c'est-à-dire sur l'indépendance de la Grèce. Comme c'est surtout de l'indépendance de la Grèce qu'elles étaient

protectrices en vertu des traités, en en usant à son égard
comme elles l'ont fait elles violaient donc les traités dont
elles se prévalaient pour agir ainsi. Si l'Allemagne, pour
se justifier de violer la neutralité belge, avait allégué
qu'elle en était garante en vertu des traités, elle aurait agi
comme les Alliés se prévalant, pour violer l'indépendance
de la Grèce, du fait qu'ils en étaient les protecteurs.

L'*Echo de Grèce*, du 18 octobre 1917, a rappelé le passage
suivant d'un discours que le duc de Broglie, ministre
français des affaires étrangères, prononça à la Chambre
des pairs, en juillet 1833, à propos de l'emprunt grec de
60 millions :

De la part de la France exista le désir sincère, éclairé, et qui fut
couronné de succès, non seulement de délivrer la Grèce du joug
ottoman, mais de faire de la Grèce un État véritable, *un État
indépendant de droit et de fait*, un État qui ne soit placé sous la
tutelle de personne, un État qui n'ait besoin d'*aucune intervention*
perpétuellement officieuse, un État libre, pour tout dire, de choisir
ses amis, ses alliés, et disposé, par conséquent, à tourner cons-
tamment ses regards vers celle des puissances qui l'a rendu tel,
vers la France qui peut lui promettre au besoin son assistance,
sans la menacer sans cesse de sa protection. Le résultat est obtenu,
Le succès est complet. La Grèce existe, elle est indépendante.
Toute l'Europe la reconnaît ; elle ne relève d'aucune puissance,
soit à titre de suzerain, *soit à titre de garant*.

L'*Echo de Grèce* faisait lui-même à ce propos les réflexions
suivantes :

Et c'est précisément cette conception sur les rapports de la
Grèce avec les puissances garantes qui a, sans exception, prédo-
miné pendant ses quatre-vingts ans et plus d'existence indépendante. Pendant toute cette période assez longue, ces puissances se
sont soigneusement abstenues de formuler un droit quelconque
d'intervention dans les affaires intérieures de la Grèce, quoique
dans l'intervalle bien des changements soient survenus dans le
gouvernement et même dans la Constitution du pays. Il a fallu
la guerre mondiale, qui a tout perverti et tout corrompu, pour
faire éclore dans la tête des dirigeants français et anglais la conception actuelle de la garantie, toute contraire aux faits historiques
et aux règles élémentaires de la justice, conception qui change en
droits personnels pour le garant ce qui ne devait être pour lui
qu'obligation et devoir.

Le *Journal des Débats*, du 30 octobre 1919, parlant, après

la publication des comptes rendus des séances secrètes de 1916, de la manière dont l'Entente avait procédé en Grèce, disait qu'elle s'était appuyée « sur les droits que conféraient aux puissances protectrices de la Grèce les traités de 1830, de 1832, de 1863, de 1864 et sur des précédents formels ». C'était là une erreur absolue. Car, quelque ingéniosité qu'on mette à interpréter ces traités, il est impossible d'en faire découler les droits que l'Entente s'est arrogés en Grèce, notamment celui d'y déposer le roi (1).

Le général Regnault, dans son livre : *La Conquête d'Athènes*, nous montre M. Jonnart lui-même « s'inquiétant de savoir si réellement nous avions bien, aux termes du traité de 1864, le droit de débarquer nos troupes au Pirée ».

Les révélations que le prince Sixte de Bourbon a faites dans l'*Opinion*, au sujet de la paix séparée que l'Autriche-Hongrie avait eu l'intention de conclure, contiennent (numéro du 10 janvier 1920) une intéressante déclaration

------

(1) Dans le préambule de la convention signée à Sèvres le 10 août 1920 pour la protection des minorités en Grèce, il est dit que la France et la Grande-Bretagne renoncent « aux droits spéciaux de surveillance et de contrôle qui leur avaient été reconnus vis-à-vis de la Grèce » par les traités de 1832, 1863 et 1864.

A l'occasion de la crise de novembre-décembre 1920, issue des élections grecques du 14 novembre et de la chute de M. Vénizélos, le *Temps* prétendit que ces stipulations de la convention du 10 août « prouvaient que la Grèce ne contestait pas — puisqu'elle avait jugé nécessaire d'en stipuler l'abrogation — les « droits spéciaux de surveillance et de contrôle » que les traités avaient conférés à la France et à la Grande-Bretagne ».

Ce raisonnement était spécieux. A ce moment, « la Grèce » ce n'était pas autre chose que M. Vénizélos, l'omnipotent dictateur. Or, M. Vénizélos, pour faire déposer par les puissances le roi Constantin, et pour se faire installer au pouvoir par elles, avait dû reconnaître leurs prétendus « droits spéciaux de surveillance et de contrôle ». On a même affirmé que c'était lui qui avait suggéré aux puissances d'interpréter les traités de manière à en faire découler ces « droits spéciaux ». Il ne pouvait donc pas les contester. S'il en a demandé l'abrogation, c'est, sans doute, parce qu'il a compris le danger que pouvait faire courir plus tard à son pays le précédent qu'il avait admis, sinon créé, et que, d'autre part, il pensait n'avoir plus besoin pour lui-même de l'intervention des puissances.

sur la déchéance du roi Constantin. Il s'agit d'une conversation qui avait eu lieu, le 23 juin 1917, entre M. Jules Cambon et le prince, et dont il convient de méditer le fragment suivant :

M. Cambon. — La déposition du roi Constantin peut créer en Grèce un état de chose difficile. Maintenant que nous soutenons M. Vénizélos, nous avons pris à son égard des engagements qui non seulement nous empêchent d'agir en toute liberté, mais encore nous obligent à agir en amis pour la Grèce.

Le prince. — C'est exactement ce que j'ai dit à M. Lloyd George le 23 mai, avant que se décidât l'intervention de M. Jonnart.

M. Cambon. — Que voulez-vous, il faut tenir compte de l'opinion publique. L'homme de la rue n'aurait pas compris qu'on maintînt Constantin sur le trône de Grèce.

Le prince. — M. Lloyd George m'avait fait la même réflexion et je lui avais répondu que le peuple avait réclamé une action énergique en Grèce au lendemain des assassinats du 1er décembre, mais qu'actuellement le peuple se rendait parfaitement compte que d'autres intérêts plus importants étaient en jeu.

M. Cambon. — Mais il y a autre chose ; il y a notamment la question du général Sarrail qui ne cessait de dire qu'il ne pouvait entreprendre aucune offensive tant qu'il ne serait pas sûr de n'être pas attaqué par les troupes du roi Constantin. Enfin... c'est fait

Ainsi, parlant à un homme qui n'était pas un « homme de la rue », M. Cambon, représentant autorisé du gouvernement français, n'osait plus invoquer les violations de la Constitution comme motif de la déposition du roi. Il s'agissait — motif bien bas — de donner satisfaction à l' « homme de la rue ». Il y avait aussi cette hantise d'une attaque du général Sarrail par les Grecs. Mais cela n'avait rien de commun avec une violation de la Constitution.

Si l'on n'a pas voulu préciser en quoi le roi Constantin aurait violé la Constitution, on peut préciser en quoi l'Entente, qui le déposait parce qu'il l'aurait violée, l'avait elle-même violée. Ce sera une autre note humoristique dans ces événements peu édifiants.

L'Entente avait violé une première fois, et d'une manière très grave cette Constitution en débarquant des troupes dans les îles de l'Égée et à Salonique, puisque son article 99, cité plus haut, dit qu'aucune troupe étrangère ne pourra séjourner dans le royaume, ni traverser le territoire, « si ce n'est en vertu d'une loi ». Or, aucune loi votée par le Parlement grec n'autorisait le débarquement des Alliés.

L'Entente, en déposant le roi Constantin et en le mettant en demeure de se choisir un autre successeur que le diadoque, violait de nouveau la Constitution de la Grèce, beaucoup plus gravement que le roi ne l'avait jamais fait.

L'article 45 de cette Constitution dit :

> La couronne de Grèce et ses droits constitutionnels passeront successivement aux descendants directs et légitimes du roi Georges Ier, par ordre de primogéniture, de mâle en mâle.

Le roi Constantin étant le fils aîné du roi Georges Ier, il était le souverain que la Constitution imposait à la Grèce. Le déposer par un acte de violence équivalait donc à violer l'article 45 de la Constitution. Ce même article désignant le diadoque comme successeur, « par ordre de primogéniture », du roi Constantin, c'était violer une seconde fois ledit article que d'exclure le diadoque de la succession au trône.

L'Entente, en mettant le roi en demeure de se choisir un successeur, violait de nouveau la Constitution, et, chose curieuse, elle empiétait ainsi sur les prérogatives de la Chambre. Chose curieuse, en effet, puisqu'elle déposait le roi Constantin sous prétexte qu'il méconnaissait les prérogatives de cette Chambre.

Sous ce titre : « Éducation de prince », le *Temps* a publié le 17 juin 1917, un article comminatoire à l'adresse du nouveau roi Alexandre, article dans lequel, sans le vouloir, il montrait que l'Entente avait violé la Constitution de la Grèce. Il commençait par constater que, le diadoque étant écarté, « Constantin ne pouvait pas, de sa propre volonté, instituer un autre héritier ». Puis il raisonnait ainsi :

> Ou bien on considère que l'élimination du diadoque Georges a précédé la déchéance du roi Constantin, et en ce cas Constantin ne pouvait désigner un autre successeur qu'avec le consentement de la Chambre :

« Art. 45... Quand il n'existe pas un diadoque, le roi en nomme
« un avec le consentement de la Chambre, convoquée à cet effet,
« à la majorité des deux tiers de l'ensemble des députés et au
« scrutin public ».

Ou bien on considère que l'élimination du diadoque a eu lieu
en même temps que la déchéance du roi, et en ce cas le trône s'est
trouvé vacant, comme une succession dont l'unique héritier dis-
paraîtrait en même temps que le *de cujus*. C'est un cas que la
Constitution a également prévu :

« Art. 52. En cas de vacance du trône, la Chambre, même si
« elle a terminé sa période de quatre ans ou *si elle a été dissoute*,
« procède à la nomination d'un régent provisoire, Grec orthodoxe,
« et le conseil des ministres exerce, sous sa propre responsabilité,
« au nom de la nation, le pouvoir constitutionnel royal jusqu'à
« ce que le régent prête serment. Dans les deux mois au plus tard,
« seront élus des représentants de la nation, d'un nombre égal à
« celui dont est composée la Chambre. Tous ces représentants,
« avec les députés, réunis en Assemblée, *procéderont à l'élection d'un*
« *roi*, à la majorité des deux tiers de la totalité de ses membres
« et au scrutin public. »

De toute façon, il faut donc un vote de la représentation nationale, soit pour valider le roi nouveau, soit même pour le désigner.

Pourquoi le *Temps* publiait-il cet article, un peu compromettant pour l'Entente? C'est que le nouveau roi, le jeune
Alexandre, avait manifesté quelque velléité d'indépendance
en parlant de « suivre les traces de son père ». Il fallait donc
lui signifier de faire attention, parce que sa présence sur
le trône n'était pas régulière. « Pourquoi, alors, m'y avez-
vous fait mettre, aurait pu répondre le nouveau roi, vous
qui avez déposé mon père pour faire respecter la Constitution? »

En déposant le roi Constantin et en excluant le diadoque
de sa succession, l'Entente n'a pas seulement violé la
Constitution de la Grèce. Elle a aussi violé le protocole
de la conférence de Londres du 3 février 1830, premier
acte diplomatique proclamant l'indépendance de la Grèce,
et signé par la France, la Grande-Bretagne et la Russie.
En effet, l'article 3 de ce protocole dit que « le gouvernement de la Grèce sera monarchique et héréditaire, par ordre
de primogéniture ».

Dans son discours du 14 juin 1917, M. Ribot a insisté

sur un des mobiles de l'action des Alliés : la nécessité de refaire l'unité de la Grèce, détruite par le fait qu'il s'y trouvait deux gouvernements, celui de Salonique et celui d'Athènes. On aurait pu répondre que c'était d'autant plus le devoir de l'Entente, qu'elle avait contribué à détruire cette unité, en prêtant son appui à la rébellion de M. Vénizélos. Le *Temps* du 22 novembre 1916 le reconnaissait, en parlant du « gouvernement provisoire constitué avec notre aide ».

Mais la manière dont l'Entente rétablissait l'unité de la Grèce était-elle la plus légale? Si, en 1871, des puissances européennes, pour rétablir l'unité de la France, avaient obligé le gouvernement de la Défense nationale à abdiquer devant la Commune, elles auraient procédé en France comme l'Entente a procédé en Grèce. Car, en fait, l'Entente a substitué le gouvernement de Salonique à celui d'Athènes. La Commune de Paris, comme le gouvernement de M. Vénizélos, s'était dressée contre le gouvernement régulier parce qu'elle l'accusait de compromettre l'intérêt national. Il y avait pourtant une différence entre la France de 1871 et la Grèce de 1917. Le gouvernement de Versailles était issu lui-même d'une révolution, le 4 septembre 1870, de sorte qu'on pouvait soutenir que la Commune, ayant les mêmes origines que lui, n'était pas plus illégale que lui. Cette situation n'existait pas dans la Grèce de 1917.

C'est en s'autorisant des paroles de M. Vénizélos lui-même qu'on peut se permettre de le qualifier de « rebelle », et d'appeler son gouvernement provisoire un gouvernement de rébellion. Dans une interview avec un représentant de l'agence Havas, qu'a publiée le *Journal de Genève* du 11 avril 1917, il disait qu'il avait averti M. Zaïmis que, si le roi se refusait encore à marcher avec l'Entente, il considérerait comme son devoir de « se révolter ». Plus loin, il disait que, lorsqu'il devint évident que le roi ne marcherait pas, l'amiral Coundouriotis, le général Danglis et lui-même décidèrent de « lever l'étendard de la révolte ». Ultérieurement, dans le discours prononcé par lui à la Chambre le 7 août 1917, M. Vénizélos a dit, d'après le texte publié par le *Journal des Hellènes* du 13/26 août : « Nous nous sommes insurgés contre un régime criminel qui menait la Grèce au tombeau et à la ruine. »

Quand on « s'insurge » contre le gouvernement de son pays, c'est toujours parce qu'on prétend que ce gouvernement est coupable.

Si, pendant la période où l'Italie et la Roumanie hésitaient à prendre part à la guerre, il s'était constitué, en dehors de Rome et de Bucarest, des gouvernements insurrectionnels pour forcer la participation de ces pays à la guerre, on y aurait eu la même situation qu'en Grèce avec le gouvernement de M. Vénizélos. Si l'Entente avait prêté son concours à ces gouvernements insurrectionnels, jusqu'à vouloir détrôner et exiler les rois d'Italie et de Roumanie, elle aurait fait ce qu'elle a fait en Grèce.

Dans son discours du 14 juin 1917, M. Ribot s'est exprimé ainsi : « J'ai le droit de dire que cet acte a produit partout non pas seulement en France, mais dans le monde entier, la meilleure impression. » Ce ne fut pas le cas en Russie, où le gouvernement provisoire formula, à l'adresse de l'action franco-anglaise en Grèce, un désaveu qui était presque un affront. Dans un communiqué relatif à la conférence des Alliés qui devait se tenir à Paris vers la mi-juillet, le gouvernement russe s'exprimait ainsi (1) :

...Outre les indications relatives aux questions purement militaires, nos représentants à la conférence ont reçu pour instructions de défendre, lors de la solution des questions politiques survenues dans les Balkans, les points de vue du gouvernement provisoire et d'insister tout particulièrement sur l'application des principes généraux de la politique extérieure proclamés par la démocratie russe. En particulier, ces instructions ont trait à la question grecque en rapport avec les derniers événements. Dans cette question, nous n'avons pas pu ne pas désapprouver les moyens par lesquels se produisit le remplacement par la force d'un roi par un autre.

Certainement, à ce sujet, nous étions animés non du désir de soutenir le roi Constantin, dont nous désapprouvions et dont nous continuons à désapprouver la politique personnelle, mais par l'inadmissibilité d'une immixtion dans les affaires intérieures

____

(1) Je cite d'après le *Journal de Genève,* du 9 juillet 1917.

du peuple hellène. Cela nous a portés à formuler des objections
en conséquence et à renoncer à la participation de nos troupes à
l'expédition en Grèce méridionale.

Dans les pourparlers avec les Alliés, nous nous sommes placés
au point de vue que la forme du gouvernement grec ainsi que son
organisation administrative regardent uniquement le peuple
grec et nous avons déclaré que les sympathies du peuple russe,
qui vient de se libérer du joug dynastique, s'adressent exclusivement à la libre solution analogue, pour le peuple grec lui-même.

Quand M. Ribot, dans sa dépêche à M. Vénizélos,
signalée plus haut, lui disait que les « puissances protectrices » avaient « confié à la France » la « mission » que
l'on sait, il n'ignorait certainement pas que la Russie
désapprouvait l'action franco-anglaise. Les « puissances
protectrices » se réduisaient ainsi à la France et à l'Angleterre. C'est donc l'Angleterre qui avait confié à la France
la « mission » d'exécuter le coup?

Il n'est même pas certain qu'il en ait été ainsi. Il est
aujourd'hui établi que la France a dû exercer une forte
pression sur l'Angleterre pour la décider à s'associer à
elle (1). D'autre part, il ressort du livre du général Regnault
que M. Jonnart a procédé beaucoup plus brusquement
que ne l'aurait voulu l'Angleterre. Il semble donc que
c'est la France qui a été l'instigatrice du coup, et que c'est
elle-même qui s'est confié la « mission » de l'exécuter comme
l'on sait. D'où le malaise de tout Français soucieux de la
réputation de son pays.

Pour que la Russie adressât à ses alliés d'Occident le
désaveu qu'on vient de voir, il fallait que l'impression
produite fût moins bonne que se l'imaginait M. Ribot.
Car le gouvernement russe, qui venait de renverser le
régime impérial, ne pouvait pas parler ainsi par sympathie
pour le régime représenté par le roi Constantin.

Dans la Suisse républicaine, l'impression ne fut pas non
plus « la meilleure ». Le *Journal de Genève,* quoique tout

---

(1) Le *Journal des Débats* du 3 juillet 1920, commentant le
livre du général Sarrail : *Mon commandement en Orient.* disait qu'il
avait fallu que la France « violentât les chancelleries alliées » pour
les faire consentir à la déposition du roi Constantin.

dévoué à l'Entente, condamna, le 14 juin 1917, dans un
article signé de son directeur, M. G. Wagnière, la manière
dont on avait procédé à l'égard du roi Constantin, dont il
désapprouvait pourtant la politique.

Quand l'histoire impartiale jugera l'action franco-
anglaise en Grèce, il serait surprenant qu'elle n'y vît pas
un attentat sans précédent contre l'indépendance et la
dignité d'un peuple, et, qui plus est, d'un de ces petits
peuples pour lesquels l'Entente prétendait combattre,
en même temps qu'elle proclamait très haut le droit des
peuples à disposer d'eux-mêmes.

Alors même que la Grèce, selon la manière dont tourne-
ront les événements, aurait, en fin de compte, plus à se
féliciter qu'à se plaindre de cet attentat, cela ne changerait
rien à l'aspect légal de la question, ni n'atténuerait la
responsabilité de ceux qui ont commis un acte illégal.

L'aspect légal de la question, on peut maintenant le
résumer de la manière suivante. Il est prouvé que les faits
dont l'Entente s'est prévalue pour violer le territoire grec
étaient inexistants. Mais, quand bien même ces faits
eussent tous été réels, ils n'auraient pas donné à l'Entente
le droit qu'elle s'est arrogé, puisque la Ve convention de
La Haye est absolument impérative et ne prévoit aucun
cas permettant de violer ses prescriptions. Autrement,
il faudrait admettre que les États ont le droit d'apprécier
eux-mêmes s'ils sont liés par les traités, ce qui équivaudrait
à la répudiation des traités. L'utilisation du territoire
grec pour des fins militaires n'aurait donc été légale que
dans deux cas : si la Grèce avait été en état de guerre avec
les Empires centraux, ou si l'Entente avait été en état de
guerre avec la Grèce. Dans le premier cas, l'Entente aurait
pu opérer sur le territoire d'un allié ; dans le second cas,
sur le territoire d'un ennemi. Aucun de ces deux cas ne
s'étant encore produit au moment du débarquement dans
les îles de l'Égée et à Salonique, il y a eu, sans contestation
possible, violation des traités et du droit des gens.

Même si, donnant une interprétation absolument abusive
aux traités de 1832, 1863 et 1864, on voulait en tirer

argument pour justifier la manière dont l'Entente est intervenue dans la politique intérieure de la Grèce, aucun sophisme ne pourrait leur faire dire que l'Entente, avant d'avoir aucun grief contre cette politique, avait le droit de violer la Ve convention de La Haye, en établissant en Grèce son front des Balkans contre les Impériaux.

IX

L'épilogue

En prenant connaissance des pages qui précèdent, le lecteur sera certainement arrivé à cette conclusion d'ensemble : que la Grèce, malgré son traité d'alliance avec la Serbie, avait le droit absolu de rester neutre avant comme après l'entrée en guerre de la Bulgarie ; que son devoir vis-à-vis d'elle-même lui commandait de rester neutre ; que le roi Constantin, en pratiquant cette politique de neutralité contre l'avis de M. Vénizélos, n'avait pas seulement avec lui les autorités politiques et militaires les plus qualifiées, mais encore et surtout le peuple grec ; que l'Entente a aussi incontestablement violé la neutralité de la Grèce que l'Allemagne celle de la Belgique et du Luxembourg ; que le roi Constantin, en ne s'opposant pas à l'action de l'Entente sur territoire grec, bien que la Ve convention de La Haye lui en fît une obligation, a pris parti pour elle ; que l'Entente commit donc un acte sans excuse lorsque, pour forcer la Grèce à entrer en guerre, elle déposa le roi Constantin, qui ne faisait qu'interpréter et exécuter la volonté de son peuple ; enfin, qu'on ne saurait prendre au sérieux les prétextes allégués pour commettre cet acte : les prétendues violations de la Constitution par le roi Constantin, ou son intention d'attaquer l'armée alliée de Salonique.

Le lecteur sera aussi arrivé à cette conclusion : que la tolérance dont le roi Constantin, qui se réservait d'in-

tervenir au moment opportun, fit preuve en faveur de
l'Entente, en ne s'opposant pas à ce qu'elle organisât
son front des Balkans, devait contribuer pour beaucoup
à sa victoire finale sur les Impériaux.

Cela ressortira plus clairement encore du chapitre XIV
de ce livre où il sera question de la « gravité comparée
des violations de traités et du droit des gens ».

Quant au lecteur français, ayant compris cela, il n'aura
pas manqué de regretter que la France eût été le principal
agent d'exécution dans la déposition brutale du roi Constantin. Il l'aura regretté du point de vue moral et aussi
du point de vue politique ; car il n'a pas pu lui échapper
que la France, plus encore que l'Angleterre, était destinée
à subir, en Grèce, les conséquences de cette atteinte à la
volonté et à la souveraineté d'un peuple.

De tout cela, le lecteur aura conclu que l'opinion des
pays de l'Entente devait à la Grèce une sorte de réparation morale, en ce sens qu'elle aurait dû revenir sur la
condamnation qu'elle avait prononcée contre elle, du temps
qu'elle suivait fidèlement la politique de son gouvernement avant la déposition du roi Constantin par les Alliés.
Le lecteur aura estimé certainement que cette réparation
était due au roi Constantin, et ensuite à sa mémoire et
à tous les Grecs qui avaient embrassé et défendu sa cause,
hommes politiques, fonctionnaires, écrivains ou simples
citoyens.

*
* *

Et pourtant, qu'a-t-on vu se produire? Quel a été l'épi-
logue des événements qui s'étaient déroulés en Grèce
pendant la guerre?

Après la mort du jeune roi Alexandre, le peuple grec
infligea un désaveu à la politique de l'Entente en Grèce,
d'abord par les élections du 14 novembre 1920, qui mar-
quèrent la défaite de M. Vénizélos, puis par le plébiscite
du 5 décembre suivant, qui rappela le roi Constantin.
Il y eut là une confirmation éclatante de ce qui a été dit

plus haut sur les sentiments du peuple grec à l'égard du roi et de M. Vénizélos.

On vit alors, sinon l'Entente, du moins la France, mettre la Grèce comme en interdit, pour la punir, — en apparence peut-être plus qu'en réalité, — d'avoir congédié un ministre qui lui plaisait et d'avoir rappelé un roi qui lui déplaisait. Le gouvernement français, après avoir accepté le traité de Sèvres qui favorisait la Grèce, fit une volte-face complète et accorda toutes ses faveurs à la Turquie. Politique imprudente, qui ne pouvait que détourner les Grecs de la France sans lui gagner les Turcs.

Il convient d'insister sur ce point : que le retour du roi Constantin et le départ de M. Vénizélos n'ont pas été la véritable cause du revirement de la politique française ; qu'il y a eu là plutôt un prétexte qu'une cause, plutôt une apparence qu'une réalité.

La réalité, c'est que ce revirement n'a été qu'une phase de l'antagonisme anglo-français en Orient. La Grèce étant considérée comme marchant trop d'accord avec l'Angleterre, comme étant en quelque sorte son « alliée », la politique française devait être naturellement portée à prendre parti pour la Turquie contre la Grèce, afin de faire échec à la politique anglaise.

Mais, comme les sympathies de l'opinion publique, en France, allaient à la Grèce plutôt qu'à la Turquie, et que l'opinion publique fait du sentiment plutôt que de la diplomatie, on ne pouvait pas lui montrer la vérité dans son réalisme brutal. Pour obtenir qu'elle soutînt le gouvernement contre la Grèce, il fallait lui faire croire que celle-ci avait en quelque sorte offensé la France, en rappelant son roi « germanophile », ami et allié secret de Guillaume II. C'est ce qui fut fait, — l'intense propagande vénizéliste contre le roi « germanophile » aidant.

Dans des pays neutres et sincèrement philhellènes, comme, par exemple, la Suisse de langue française, on fut très déconcerté par cette attitude nouvelle de la France, bien que, pendant toute la guerre, on y eût pris parti pour elle contre l'Allemagne. La presse osa dire la vérité, à savoir que, en Orient, il ne s'agissait plus ni de la Grèce ni de la Turquie, mais simplement des rivalités des puissances occidentales, notamment de l'antagonisme anglo-français.

Du reste, cet antagonisme n'avait pas attendu le retour du roi Constantin pour se manifester, quoique encore discrètement. On en avait aperçu les symptômes dès le lendemain de l'armistice de Moudros, qui avait mis fin à la grande guerre sur le théâtre oriental. Dès cette époque, il fut visible que la France ne marchait pas aussi résolument que l'Angleterre en faveur des revendications de la Grèce. Les archives du ministère grec des affaires étrangères, l'histoire des négociations qui aboutirent à la conclusion du traité de Sèvres, et surtout la politique orientale de la France après le départ de M. Clemenceau, en font foi.

Dès le 27 octobre 1919, M. Vénizélos, dans un mémoire confidentiel qu'il adressait à M. Lloyd George, lui signalait « les efforts systématiques de certains milieux financiers en France », en vue de permettre à la Turquie de reprendre son œuvre d'anéantissement à l'égard des populations chrétiennes. Il ajoutait que la présence de M. Clemenceau à la tête du gouvernement français était une garantie précieuse contre l'influence de ces milieux. Mais, disait-il, M. Clemenceau avait déclaré qu'il se retirerait après les élections, et si cela se produisait avant que la question turque n'eût été réglée, il serait difficile de prévoir toutes les difficultés qui, de Paris, seraient suscitées dans la solution de cette question.

Ainsi parlait M. Vénizélos un an avant le retour du roi Constantin, qu'on ne prévoyait pas alors.

Il n'est donc pas surprenant que, le retour du « germanophile » roi Constantin fournissant un excellent prétexte, les « difficultés » que M. Vénizélos, dès 1919, craignait de voir venir de Paris se soient accentuées et accumulées, au point de se transformer en obstruction, en hostilité contre la cause hellénique.

Même si le retour du roi Constantin n'avait pas eu lieu,

la France, à cause de sa rivalité à l'égard de l'Angleterre, aurait été fatalement amenée à accentuer son attitude favorable aux Turcs et hostile aux Grecs, et à suivre la même politique qu'elle a suivie après le retour du roi.

Il était normal que cette obstruction venant de la France dût, dans la suite, faciliter la conclusion du traité de Lausanne, dans lequel les Anglais virent presque une défaite personnelle, puisqu'il était si désastreux pour la Grèce, leur amie.

Preuve que l'amitié d'un grand peuple n'est pas forcément un bienfait des dieux.

La suite des événements devait faire apparaître, d'abord les conséquences de la politique de M. Vénizélos, puis celles du coup de force par lequel l'Entente avait déposé le roi Constantin. En effet, les revers militaires d'Anatolie furent la conséquence de cette politique ; et le nouvel exil du roi Constantin, qui s'ensuivit, fut la conséquence de ce coup de force.

Il faut insister sur ce dernier point. L'Entente, en déposant le roi Constantin, avait donné l'exemple de substituer l'arbitraire et la violence à la légalité constitutionnelle. Il était donc naturel que cet exemple fût suivi dans la suite par les partis grecs. Ainsi s'ouvrait pour la Grèce une ère d'actes illégaux et de coups de force. C'est de quoi il faut tenir compte, si l'on veut apprécier toute la gravité de la déposition du roi Constantin par les Alliés.

Établir la Grèce à Smyrne et sur la côte anatolienne, comme l'avait fait M. Vénizélos, c'était rendre fatale une guerre entre elle et la Turquie. Rentré en Grèce, le roi Constantin pouvait difficilement répudier cette partie de l'héritage vénizéliste. Il lui fallait donc maintenir la Grèce en Anatolie. Il était alors naturel qu'il voulût y consolider sa situation avant que la Turquie, remise de son affaiblissement, ne fût devenue un ennemi redoutable. Mais elle était pourtant déjà redevenue assez forte pour pouvoir vaincre les Grecs.

A propos de la faute que commit M. Vénizélos en entraînant la petite Grèce en Asie-Mineure, non seulement sans aucune garantie de concours politique de ses alliés, mais malgré l'hostilité manifeste de la France et de l'Italie, hostilité qui datait d' « avant la conférence de San Remo », il convient de signaler ici l'opinion suivante, exprimée dans la *Revue des Deux Mondes* du 1er mars 1926, au cours d'un article intitulé « France et Italie, Des Armistices à Locarno » (p. 193) :

Quelques mois plus tard (après l'échec de Gênes), le désastre militaire des Grecs en Asie-Mineure porta à l'état suraigu la crise orientale ouverte par la renaissance de la Turquie kémaliste. Une situation des plus critiques nécessita pendant plusieurs semaines des consultations presque quotidiennes entre Londres, Paris et Rome, pour préserver Constantinople et les Détroits, arrêter un conflit armé qui tournait à la boucherie, sauver ce qui pouvait encore l'être de populations désormais sans abri, en organiser l'exode, préparer les voies à une conférence diplomatique où l'Orient pût recevoir une nouvelle assiette politique. Les gouvernements français et italien se trouvèrent invariablement d'accord sur les buts à viser et sur les moyens de les atteindre. D'accord sur la question d'Orient, ils l'avaient d'ailleurs été tacitement et virtuellement, bien avant de le constater dans cette pressante conjoncture. *Il y avait près de trois ans que, chacun de son côté et sans se le confier l'un à l'autre, ils désapprouvaient la politique britannique de lancer la Grèce dans une aventure destinée à très mal finir.* Si, moins fermés aux idées de concert entre eux, moins timides aussi envers l'Angleterre, ils avaient échangé leurs vues deux à deux et combiné une action amicale à Londres, ils auraient peut-être ouvert à temps les yeux de leur commune alliée, prévenu une catastrophe en Orient et épargné à la politique anglaise un retentissant échec. Les préventions françaises et italiennes contre l'imprudence consistant à découpler les Grecs sur les Turcs en Anatolie dataient d'avant la conférence de San-Remo. Mais elles n'avaient été génératrices d'aucun concert, d'aucune action combinée, afin de retenir sur une pente fatale Anglais et Grecs. C'est là un second exemple d'un phénomène déjà signalé : une sorte d'inaptitude franco-italienne à dégager les points sur lesquels on peut s'accorder, pour en faire des bases de politique commune. En l'espèce, ce fut l'événement, un événement dépassant les prévisions les plus pessimistes, — qui dégagea à la dernière heure une identité de vues remontant à plusieurs années.

Le *Temps* du 23 novembre 1925 a constaté que la Turquie, en obtenant le traité de Lausanne, « n'avait pu se redresser qu'en exploitant habilement les rivalités entre les alliés ».

Ce traité de Lausanne, il ne faut pas l'oublier, a été signé après le second exil du roi Constantin et le retour au pouvoir des vénizélistes. M. Vénizélos a été un de ses négociateurs, ce qui n'a pas empêché la France d'être, à Lausanne, le plus grand soutien de la Turquie.

L'échec des armées grecques ne justifiait donc aucunement la révolution militaire de septembre 1922, qui eut pour conséquence l'abdication forcée du roi Constantin, son nouvel exil, et l'avènement de son fils aîné, le diadoque, — cette révolution à laquelle le *Temps* du 29 septembre 1922 constatait que le peuple grec n'avait pris aucune part, et que le *Journal de Genève* du même jour qualifiait de *pronunciamiento*.

L'exécution des ministres du roi Constantin (MM. Gounaris, Stratos, Protopapadakis, Théotokys, Baltazis et le généralissime Hadjianestis) fut un autre coup de force, un acte qu'on n'hésita pas à qualifier d' « assassinat », et qui eut pour conséquence que l'Angleterre suspendit ses relations diplomatiques avec la Grèce, comme elle l'avait fait autrefois à l'égard de la Serbie lorsque fut assassiné le roi Alexandre.

Dans *Les Mystères du vénizélisme*, opuscule publié à Genève en 1926, M. X. S. Combothecra donne de peu édifiants détails sur cette tragédie, notamment sur le rôle qu'y joua, de loin, M. Vénizélos.

L'auteur relate que le général Plastiras, chef du *pronunciamiento* (1), désirait que M. Vénizélos exprimât son avis

----

(1) On a pu lire depuis dans la presse européenne que le général Plastiras a été expulsé de Grèce par son successeur à la dictature, le général Pangalos ; que, plus tard, ce même général Pangalos ayant découvert un complot organisé contre lui par le général expulsé, a mis sa tête à prix.

Mais ce qui est plus intéressant au point de vue historique, c'est sur l'exécution de la condamnation à mort qu'allait prononcer le tribunal révolutionnaire. Mais M. Vénizélos gardait le silence, ce qui était interprété par les révolutionnaires comme un acquiescement à l'exécution. Lorsque M. Repoulis, vice-président du parti vénizéliste, alla le voir à Lausanne, où il représentait la Grèce à la Conférence de la paix, pour implorer son intervention en faveur de leurs adversaires politiques, il le trouva fort mal disposé. « Comme homme, lui répondit-il, je suis embarrassé, comme politique je demeure indifférent. » M. Repoulis lui ayant objecté : « Je vous assure que, non seulement personne ne croira que vous êtes resté indifférent et ne vous êtes mêlé du procès ni pour, ni contre, mais, au contraire, tout le monde pensera : Vénizélos pouvait les sauver; pour n'être pas intervenu en leur faveur, il est évident qu'il a voulu leur mort », il lui répliqua : « Que veux-tu que je fasse? que j'intervienne pour que Gounaris soit sauvé et que je sois définitivement enterré? Décidément, mon cher Manoli, tu es loin de la réalité. »

M. Combothecra relate ce fait extraordinaire : le 26 novembre, le comité révolutionnaire adressa à M. Vénizélos, à Lausanne, un télégramme lui annonçant que plusieurs membres du tribunal militaire étaient pour la condamnation à mort, mais sans exécution de la peine, et que d'autres pensaient qu'on devait acquitter MM. Baltazis et Théotokys, contre lesquels il n'y avait pas d'éléments de culpabilité. Le comité demandait à M. Vénizélos d'exprimer son opinion. Il l'exprima dans le sens de la condamnation à mort des accusés et de l'exécution immédiate.

M. Vénizélos ayant appris confidentiellement de lord

----

ce que la presse grecque et étrangère a révélé sur le résultat de l'enquête instituée sur les responsabilités du désastre militaire d'Asie-Mineure. La commission militaire, nommée du temps même de la dictature Plastiras, déclare dans son rapport qu'un des premiers responsables a été Plastiras lui-même, pour avoir quitté son poste de commandement sur un des points les plus importants du front, alors qu'il devait assurer la retraite du gros de l'armée et occuper de nouvelles positions.

Curzon, à Lausanne, que l'Angleterre allait dépêcher à Athènes un envoyé spécial, M. Talbot, pour essayer de sauver les accusés, il transmit immédiatement cette nouvelle en Grèce.

On estime que le résultat en fut de hâter le dénouement du drame.

Le 28 novembre 1922, à onze heures et demie, l'exécution des ministres eut lieu.

M. Talbot, l'envoyé anglais, était arrivé à Athènes à peine trois quarts d'heure auparavant, trop tard pour sauver les condamnés.

A Lausanne, lord Curzon avait demandé à M. Vénizélos d'envoyer à son gouvernement un télégramme faisant ressortir « l'impression horrible que produirait, non seulement dans les milieux politiques en Angleterre, mais aussi dans l'opinion publique, l'exécution de la peine de mort contre des gouvernants hellènes, lesquels, durant leur administration, avaient manifestement pour eux la volonté populaire, et que, dans ce cas, le gouvernement anglais rappellerait son ministre à Athènes ».

M. Vénizélos voulut bien obtempérer à la demande de lord Curzon, mais, comme par miracle, son télégramme n'arriva à Athènes que le 28 novembre 1922, à sept heures du soir, c'est-à-dire quelques heures après l'exécution des condamnés...

Ce que lord Curzon avait prédit à M. Vénizélos sur l' « impression horrible » que produirait en Angleterre l'exécution des ministres se réalisa non seulement en Angleterre, mais dans tout le monde civilisé. Il est à noter que même les journaux les plus hostiles au roi Constantin, les plus indulgents pour ses adversaires, quoi qu'ils fissent, et notamment pour M. Vénizélos, n'osèrent pas, cette fois, plaider même les circonstances atténuantes en faveur des auteurs responsables du drame d'Athènes. Cette abstention équivalait à une condamnation.

*
* *

Les élections de décembre 1923 purent être considérées comme une autre illégalité, en ce sens qu'elles furent préparées avec tant d'arbitraire, qu'une partie importante de l'opposition ne voulut même pas y prendre part.

L' « invitation » adressée au roi Georges de quitter « momentanément » le pays, afin que le peuple pût se prononcer en toute liberté sur le choix du régime, fut un autre coup de force, complété, cette fois-ci, d'hypocrisie. Car on espérait bien que cette absence « momentanée » serait définitive.

En réalité, le gouvernement préméditait un nouveau coup de force, qui devait avoir lieu le 25 mars 1924 : la déchéance de la dynastie et la proclamation de la République. Véritable coup de force, car la Chambre n'avait pas été élue pour se prononcer elle-même sur la question du régime, monarchique ou républicain. Mais on voulait mettre le peuple grec en face d'un fait accompli, dans l'espérance que, par lassitude, ou obéissant à cet instinct des foules qui leur fait souvent donner raison à qui paraît être le plus fort, il hésiterait à revenir sur ce fait accompli.

C'est pourquoi le plébiscite du 13 avril suivant, qui confirma ce fait accompli, ne put pas être considéré comme l'expression sincère de la volonté populaire.

M. Vénizélos, s'adressant à des représentants de la presse, avait déclaré un jour qu'il n'était pas partisan de la République, parce qu'une Grèce républicaine donnerait le même spectacle que le Portugal.

Ce qu'on a vu se produire dans la Grèce républicaine n'a pas été de nature à démentir cette prédiction. Les choses en sont arrivées à ce point, qu'on a vu — fait inouï — un *pronunciamiento* militaire provoquer le remplacement d'un ministère par un autre, et — fait plus inouï encore — l'opinion, en Grèce et même à l'étranger, accepter comme presque normales pour ce pays ces mœurs politiques !

Ainsi, l'exemple étant donné et accepté, il n'y avait plus aucune garantie que, à l'avenir, ce ne serait pas l'armée, et non la représentation nationale, qui ferait et défemat le gouvernement.

Or, ce qui est advenu dans la suite a dépassé de beaucoup les prévisions qu'on aurait pu formuler dans ce sens. En effet, on a vu l'armée, non pas défaire et refaire le gouvernement civil, en lieu et place de la représentation nationale, mais se substituer au gouvernement civil d'abord, et à la représentation nationale ensuite. Car c'est en cela qu'a consisté le régime inauguré par le général Pangalos.

Après que ce général eut accompli, au mois de juin 1925, le coup d'État par lequel il s'empara lui-même du gouvernement, il pratiqua une politique dont le but était de sauver les apparences constitutionnelles et parlementaires. Mais, au bout de six mois, il devint évident qu'il y avait incompatibilité entre le principe d'autorité dictatoriale qu'il représentait et le régime constitutionnel et parlementaire.

Le 3 janvier 1926, il assuma donc formellement la dictature, en s'émancipant de tout contrôle parlementaire. C'est ce qu'il fit savoir au banquet de la garde républicaine, en déclarant aux officiers présents qu'il s'appuierait sur l'armée pour gouverner.

Désormais, la Grèce n'allait donc connaître que le régime des décrets-lois, qu'elle avait déjà connu sous la précédente dictature Plastiras-Gonatas.

Chose curieuse et qui constituerait une condamnation de la politique vénizéliste : on a assuré que le peuple grec n'aurait pas assisté avec trop de défaveur à l'avènement de la dictature militaire, parce qu'il y aurait vu le moyen de faire sortir la Grèce du chaos où cette politique l'avait plongée.

C'est pourquoi les tenants de cette politique ne seraient pas fondés à voir dans le régime dictatorial institué par le général Pangalos comme une justification de la dictature vénizéliste. La dictature militaire serait apparue, au contraire, comme un remède désespéré contre le mal à l'origine duquel se trouvait la dictature vénizéliste.

Du reste, la manière dont le général Pangalos a dénoncé la politique vénizéliste ne peut laisser aucun doute à cet égard.

Dans une lettre de Grèce publiée par le *Temps* du 7 février 1926, et intitulée « Athènes sous la dictature », on lisait ceci :

...Aussitôt le général Pangalos s'employa à réconcilier avec la République les anciens partis, c'est-à-dire les hommes qui professaient des opinions monarchistes. Il prit dans son ministère des royalistes incontestés, tels que M. Roufos et M. Sechiotis. En même temps il déclarait ouvertement qu'il n'y avait plus place en Grèce pour le vénizélisme, ce qui lui rallia tous les adversaires de ce régime.

Sans doute le correspondant du *Temps* exprimait-il les choses d'une manière trop absolue en disant que « tous » les adversaires du vénizélisme s'étaient ralliés au général Pangalos. On peut admettre qu'une grande partie du peuple antivénizéliste a cru voir dans le général Pangalos le redresseur des torts vénizélistes, et qu'alors il l'a préféré à tous les satellites de M. Vénizélos qu'on avait vus se succéder au pouvoir après la révolution Plastiras.

C'est probablement le même sentiment qui a prévalu chez le peuple grec à l'occasion de l'élection du général Pangalos aux fonctions de Président de la République, élection qui eut lieu, en deux tours de scrutin, les 4 et 11 avril 1926.

A propos de cette élection, il faut signaler qu'elle a marqué un nouveau coup de force et une nouvelle illégalité dans le développement des événements. En vertu de la Constitution, le Président devait être élu par la représentation nationale. Or, par un décret, le gouvernement a dessaisi la représentation nationale de cette prérogative pour la confier au peuple. Le général Pangalos, chef du gouvernement, a donc été élu Président de la République par un plébiscite.

Quelle est la valeur de ce plébiscite? Il convient de faire

remarquer que l'opposition n'a pas cru utile d'y prendre part. D'un autre côté, la lassitude du peuple grec et son désir d' « en finir » d'une manière quelconque ont pu avoir plus de part dans son vote qu'un sentiment d'approbation en ce qui concerne la tournure qu'avaient prise les événements.

****

De coups de force en illégalités se déroulaient ainsi logiquement, inexorablement, les conséquences de la politique de violence et d'illégalité que l'Entente avait fait prévaloir en Grèce pendant la guerre, après qu'elle eut utilisé son territoire en violation des traités.

Peut-être vaut-il mieux que les événements aient abouti à la conséquence finale que représente l'élection du général Pangalos à la présidence de la République. Jusqu'à présent, la dictature se voilait encore d'apparences de légalité. Désormais, elle s'avoue franchement. Ou bien elle fera ses preuves, c'est-à-dire se montrera véritablement capable de sauver le pays, ou bien, — ce qui est plus probable, — elle s'usera, ce qui hâtera le retour à un régime normal.

Le spectateur étranger a l'impression que, pour le moment, l'essentiel est la réconciliation de tous les partis.

On facilitera cette réconciliation en se décidant à reconnaître cette vérité historique : que, pendant la guerre, la politique constantinienne s'est inspirée de la légalité et d'un sentiment juste des intérêts du pays ; et que, après la guerre, le régime qui, sous le nom de République, s'est substitué à la Monarchie, ne peut pas prétendre représenter mieux qu'elle le « droit » et la « démocratie ».

P.-S. — L'impression de ce livre était terminée, lorsqu'il s'est produit en Grèce, le 22 août 1926, un nouveau coup d'Etat dirigé par le général Kondilis contre le général Pangalos.

D'après les premières indications données par la presse, le général Kondilis avait l'intention de faire rentrer le pays dans la légalité.

———

Chapitre IX

VIOLATION DES LOIS DE LA GUERRE SUR MER. LE BLOCUS DE LA FAIM ET LA GUERRE SOUS-MARINE.

I

L'illégalité du blocus de la faim.

Cette question est de première importance, du point de vue moral comme du point de vue politique. Du point de vue moral : car le blocus de la faim, que les Alliés ont pratiqué contre les Empires centraux, et la guerre sous-marine, à laquelle ceux-ci ont recouru en guise de représailles, ont été, de part et d'autre, les principaux griefs au nom desquels on s'est accusé réciproquement de « barbarie ». Du point de vue politique : car cette question a provoqué l'entrée des États-Unis, de la Chine et d'autres États dans la guerre mondiale, ainsi que la rupture diplomatique entre certains gouvernements et les Empires centraux.

A cette première raison d'examiner cette question avec soin, il s'en ajoute une autre. Les lois et usages de la guerre sur mer sont une matière complexe, et, pourrait-on dire, la partie du droit des gens qui est la plus ignorée du grand public. Il lui est donc facile de se tromper sur ce point, surtout quand on a intérêt à le tromper. Or, les uns l'ont trompé de propos délibéré, en défigurant à ses yeux la vérité juridique ; d'autres l'ont induit en erreur peut-être sincèrement, parce qu'ils ignoraient eux-mêmes la vérité. D'où la nécessité de la rétablir, dans toute sa rigueur et dans toute sa clarté. Car, en faisant cela, on montrera que les torts sont réciproques, et l'on prédisposera les esprits, chez les anciens belligérants à une indulgence réciproque, chez les neutres à une équité objective.

La vérité, dont aucun esprit judicieux et sincère ne pourra douter après avoir lu les considérations qui vont suivre, la voici exprimée en quelques mots : le blocus de la faim, pratiqué par les Alliés contre les Empires centraux a été une violation du droit des gens plus caractérisée, plus manifeste que la guerre sous-marine pratiquée par les Impériaux; la guerre sous-marine a été moins cruelle, moins « barbare », que le blocus de la faim ; le blocus de la faim a été pratiqué par les Alliés avant que la guerre sous-marine ne le fût par les Impériaux ; la guerre sous-marine, moins illégale et moins barbare que le blocus de la faim, n'a donc été qu'une réplique à celui-ci.

Dans ces conditions, est-il possible, est-il équitable, est-il objectif, de n'apercevoir la barbarie que du côté des Impériaux à cause de la guerre sous-marine? Qui a commencé, en ce qui concerne ces deux points capitaux, à violer le droit des gens sur mer? Ce ne sont pas les Impériaux.

*
* *

A la base des erreurs de raisonnement qu'on a commises dans cette question, des divagations auxquelles on s'est livré, se trouve une assimilation absolument inadmissible entre l'investissement d'une ville ennemie, et le blocus par des belligérants de pays non belligérants, neutres. Les Allemands, a-t-on dit, ayant affamé la population de Paris en 1870, pourquoi leurs ennemis de 1914 n'auraient-ils pas eu le droit de les affamer? Cette manière de raisonner prouvait qu'on ignorait le premier mot de la question telle qu'elle se présentait du point de vue du droit des gens, ou que, de propos délibéré, on altérait la vérité.

La vérité juridique, très simple, et qui sera précisée plus loin au moyen des textes, la voici résumée en quelques

mots : les Alliés avaient le droit de bloquer l'Allemagne
par mer, comme les Allemands avaient eu le droit d'investir
Paris en 1870. Encore fallait-il que ce blocus fût régulier,
c'est-à-dire conforme aux prescriptions établies par le
droit des gens. Les Alliés avaient le droit, en bloquant
l'Allemagne par mer, d'empêcher que des vivres ne lui
parvinssent par ses frontières maritimes. L'Allemagne
n'a pas sérieusement protesté contre ce blocus, et, chose
curieuse, les protestations contre la manière irrégulière
dont il était établi vinrent surtout des États-Unis. Mais
les Alliés n'avaient *aucun* droit de bloquer les pays neutres,
Hollande, Danemark, Suède et Norvège, et d'empêcher
l'Allemagne de se ravitailler en *vivres* par ces pays. Ces
pays neutres avaient un droit *absolu* de recevoir des vivres
de n'importe quels pays, neutres ou belligérants, et de
les vendre à l'Allemagne. En empêchant que des vivres
ne parvinssent en Allemagne par les pays neutres, les
Alliés ont donc violé le droit des gens d'une manière certaine et incontestable. Personne ne l'a aussi lumineusement démontré que le gouvernement américain dans
plusieurs notes signalées plus loin, et qu'il adressa au
gouvernement anglais pour se plaindre du préjudice
qui en résultait pour le commerce américain. Or, c'est
contre ce blocus des pays neutres, à cause du préjudice
qui en résultait pour lui, et non pas contre le blocus de
l'Allemagne, que le gouvernement allemand a protesté ;
c'est pour répondre à ce blocus des pays neutres, qui
affamait les Allemands en même temps qu'il lésait les
intérêts et les droits des neutres, que le gouvernement
allemand a organisé la guerre sous-marine.

Voilà la vérité juridique ; et voilà pourquoi c'est une
chose qui défie la raison de vouloir établir une assimilation
entre le blocus de la faim et l'investissement de Paris
en 1870.

La Déclaration de Londres du 26 février 1909, qui fut
l'œuvre de la conférence réunie dans cette ville sur l'ini-

tiative du gouvernement anglais, n'a pas créé un droit
nouveau. Elle représentait la codification du droit maritime existant alors. Cet acte diplomatique, « signé » par
l'Allemagne, les États-Unis, l'Autriche-Hongrie, l'Espagne, la France, la Grande-Bretagne, l'Italie, le Japon,
les Pays-Bas et la Russie, n'a été « ratifié » par aucun
de ses signataires. Néanmoins, il était généralement considéré comme faisant loi en matière de droit maritime.

Un *Livre jaune* français a été consacré à cette Déclaration de Londres. On y trouve d'abord chaque article
de la Déclaration, suivi du commentaire le concernant
qui figure dans le rapport général de M. L. Renault.
M. L. Renault, jurisconsulte de grand renom, professeur
de droit international à l'Université de Paris et conseiller
juridique ordinaire du ministère des affaires étrangères,
était l'un des représentants de la France à la conférence
de Londres, et c'est lui qui fut chargé du rapport général
présenté à cette conférence au nom du comité de rédaction. La publication de ce rapport dans le *Livre jaune*
est d'un haut intérêt, car il éclaire et fait ressortir le sens
des articles de la Déclaration.

En tête de la Déclaration, se trouve la disposition préliminaire suivante :

Les puissances signataires sont d'accord pour constater que les
règlements contenus dans les chapitres suivants répondent, en
substance, aux principes généralement reconnus du droit international.

Dans son rapport général, M. Renault dit·à ce sujet :

Cette disposition domine toutes les règles qui suivent. L'esprit
en a été indiqué dans les considérations générales placées en tête
de ce rapport. La conférence a eu surtout en vue de constater,
de préciser, de compléter au besoin, ce qui pouvait être considéré
comme un droit coutumier.

Ainsi, la Déclaration de Londres n'était pas comme
un traité ordinaire, en ce sens qu'elle n'innovait pas.
Elle ne faisait que « constater », comme dit M. Renault,
ce qui était. Si elle avait innové, ses dispositions auraient

pu être répudiées par les signataires, au nom de la doctrine d'après laquelle un traité non « ratifié » est sans valeur.

Mais cette répudiation aurait équivalu, et a équivalu dans la mesure où elle s'est produite, à la répudiation des « principes généralement reconnus du droit international », comme dit la disposition préliminaire.

C'est sans doute pour cela que, au début de la guerre, l'Angleterre et la France proclamèrent qu'elles s'en tiendraient aux stipulations de la Déclaration de Londres. Or, dans la suite, pour pouvoir organiser contre l'Allemagne le blocus de la faim, elles s'émancipèrent de ces stipulations, violant ainsi les « principes généralement reconnus du droit international ».

Nous allons voir maintenant, à l'aide de la Déclaration et d'autres actes internationaux antérieurs, quels sont ces « principes généralement reconnus », et comment les Alliés ont pris l'initiative de les violer aux dépens des Impériaux.

L'article 1er de la Déclaration dit :

Le blocus doit être limité aux ports et aux côtes de l'ennemi ou occupés par lui.

Dans son rapport général, M. Renault dit à ce sujet :

Le blocus, opération de guerre, ne peut être dirigé par un belligérant que contre son adversaire. C'est la règle très simple qui est posée tout d'abord. Elle n'a toute sa portée que si on la rapproche de l'article 18.

Cet article 18, dont l'importance est considérable dans la question qui nous occupe, est ainsi conçu :

Les forces bloquantes *ne doivent pas barrer l'accès aux ports et aux côtes neutres* (1).

Dans son rapport général, M. Renault fait à ce sujet

---

(1) C'est moi qui souligne, de même que dans les textes cités plus loin.

le commentaire suivant, qui est d'une portée capitale
(*Livre jaune*, p. 22) :

> Cette règle a été jugée nécessaire pour mieux sauvegarder les
> intérêts commerciaux des pays neutres ; elle complète l'article 1er
> d'après lequel un blocus doit être limité aux ports et côtes de
> l'ennemi, ce qui implique que, puisque c'est une opération de
> guerre, *il ne saurait être dirigé contre un port neutre, malgré l'intérêt
> que pourrait y avoir un belligérant à raison du rôle de ce port neutre
> pour le ravitaillement de son adversaire.*

Ainsi, en 1909, le représentant le plus qualifié de la
France, conseiller juridique ordinaire de son gouvernement, reconnaissait et proclamait par anticipation le
droit qu'avait l'Allemagne, dans la récente guerre, de se
ravitailler par les ports neutres de la Hollande et des
pays scandinaves. Comme on le verra plus loin, le gouvernement américain, dans une des notes qu'il adressa au
gouvernement anglais pour protester contre le blocus
des ports neutres, devait se prévaloir de cet article 18
de la Déclaration de Londres et de ce commentaire de
M. Renault, pour montrer le caractère illégal de ce blocus.

En ce qui concerne le blocus légal et licite, c'est-à-dire
le blocus des côtes d'un État belligérant par les forces
navales de son adversaire, l'article 2 de la Déclaration
de Londres énonce le même principe qui était contenu
dans l'article 4 de la Déclaration de Paris du 16 avril 1856,
ainsi conçu :

> Les blocus, pour être obligatoires, doivent être effectifs, c'est-
> à-dire maintenus par une force suffisante pour interdire réellement
> l'accès du littoral de l'ennemi.

Or, comme on le verra plus loin, ce principe, qui n'avait
jamais été contesté depuis 1856, n'a même pas été observé
par l'Angleterre dans son entreprise de bloquer l'Allemagne elle-même.

Passons maintenant à une autre question importante,
celle de la contrebande de guerre. Sur ce point aussi,
on a essayé, du côté des Alliés, de créer une confusion entre
deux choses très différentes, la contrebande absolue et

la contrebande conditionnelle, qui ne sont pas soumises, en droit international, au même régime.

L'article 22 de la Déclaration de Londres énumère les articles rentrant dans la catégorie de la contrebande absolue, au premier rang desquels figurent les armes et les munitions. L'article 24 a trait à la contrebande conditionnelle ou relative, qui comprend, en première ligne, les *vivres*. L'article 27 stipule que « les objets et matériaux qui ne sont pas susceptibles de servir aux usages de la guerre ne peuvent pas être déclarés contrebande de guerre ».

Voici maintenant à quels régimes sont respectivement soumises la contrebande absolue et la contrebande conditionnelle.

L'article 30 est ainsi conçu :

Les articles de contrebande absolue sont saisissables, s'il est établi qu'ils sont destinés au territoire de l'ennemi, ou à un territoire occupé par lui, ou à ses forces armées. Peu importe que le transport de ces objets se fasse directement ou exige soit un transbordement soit un trajet par terre.

Dans son rapport général, M. Renault fait à ce sujet le commentaire suivant :

Celle-ci (la marchandise) a beau être à bord d'un navire qui doit la débarquer dans un port neutre, du moment que le capteur est à même d'établir que cette marchandise doit, de là, être transportée en pays ennemi par voie maritime ou terrestre, cela suffit pour justifier la saisie et ensuite la confiscation de la cargaison.

Il suit de là que les Alliés avaient le droit d'empêcher que la contrebande absolue, par exemple des armes et des munitions, ne parvînt à l'Allemagne par les pays neutres.

Les articles 33 et 35, relatifs à la contrebande conditionnelle, sont ainsi conçus :

Art. 33. — Les articles de contrebande conditionnelle sont saisissables, s'il est établi qu'ils sont destinés à l'usage des forces armées ou des administrations de l'État ennemi, à moins, dans ce dernier cas, que les circonstances n'établissent qu'en fait ces articles ne peuvent être utilisés pour la guerre en cours.

Art. 35. — Les articles de contrebande conditionnelle ne sont saisissables *que sur le navire qui fait route vers le territoire de l'ennemi, ou vers un territoire occupé par lui,* ou vers ses forces armées, *et qui ne doit pas les débarquer dans un port intermédiaire neutre.*

Au sujet de cet article 35, dont l'importance est capitale dans la question qui nous occupe, M. Renault fait le commentaire suivant :

Celle-ci (la contrebande conditionnelle) n'est donc saisissable que si elle doit être débarquée dans un port ennemi. Du moment que la marchandise est documentée pour être débarquée dans un port neutre, elle ne peut constituer de la contrebande, *et il n'y a pas à rechercher si, de ce port neutre, elle doit être expédiée à l'ennemi par mer ou par terre.* C'est la différence essentielle avec la contrebande absolue.

Il suit de là que les *vivres*, qui sont de la contrebande conditionnelle, et qui ne peuvent pas être rangés dans la contrebande absolue, pouvaient librement entrer dans les pays neutres, pour de là passer en Allemagne, et que les Alliés, en s'y opposant pour affamer le peuple allemand, ont violé le droit des gens.

Même devant être débarqués en territoire ennemi, les articles de contrebande conditionnelle, donc aussi les *vivres*, ne sont saisissables que dans certaines conditions spécifiées à l'article 33.

Outre ces stipulations contenues dans la Déclaration de Londres, il faut rappeler les deux principes essentiels suivants, formulés par la Déclaration de Paris du 16 avril 1856 : 1º le pavillon neutre couvre la marchandise ennemie, à l'exception de la contrebande de guerre ; 2º la marchandise neutre, à l'exception de la contrebande de guerre, n'est pas saisissable sous pavillon ennemi. Du premier de ces principes, il résulte qu'un belligérant ne peut pas saisir sur un navire neutre la marchandise appartenant à son adversaire, à moins qu'il ne s'agisse de contrebande de guerre. Du second, il résulte qu'un belligérant ne peut pas saisir sur un navire ennemi la marchandise appartenant à des neutres. Or, ces deux principes ont été violés par les Alliés, aux dépens de l'Allemagne.

Pour justifier l'action des Alliés, on a voulu tirer argument du fait suivant. Pendant le conflit franco-chinois de 1885, l'amiral Courbet avait déclaré le riz contrebande de guerre pour affamer Pékin et les provinces du Nord qui tiraient leur subsistance de la partie méridionale de l'Empire. Mais il s'agissait de riz destiné à être débarqué dans un port chinois, c'est-à-dire ennemi, et non dans un port neutre. Pour que ce précédent prouvât quelque chose dans la question qui nous occupe, il faudrait qu'il se fût agi de riz destiné à être débarqué dans un port neutre, par exemple en Corée, en Sibérie, au Siam ou dans l'Inde anglaise, pour de là passer en Chine, et que l'amiral Courbet eût émis la prétention de le saisir.

Le *Morning Post*, l'un des journaux les plus sérieux et les plus respectés d'Angleterre, disait, le 8 novembre 1915 :

Nous nous permettons de suggérer, et cela pas pour la première fois, que le gouvernement, maintenant qu'il est directement provoqué, adopte le principe ferme qu'en temps de guerre la justification dernière d'un belligérant est ce qu'exige sa propre défense.

On n'avoue pas plus ingénument que « nécessité fait loi », et que l'intérêt national prime le droit des gens. Dans un document diplomatique, sir Edward Grey, ministre des affaires étrangères, l'a avoué presque aussi ingénument. Le gouvernement américain s'était plaint que l'institution des « listes noires » constituât un empiétement arbitraire sur les droits du commerce neutre, les sujets britanniques se voyant interdire de commercer non seulement avec l'ennemi, mais aussi avec des maisons neutres en rapports commerciaux avec l'ennemi. Or, dans une note en date du 10 octobre 1916 (publiée par le *Times* du 15 novembre), sir Edward Grey répondait ceci, qu'on peut rapprocher de ce que disait le *Morning Post* :

Je peux difficilement croire que le gouvernement des États-

Unis ait l'intention de contester à la Grande-Bretagne, comme État souverain, le droit de faire des lois interdisant à tous ceux qui sont ses ressortissants de commercer avec des personnes déterminées quelconques *(with any specified persons)*, quand cette interdiction est jugée nécessaire dans l'intérêt public.

Pour sir Edward Grey aussi, l'« intérêt public » primait donc le droit des gens et justifiait la méconnaissance et la violation des droits des neutres.

*
* *

Pour mieux préciser la manière dont le droit maritime international a été violé par les Alliés, il sera utile et instructif de résumer la correspondance diplomatique qui s'est poursuivie à ce sujet, pendant plusieurs mois entre Washington et Londres. Les notes américaines émanaient du secrétaire d'État et étaient transmises à sir Edward Grey par l'ambassadeur des États-Unis à Londres, M. W. H. Page (1).

Une première note américaine, datée du 28 décembre 1914, se plaignait de la situation faite au commerce extérieur des États-Unis par « les fréquentes saisies et confiscations de cargaisons américaines à destination de ports neutres européens. »

Qu'on remarque tout de suite qu'il s'agissait d'exportations en pays neutres européens, et non en Allemagne. Qu'on remarque aussi, d'après la date, que la guerre sous-marine allemande n'avait pas encore commencé, qu'elle a donc été postérieure à l'état de choses signalé par le secrétaire d'État américain dans ce document.

Cette première note américaine, qui demandait en terminant une modification des pratiques anglaises sur mer, était animée d'un esprit de modération et de conciliation, au point que le secrétaire d'État restait plutôt en deçà qu'il n'allait au delà de ce qui est le droit des neutres. Ses

______

(1) Tous ces documents ont été publiés *in extenso* par les grands journaux anglais. Je les citerai d'après le *Times*.

notes subséquentes devaient être beaucoup plus précises, énergiques et pressantes.

Sir Edward Grey répondit à la note du 28 décembre par une première note préliminaire, datée du 7 janvier 1915, et par une seconde note définitive, datée du 10 février. Entre ces deux dates, il s'était produit un fait important : le mémorandum allemand du 4 février annonçant que l'Allemagne, en guise de représailles contre le blocus anglais, allait pratiquer la guerre sous-marine.

Dans sa réponse du 7 janvier, sensiblement plus modérée et conciliante que celle du 10 février, sir Edward Grey revendiquait pour l'Angleterre « le droit d'intervenir, quand cette intervention visait non pas un commerce de bonne foi (*bona fide*) entre les États-Unis et un autre pays neutre, mais un commerce de contrebande destiné au pays de l'ennemi ». On remarquera que sir Edward Grey parlait de contrebande sans distinguer, comme il aurait fallu le faire, entre la contrebande absolue et la contrebande conditionnelle, et que, d'autre part, il parlait du « pays » et non des « forces » de l'ennemi.

Mais il semblait faire cette dernière distinction, en s'exprimant de la manière suivante à propos des vivres :

En ce qui concerne les saisies de vivres auxquelles Votre Excellence se réfère, le gouvernement de Sa Majesté est disposé à admettre que les vivres ne devraient pas être saisis et soumis à un tribunal des prises sans une présomption qu'ils sont destinés aux forces armées de l'ennemi ou au gouvernement ennemi.

C'était déjà une concession, mais insuffisante s'il s'agissait de vivres devant être débarqués dans un port neutre, puisque, dans ce cas, les vivres ne sont saisissables sous aucun prétexte, même s'ils sont destinés aux forces armées de l'ennemi.

Avant d'examiner la réponse définitive de sir Edward Grey, il convient de parler ici du memorandum allemand du 4 février. Ce document était comme un écho de la note américaine du 28 décembre, et il est permis de se demander si ceci n'a pas provoqué ou hâté cela, le gouvernement allemand ayant peut-être pensé que l'opinion publique verrait dans la note américaine une justification de son propre mémorandum.

Dans ce mémorandum, le gouvernement allemand commençait par résumer ses griefs contre l'Angleterre, insistant sur le fait qu'elle avait pratiquement supprimé la distinction entre la contrebande absolue et la contrebande conditionnelle. Puis il constatait que les puissances neutres, en acquiesçant à ces pratiques anglaises, semblaient admettre le point de vue anglais que l'intérêt vital des belligérants était une excuse suffisante à toute manière de conduire la guerre. En guise de « représailles », il commencerait la guerre sous-marine contre les navires ennemis, à partir du 18 février 1915. Les navires neutres étaient avertis du danger qu'ils courraient.

Le mémorandum se terminait ainsi :

Il (le gouvernement allemand) espère que les puissances neutres ne tiendront pas moins compte des intérêts vitaux de l'Allemagne que de ceux de l'Angleterre et contribueront à tenir leurs resssortissants et la propriété de ceux-ci éloignés de cette zone.

Cela est d'autant plus à espérer qu'il doit être de l'intérêt des puissances neutres de voir terminer, le plus tôt possible, cette guerre destructrice.

En toute objectivité et sincérité, on est obligé de reconnaître que le gouvernement allemand, en ce qui concerne ses griefs contre l'Angleterre, s'en tenait strictement, de même que le gouvernement américain, aux prescriptions reconnues du droit maritime international. On est obligé de reconnaître aussi que la guerre sous-marine, dont le caractère illégal ou inhumain sera apprécié plus loin, a été une réponse au blocus anglais, qui était lui-même incontestablement illégal, et inhumain, puisqu'il tendait à affamer la population de l'Allemagne.

Dans la réponse définitive que sir Edward Grey fit à la note américaine du 28 décembre 1914, il faut surtout retenir le passage suivant, où le ministre anglais formulait une théorie pour le moins surprenante :

La raison d'établir une distinction entre les vivres destinés à la population civile et ceux destinés aux forces armées ou au gouvernement de l'ennemi disparaît, quand la distinction entre la population civile et les forces armées disparaît elle-même. Dans tout pays où il existe une aussi formidable organisation pour la guerre que cela est le cas actuellement en Allemagne, il n'y a pas de limite précise entre ceux que le gouvernement a le devoir de nourrir et les autres. L'expérience montre qu'il sera recouru au pouvoir de réquisition dans la plus large mesure afin de répondre aux besoins de l'armée, et, quelques quantités de marchandises qu'il soit importé pour la population civile, c'est par l'armée qu'elles seront consommées si la nécessité militaire l'exige, surtout maintenant que le gouvernement allemand a assumé le contrôle de tous les vivres dans le pays.

On remarquera que ce raisonnement pourrait s'appliquer à tous les pays qui ont le service militaire obligatoire, et qu'ainsi le droit des gens, en ce qui concerne cette question spéciale, pourrait être méconnu aux dépens de tous. Mais là n'est pas la principale objection que suggère ce raisonnement. Il pourrait, à la rigueur, s'appliquer à l'importation de vivres en pays ennemi ; car c'est dans ce cas seulement que le droit des gens fait une distinction entre la population civile et les forces armées ou le gouvernement de l'ennemi. Mais il ne peut aucunement s'appliquer à l'importation de vivres en pays neutre ; car, en droit international, cette importation est libre, quelle que soit la destination finale des vivres importés.

En terminant cette réponse définitive, postérieure au mémorandum allemand du 4 février annonçant la guerre sous-marine, sir Edward Grey justifiait les pratiques anglaises comme représailles contre la guerre sous-marine allemande. Or, comme on l'a vu, celle-ci avait été elle-même décidée comme représailles contre le blocus illégal établi par l'Angleterre.

De représailles en représailles, on devait naturellement en arriver à intensifier toujours plus la férocité de la lutte et la violation du droit des gens.

On arriva ainsi à l'ordre en conseil britannique du 11 mars 1915 et au décret français paru au *Journal officiel* du 16 mars 1915, qui instituèrent un régime nouveau, encore plus illégal que le précédent, et contre lequel le gouvernement américain allait vivement protester.

Comme dernier document relatif à cette controverse anglo-américaine, je mentionnerai la note américaine du 5 novembre 1915. Elle résumait en quelque sorte, toutes les communications américaines précédentes, et présentait ainsi un exposé complet du point de vue américain, ou, mieux, du point de vue strictement légal. C'était donc le plus important des documents de la série américaine. Divisé en trente-cinq paragraphes, il a été publié, le 8 novembre, par le *Times* de Londres, dont il remplissait une page entière. Toutefois, pour éviter des redites, je n'en citerai que les traits essentiels, ceux qui se rapportaient au point central du débat.

Le secrétaire d'État américain spécifiait que le gouvernement des États-Unis avait différé de répondre aux dernières communications anglaises parce qu'il avait espéré que, dans la pratique, les autorités navales de l'Angleterre appliqueraient le blocus de manière à porter le moins possible atteinte aux intérêts des neutres. Mais une expérience de six mois lui avait fait perdre cet espoir. Constatant que, dans la correspondance relative à l'ordre en conseil, il avait été parlé d'un « blocus », mais qu'il n'en était pas question dans l'ordre en conseil lui-même, il ne croyait plus possible de tarder davantage à contester « la validité du prétendu blocus. » Avant de montrer qu'il ne répondait pas aux trois conditions essentielles d'un blocus régulier, le secrétaire d'État américain précisait de la manière suivante, dans le paragraphe 14 de sa note, les droits des neutres en matière commerciale :

Quand des marchandises sont clairement destinées à devenir partie intégrante du stock de marchandises à vendre dans un pays neutre, c'est un procédé injustifié et inquisitorial que d'arrêter des cargaisons pour examiner si ces marchandises ont pour destination finale le pays de l'ennemi, ou de servir à son usage. Quelles que puissent être les conclusions conjecturales tirées des statistiques commerciales, qui, lorsqu'elles portent sur la valeur, sont une preuve incertaine quant à la quantité, les États-Unis maintiennent leur droit de vendre des marchandises pour le stock général d'un pays neutre, et dénoncent comme illégale et injustifiable toute tentative, de la part d'un belligérant, de porter atteinte, à ce droit, pour le motif qu'il soupçonne que les quantités précédentes de ces marchandises dans le pays neutre, que les marchandises importées renouvellent ou remplacent, ont été vendues à un ennemi. C'est là une question qui ne regarde en rien le vendeur neutre et qui ne peut en rien affecter ses droits commerciaux. *En outre, même si des marchandises cataloguées comme contrebande conditionnelle sont destinées à un pays ennemi à travers un pays neutre, ce fait n'est pas en lui-même suffisant pour justifier leur saisie.*

J'ai souligné moi-même cette dernière phrase parce qu'elle résume le point central du débat. En parlant ainsi, ce gouvernement affirmait, sans restrictions ni réticences, le droit des neutres d'envoyer des *vivres,* contrebande conditionnelle, aux belligérants à travers les pays neutres.

Dans le paragraphe 19 de sa note, le secrétaire d'État américain montrait que le prétendu blocus anglais ne remplissait pas, pour être légal, la condition essentielle stipulée dans la Déclaration de Paris de 1856, et qui est qu'un blocus, pour être obligatoire, doit être effectif. Dans le paragraphe 20, il montrait que le blocus anglais ne répondait pas non plus à la stipulation de la Déclaration de Londres qui veut qu'un blocus soit appliqué impartialement aux navires de tous les pays. En effet, les ports scandinaves pouvaient communiquer librement avec les ports allemands de la Baltique.

Le paragraphe 21 de la note américaine, plus important encore que les deux précédents, débutait ainsi :

Finalement, il n'y a pas de principe mieux établi du droit des gens que celui qui interdit le blocus des ports neutres en temps de guerre. La Déclaration de Londres, bien qu'elle ne soit pas considérée comme obligatoire pour les signataires parce qu'elle n'a pas été ratifiée par eux, a été expressément adoptée par le gouvernement britannique sans modification en ce qui concerne le blocus dans l'ordre en conseil du 29 octobre 1914. L'article 18 de la Déclaration déclare spécifiquement que « les forces bloquantes ne doivent pas barrer l'accès aux ports et aux côtes neutres ». C'est là, dans l'opinion du gouvernement américain, une énonciation exacte de la loi universellement acceptée, telle qu'elle existe aujourd'hui et telle qu'elle existait avant la Déclaration de Londres.

Ici, le secrétaire d'État américain citait le commentaire de M. Renault à propos de cet article 18, tel qu'il figure dans le rapport général publié dans le *Livre jaune* français, commentaire que j'ai reproduit plus haut, et qui dit que le blocus ne saurait être dirigé contre un port neutre, *malgré l'intérêt que pourrait y avoir un belligérant à raison du rôle de ce port neutre pour le ravitaillement de son adversaire.* Ces derniers mots étaient soulignés dans la note américaine.

Le secrétaire d'État américain ajoutait ceci, qui n'est pas moins intéressant que ce qui précède :

Quand la conférence se réunit à Londres sur l'invitation du gouvernement britannique, il est important de rappeler vos propres instructions aux délégués britanniques « exposant les vues du gouvernement de Sa Majesté fondées sur les décisions des tribunaux britanniques », instructions dans lesquelles vous dites :
« Un blocus doit être limité aux ports et côtes de l'ennemi, mais il peut être établi pour un ou plusieurs ports, ou pour l'ensemble des côtes de l'ennemi. Il peut être établi pour empêcher l'entrée seulement, ou la sortie seulement, ou l'une et l'autre ».
Vous ajoutiez :
« Quand le navire n'a pas l'intention de se rendre dans le port bloqué, le fait qu'il se trouve à bord des marchandises qui doivent être réexpédiées par mer ou par transport sur terre n'est pas un motif de condamnation ».
A l'appui de cette affirmation, vous vous référiez à plusieurs décisions de tribunaux des prises britanniques.

Le secrétaire d'État américain, s'appuyant sur l'autorité du gouvernement anglais lui-même, était donc très fort pour formuler ainsi le paragraphe 23 de sa note :

Il imcombe donc au gourvernement des États-Unis de notifier au gouvernement de Sa Majesté britannique, que le blocus qu'il prétend avoir établi par l'ordre en conseil du 11 mars ne peut pas être reconnu par les États-Unis comme un blocus légal.

Telles ont été les phases principales de la controverse entre Washington et Londres. En toute objectivité et sincérité, il est impossible de ne pas reconnaître que Washington exprimait la vérité juridique. Au demeurant, chacun resta sur ses positions, l'Angleterre continuant à appliquer son blocus, que les États-Unis continuaient à considérer comme illégal.

*** * ***

Cela ne devait pas empêcher les États-Unis, quand ils
furent eux-mêmes entrés en guerre, de violer à leur tour
les principes du droit des gens avec autant d'entrain qu'ils
en avaient mis à les défendre contre l'Angleterre. Quand il
s'agit de resserrer le blocus de l'Allemagne en restreignant
le droit des neutres de commercer entre eux ou avec les
belligérants, ce droit que le gouvernement de Washington
avait brillamment exposé dans des notes savantes, les
États-Unis, désormais belligérants, donnèrent eux-mêmes
l'exemple de l'irrespect à l'égard du droit maritime international. Un directeur de journal parisien, qui le tenait
d'un haut fonctionnaire, me disait un jour que le Quai
d'Orsay s'émerveillait de la désinvolture avec laquelle les
Américains marchaient sur tous les principes dont ils
s'étaient précédemment réclamés.

S'il faut en croire le *Journal de Genève*, aussi favorable
à l'Entente qu'à M. Wilson, cette désinvolture aurait
même été pour quelque chose dans la démission de M. Denys
Cochin, ministre français du blocus. Parlant de cette démission dans son numéro du 5 août 1917, ce journal disait :

...Il y a autre chose : non seulement le ministère du blocus
a vu son rôle réduit par l'entrée en scène des États-Unis, mais encore
il a dû parfois assumer la responsabilité de décisions qu'il n'avait
pas prises. Washington dirige. Il n'a pas plu à M. Denys Cochin
de couvrir de son nom un système nouveau dont il n'approuvait
pas la rigueur.

Mais voici mieux encore, et qui est d'une amère ironie.
Le 16 juin 1919, les puissances alliées et associées répondirent aux contre-propositions qu'avait faites la délégation
allemande à la Conférence de la paix. Dans la lettre d'envoi
qui accompagnait cette réponse, et qui était adressée au
comte Brockdorff-Rantzau (lettre publiée par le *Temps* du
18 juin), on lisait ceci :

Au cours de sa discussion des conditions économiques, et en
d'autres endroits, la Déclaration allemande a renouvelé ses accusations contre le blocus établi par les puissances alliées et associées.

Le blocus est et a toujours été une méthode de guerre légale et reconnue, et son exécution, aux différentes époques, a toujours été adaptée aux changements intervenus dans les communications internationales.

Cette lettre d'envoi était signée de M. Clemenceau, président de la Conférence, mais envoyée au nom de tous les représentants des puissances alliées et associées, donc aussi de MM. Wilson et Lansing, qui représentaient les États-Unis. Elle était moralement contresignée par eux. MM. Wilson et Lansing n'auraient-ils pas dû faire spécifier quels « changements » étaient intervenus dans les « communications internationales » depuis la Déclaration de Londres de 1909, et surtout depuis l'année 1915, époque à laquelle M. Lansing, dans sa correspondance avec le gouvernement anglais, démontrait si lumineusement le caractère illégal du blocus de la faim? On a vu plus haut que M. Lansing, dans sa note du 2 avril 1915, « ne perdait naturellement pas de vue les grands changements qui s'étaient accomplis dans les conditions et moyens de la guerre navale », mais que, tout en en tenant compte, il condamnait le blocus anglais !

II

La guerre sous-marine,
riposte au blocus de la faim.

Parallèlement à la correspondance qu'il entretenait avec l'Angleterre au sujet du blocus, le gouvernement américain en entretenait une autre avec l'Allemagne au sujet de la guerre sous-marine, qui portait préjudice aux intérêts commerciaux des États-Unis, en même temps qu'elle mettait en danger la vie de citoyens américains.

Avant d'examiner cette correspondance, il convient de rappeler les principes du droit des gens en ce qui concerne la destruction éventuelle des prises maritimes.

Dans son *Manuel de droit international public*, Henry Bonfils dit (paragraphe 1415) :

En principe, le capteur doit conduire ou envoyer sa prise dans un des ports de l'État dont il dépend. Mais des circonstances peuvent s'opposer à cette conduite... Le capteur est poursuivi par un navire de guerre de l'ennemi et l'approche d'une force ennemie supérieure fait craindre la reprise du navire saisi. Le capteur, pour sa propre sécurité, ne peut se passer d'une partie de son équipage pour conduire la prise... Presque tous les publicistes admettent le droit du capteur de détruire la prise, dans les cas de force majeure ou d'absolue nécessité. En législation, la destruction de la prise dans les cas de force majeure est autorisée par l'article 20 des Instructions françaises complémentaires de 1870, par la jurisprudence des cours d'Amirauté anglaises.

Dans la plupart des États, sauf peut-être en Angleterre, on ne fait, au point de vue de la destruction, aucune distinction entre les prises neutres et les prises ennemies.

Aux conférences de La Haye et de Londres, il n'a pas été question du droit de destruction des prises ennemies : on n'a pas songé à porter, à cet égard, atteinte aux droits des belligérants.

La destruction ne doit être, pour les neutres comme pour les ennemis, qu'une mesure exceptionnelle ; elle ne sera dès lors tolérée que si la conservation de la prise met en danger le bâtiment capteur ou compromet le succès de ses opérations.

En ce qui concerne spécialement les prises neutres, l'article 48 de la Déclaration de Londres dit qu'« un navire neutre saisi ne peut être détruit par le capteur. » Les articles 49 et 50 sont ainsi conçus :

Art. 49. — Par exception, un navire neutre saisi par un bâtiment belligérant et qui serait sujet à confiscation peut être détruit, si l'observation de l'article 48 peut compromettre la sécurité du bâtiment de guerre ou le succès des opérations dans lesquelles celui-ci est actuellement engagé.

Art. 50. — Avant la destruction, les personnes qui se trouvent à bord devront être mises en sûreté.

Étant donné la nature du sous-marin, il saute aux yeux qu'il ne peut pas remplir les conditions prévues : conduire sa prise dans un port de son pays, se défaire d'une partie de son équipage pour la mettre sur la prise, et encore moins mettre en sûreté, à cause de la disproportion entre ses dimensions et celles de la prise, les personnes qui se trouvent à bord de la prise (1). En ce qui concerne ce dernier point, comme la Déclaration de Londres ne s'occupe que des prises neutres, on peut poser la question de savoir si l'obligation stipulée à son article 50 ne s'applique qu'aux passagers des prises neutres, ou aussi aux passagers des prises ennemies.

De toute manière, la question générale se résume ainsi : un navire de guerre, se trouvant dans la nécessité de détruire sa prise, ennemie ou neutre, parce que, en ne la détruisant pas, il s'expose aux dangers qui sont considérés comme un motif de destruction, doit-il s'exposer à ces dangers ou abandonner sa prise, parce qu'il ne peut pas mettre en sûreté les passagers?

Il est naturel que l'apparition des sous-marins ait créé une grande perplexité quant à l'interprétation et à l'application de principes qu'on n'avait fixés et adoptés qu'en prévision de guerres où n'interviendraient que les navires proprement dits.

*
* *

Le gouvernement américain s'étant plaint auprès du gouvernement allemand, par des notes datées du 15 mai et du 10 juin 1915, du préjudice causé aux intérêts américains par la guerre sous-marine qui avait suivi le mémorandum allemand du 4 février, le gouvernement allemand lui répondit, le 8 juillet, par une note exposant le point de vue allemand.

La note allemande, signée de M. de Jagow, secrétaire

____

(1) C'est ce que constatait la déclaration conjointe anglo-française du 1er mars 1915 :

« Aussi bien, un sous-marin allemand est incapable de remplir aucune de ces obligations. Il n'exerce aucun pouvoir local sur les eaux dans lesquelles il opère. Il ne conduit pas ses captures dans le ressort d'une cour des prises. Il ne porte aucun équipage de prise qu'il puisse mettre à bord d'une prise. Il n'emploie aucun moyen efficace de distinguer entre un navire neutre et un navire ennemi. Il ne reçoit pas à son bord, pour en assurer la sécurité, l'équipage et les passagers du navire qu'il coule » d'État pour les affaires étrangères, rappelait que l'Allemagne, au début de la guerre et sur la proposition des États-Unis, s'était déclarée prête à ratifier la Déclaration de Londres et à en observer les principes. Elle avait toujours maintenu le principe que la guerre ne devait être dirigée que contre les forces organisées de l'ennemi, et que la population civile devait être épargnée autant que possible. Mais l'Angleterre, en établissant, le 3 novembre 1914, une zone de guerre dans la mer du Nord, « avait en réalité bloqué des côtes et des ports neutres contrairement à toutes les lois internationales ».

La note allemande expliquait ensuite que, à cause de l'ordre donné aux navires marchands anglais de s'armer et d'éperonner les sous-marins, les Allemands étaient obligés de procéder comme ils l'avaient fait dans le cas de la *Lusitania* : (1).

Si le commandant du sous-marin allemand qui détruisit la *Lusitania* avait permis à l'équipage et aux passagers de se réfugier dans les canots avant de lancer une torpille, cela eût équivalu à la destruction certaine de son propre bâtiment.

Le gouvernement allemand donnait l'assurance qu'« il n'empêcherait pas les navires américains de continuer leurs voyages légitimes et qu'il ne mettrait pas en danger les vies de citoyens américains sur des bâtiments neutres ». Mais « il ne pouvait pas admettre que des citoyens américains pussent protéger un navire ennemi par le seul fait de leur présence à bord ». L'Allemagne n'avait fait que suivre l'exemple de l'Angleterre en déclarant une partie des hautes mers comme théâtre de la guerre.

Les deux parties en restèrent là jusqu'à l'incident du *Sussex*, ce navire anglais qui fut coulé dans la Manche sans avertissement, ce qui entraîna la mort de plusieurs citoyens américains. Il s'agissait donc d'un de ces navires ennemis qui, d'après le gouvernement allemand, ne pouvaient pas

---

(1) Je cite d'après le texte publié par le *Journal des Débats* du 14 juillet 1915.

être protégés par la seule présence d'Américains à bord. C'est alors que le gouvernement américain adressa au gouvernement allemand, le 8 avril 1916, une note lui signifiant que, s'il ne déclarait pas qu'il abandonnait ses procédés de guerre sous-marine, les États-Unis se verraient dans la nécessité de rompre les relations diplomatiques avec l'Allemagne.

A cette sommation, le gouvernement allemand fit, le 4 mai, une réponse dont on a essayé de dénaturer le sens véritable. Il donnait satisfaction aux États-Unis, mais *conditionnellement* et *provisoirement*. En effet, après avoir fait cette concession, il se réservait de reprendre sa liberté d'action, si les États-Unis n'obtenaient pas de l'Angleterre qu'elle renonçât au blocus de la faim, cause de la guerre sous-marine, et mesure illégale. Or, malgré cette clarté, le gouvernement américain, comme disait le *Journal de Genève* du 7 février 1917, « affecta de croire », dans sa réponse à la note allemande, que l'Allemagne avait pris un engagement ferme et sans condition, ce qui devait plus tard lui permettre de l'accuser d'avoir violé sa promesse. Ce procédé était à la fois peu sérieux et peu loyal, et il est surprenant qu'une puissance comme les États-Unis y ait recouru. De ce que le gouvernement allemand ne répondit pas à cette note américaine pour rectifier et pour dire qu'on ne l'avait pas compris, était-on en droit de conclure qu'il acquiesçait à l'interprétation américaine? La note allemande du 4 mai était si claire, si exempte d'ambiguïté, que le gouvernement allemand était en droit de voir une plaisanterie dans l'interprétation qui lui venait de Washington, de ne pas y répondre et de s'en tenir à ladite note.

Les choses en restèrent là jusqu'au 31 janvier 1917. C'est à cette date que le gouvernement allemand adressa au gouvernement américain une note lui annonçant la reprise de la guerre sous-marine « sans restriction », non seulement dans les mers entourant l'Angleterre et la France, mais aussi dans la Méditerranée. A l'appui de cette mesure, la note allemande ne citait pas seulement le fait que l'Angleterre persistait dans la « guerre de la faim » entreprise contre l'Allemagne ; elle mentionnait aussi le refus, par l'Entente, d'écouter les suggestions de paix faites par les Impériaux le 12 décembre 1916, et la conférence économique de Paris, qui indiquait que l'Entente voulait ruiner économiquement les Empires centraux après les avoir vaincus par les armes.

On a l'impression que le refus des suggestions de paix faites par les Impériaux a été la cause principale de la reprise de la guerre sous-marine.

C'était, en réalité, un blocus proprement dit que l'Allemagne notifiait. Mais on est obligé de reconnaître qu'elle se montrait, à l'égard des États-Unis, plus conciliante que cela n'est le cas en matière de blocus. En effet, elle admettait que le service des navires américains de passagers sur l'Angleterre pût continuer normalement sans être inquiété, à condition que ces navires suivissent un itinéraire déterminé et portassent certains signes distinctifs. En droit, cette nouvelle politique allemande était plus justifiable que la guerre sous-marine dans sa première phase, puisqu'elle se présentait comme un blocus régulier, déclaré et notifié, et certainement aussi effectif que le blocus de la faim pratiqué par l'Angleterre. Et cependant, en fait, elle provoqua des protestations plus vives, sans doute parce que la nouvelle guerre sous-marine était plus efficace et plus destructrice que l'autre.

A la notification allemande du 31 janvier, M. Wilson répondit par son discours au Congrès, du 3 février. Après avoir fait un exposé des pourparlers précédents entre Washington et Berlin, il dit que l'Allemagne « retirait l'assurance solennelle donnée dans la note du 4 mai 1916 ». Or, cela était inexact, puisque l'Allemagne avait fait dépendre l'assurance donnée d'une condition qui ne s'était pas réalisée, la cessation du blocus alimentaire. Cette grave accusation formulée par M. Wilson contre l'Allemagne était aussi surprenante que l'interprétation qu'il avait « affecté » de donner à la note allemande du 4 mai 1916. M. Wilson annonça ensuite au Congrès qu'il avait rompu les relations diplomatiques avec l'Allemagne, et il lui fit entrevoir qu'il lui demanderait l'autorisation d'aller plus loin, « si des vaisseaux américains, des existences américaines devaient réellement être sacrifiées ».

C'est le 2 avril 1917 que M. Wilson adressa au Congrès le message dans lequel il lui demandait de reconnaître que la manière dont l'Allemagne pratiquait la guerre sous-marine avait créé l'état de guerre entre elle et les États-Unis.

Dans ce document, M. Wilson parlait des pertes en vies humaines et en navires que la guerre sous-marine avait occasionnées pour les États-Unis. Mais il en parlait en quelque sorte incidemment, c'est-à-dire qu'il semblait intervenir beaucoup plus comme champion de l'humanité tout entière que comme Président des États-Unis. Un second fait frappait dans ce message. Tandis que, dans sa correspondance avec le gouvernement anglais, le gouvernement américain avait insisté sur les traités précis que l'Angleterre violait par sa politique de blocus, M. Wilson, de même que le secrétaire d'État dans ses notes à l'Allemagne, parlait beaucoup moins des textes et des traités que des droits de l'humanité. du caractère cruel et inhumain de la guerre sous-marine. Enfin, le troisième trait particulier du message du 2 avril était que M. Wilson y parlait aussi comme champion de la « liberté », plus encore que comme champion des droits et des intérêts des États-Unis.

*
* *

Ce qui s'est passé, en janvier et février 1922, à la conférence de Washington, à propos de l'emploi des sous-marins, a présenté un grand intérêt en ce qui concerne la question qui nous occupe, un grand intérêt agrémenté d'un élément comique. La conférence se rendait compte que l'emploi des sous-marins n'était pas encore réglé et qu'il était opportun de fixer à leur sujet le droit maritime international. Mais comme, pendant la guerre, on avait accusé les Allemands de l'avoir violé, on ne pouvait pas décemment avouer qu'il n'existait pas alors. On s'en est tiré par une rouerie consistant à l'établir, tout en déclarant qu'il existait déjà et qu'il avait été violé pendant la guerre, solution qui mettait les membres de la conférence en posture un peu ridicule.

Le comité naval de la conférence a commencé par adopter les résolutions proposées par M. Root, lesquelles devinrent la base du traité signé à Washington, le 6 février, entre les États-Unis, la Grande-Bretagne, la France, l'Italie et le Japon.

Dans le préambule du traité, il est déclaré que les puissances signataires sont désireuses « de rendre plus efficaces les règles adoptées par les nations civilisées pour la protection de la vie des neutres et des non-combattants sur la mer en temps de guerre ». L'article 1er stipule que « les règles suivantes doivent être considérées comme faisant déjà partie du droit international. » Parmi ces règles, il y a les suivantes : un navire de commerce ne peut être détruit que lorsque l'équipage et les passagers ont été préalablement mis en sûreté ; les sous-marins belligérants ne sont en aucune circonstance « dispensés des règles universelles ci-dessus rappelées ». Autrement dit, le traité impose aux sous-marins, arme nouvelle dont on n'avait pas encore pu s'occuper, les mêmes obligations qu'aux navires de guerre ordinaires. A l'article 4, il est dit que « les puissances signataires reconnaissent qu'il est pratiquement impossible d'utiliser les sous-marins à la destruction du commerce sans violer, ainsi qu'il a été fait au cours de la guerre de 1914-1918, les principes universellement acceptés par les nations civilisées pour la protection de la vie des neutres et des non-combattants et, dans le dessein de faire universellement reconnaître comme incorporée au droit des gens l'interdiction d'employer les sous-marins à la destruction du commerce, conviennent de se considérer comme liées désormais entre elles par cette interdiction et invitent toutes les autres nations à adhérer au présent accord ».

Il résulte clairement de la teneur de ce traité que, malgré la ruse employée pour faire croire le contraire, il crée un droit nouveau applicable aux sous-marins. Autrement, les puissances signataires se seraient presque offensées les unes les autres, en s'invitant à ne pas violer un droit établi. Elles auraient offensé les puissances non signataires, en les invitant à adhérer aux stipulations du traité (articles 2 et 7). Car elles les auraient ainsi tenues pour capables de violer le droit établi.

Il résulte aussi de la teneur de ce traité que les sous-marins ne peuvent pas et ne pouvaient donc pas pendant la dernière guerre, se conformer au droit établi pour les autres navires de guerre.

Après le vote des résolutions Root, M. René La Bruyère, écrivant dans le *Journal de Genève* du 11 janvier 1922, reconnaissait que l'usage du sous-marin n'était pas « défini » pendant la guerre, et que les Allemands « avaient pu » en faire l'usage qu'ils en avaient fait.

Le *Temps* du 11 décembre 1922 publiait la dépêche suivante de La Haye :

La conférence du comité de jurisconsultes représentant l'Amérique, l'Empire britannique, la France, le Japon et l'Italie, dont la convocation a été projetée à la session du 4 février 1922 de la conférence de Washington pour la limitation des armements, s'ouvre à La Haye aujourd'hui 10 décembre.

Le comité discutera la rédaction des amendements aux règlements du droit international, rendus nécessaires par l'existence des nouveaux moyens de défense et d'attaque inventés après la conférence de La Haye de 1907.

Il s'ensuit clairement que les règlements établis à La Haye en 1907 ne pouvaient pas s'appliquer aux sous-marins, « nouveaux moyens de défense et d'attaque » inventés depuis cette date.

De ce qui précède, il résulte qu'on peut discuter la question de savoir si les Allemands ont violé le droit établi en pratiquant la guerre sous-marine. Du reste, cette question est secondaire dans le débat. Comme ils répondaient par la guerre sous-marine au blocus de la faim, la question principale est de savoir si l'Entente, en pratiquant ce blocus, violait le droit des gens. Or, comme on l'a vu plus haut, il ne peut y avoir aucun doute à ce sujet.

III

Illégalité et barbarie comparées.

L'examen qui vient d'être fait de la correspondance diplomatique relative au blocus de la faim et à la guerre sous-marine achèverait de dissiper les doutes, s'il pouvait en rester, sur les deux faits que j'ai mentionnés plus haut : 1º Que la guerre sous-marine n'a été, chronologiquement, qu'une réponse au blocus de la faim ; 2º Que la guerre sous-marine ne violait pas le droit des gens plus que le blocus de la faim, qu'elle le violait même moins, puisque le gouvernement américain a pu plus facilement invoquer les textes des traités contre l'Angleterre que contre l'Allemagne. Les textes des traités sont chose précise, objective ; les « droits de l'humanité », le caractère « cruel » ou « inhumain » d'une action militaire ou navale, sont des conceptions imprécises, subjectives, en un mot sont matière d'appréciation.

Maintenant, une autre question se pose. Abstraction faite de toute considération de droit, la guerre sous-marine était-elle plus cruelle, plus inhumaine, que le blocus de la faim? Elle a pu le paraître, parce qu'elle donnait lieu, sur mer, à des catastrophes tragiques qui frappaient l'imagination, comme, par exemple, le coulage de la *Lusitania.*

En réalité, pour quiconque réfléchit froidement, la guerre de la faim, quoique frappant moins l'imagination, était certainement plus cruelle, faisait certainement plus de victimes que la guerre sous-marine.

Dans un article publié par le *Temps* du 30 mai 1917 et intitulé : « Le danger de paix », le général Malleterre constatait, comme un facteur favorable aux Alliés, que « l'Allemagne et ses complices ressentaient les effets du blocus », que « la disette exerçait son action mortelle sur les enfants et compromettait déjà l'avenir de la race et du futur recrutement ». Ces enfants allemands qui mouraient de faim me firent penser à un dessin du *New York Herald* à propos du coulage de la *Lusitania*. Cela était intitulé : *A silent company*. Cela représentait une théorie d'enfants semblables à des ombres, qui s'avançait tristement au fond de la mer. C'était très impressionnant, ces pauvres petites victimes de la « barbarie » allemande. Mais les enfants allemands dont parlait le général Malleterre, ces enfants qui mouraient de faim, n'étaient-ils pas aussi une triste compagnie? Elle était peut-être moins *silent* que l'autre, parce qu'un enfant qui meurt de faim doit crier plus longtemps que celui qu'on envoie tout droit au fond de la mer. Moins *silent*, certes ; mais d'autant plus affligeante. Or, les enfants de la *Lusitania* étaient envoyés au fond de la mer parce que les Alliés faisaient mourir de faim les enfants allemands ; et il y avait certainement plus d'enfants allemands qui mouraient de faim que d'enfants envoyés au fond de la mer par les sous-marins. Et il était moins illégal d'envoyer au fond de la mer les enfants de la *Lusitania* que de faire mourir de faim les enfants allemands.

Au mois d'août 1919, le gouvernement anglais a publié, sous forme de *Livre blanc*, le rapport d'experts qui venaient d'aller en Allemagne pour y étudier les conditions alimentaires. Sur les effets produits par la sous-alimentation pendant la guerre, ce rapport contenait des données d'où l'on pouvait conclure que les Allemands n'exagéraient pas quand ils disaient que la « guerre de la faim » avait fait 500.000 victimes parmi eux. On y lisait, en effet, que parmi les seuls adultes, entre 1915 et 1918, il y avait eu 760.000 décès de plus que pendant une période correspondante avant la guerre. Beaucoup de gens, disait le rapport, étaient morts à la suite d'une diminution de poids de 30 %, une diminution de 40 % étant normalement considérée comme devant amener la mort. Qu'était-ce, auprès de ces 500.000 victimes, que celles, infiniment moins nombreuses, de la guerre sous-marine? Voilà pour le passé. Pour ce qui est de l'avenir, le rapport anglais disait que, même si l'on soignait le peuple allemand comme un enfant malade auquel on veut rendre la santé, il lui faudrait une ou deux générations pour retrouver son ancienne vigueur.

En résumé, on peut dire que la guerre sous-marine a été, de la part de l'Allemagne, une grande erreur militaire, en ce sens qu'elle n'a pas suffi, comme l'avaient espéré les militaires, pour réduire l'Angleterre à merci en cinq ou six mois ; on peut dire aussi qu'elle a été une grande erreur politique, en ce sens qu'elle a été la cause, ou l'occasion, de l'entrée en guerre des États-Unis ; mais on est obligé de maintenir qu'elle n'a été ni plus illégale, ni plus inhumaine que le blocus de la faim auquel elle répondait.

***

Dans le discours qu'il prononça au Reichstag le 27 février 1917, à propos de la rupture avec les États-Unis, M. de Bethmann Hollweg dit notamment ceci :

> Je comprendrais parfaitement que les États-Unis, comme gardiens du droit des gens, s'efforçassent auprès de tous les belligérants de le rétablir et que, dans leur désir de rendre au monde la paix, ils prissent des mesures pour mettre fin à l'effusion du sang. Mais il m'est impossible de voir pour le peuple américain une question d'honneur et de vie dans le fait de vouloir protéger le droit des gens unilatéralement contre nous seuls.

M. Wilson a-t-il donc fait acte de partialité en faveur de l'Angleterre et aux dépens de l'Allemagne? On devrait répondre par l'affirmative, si le Président avait agi comme arbitre entre l'Allemagne et l'Angleterre. Mais, pour apprécier sainement son attitude, il ne faut pas oublier qu'il n'agissait pas comme arbitre, qu'il était Président des États-Unis, et que ce sont les intérêts des États-Unis et des Américains qu'il devait défendre, plutôt qu'une conception juridique. Bien qu'il fût prouvé que l'Angleterre violait plus gravement le droit des gens que l'Allemagne, si la violation venant de l'Allemagne lésait plus gravement les intérêts américains que celle venant de l'Angleterre, il était assez naturel que M. Wilson se tournât plutôt contre l'Allemagne que contre l'Angleterre. D'autre part, en dehors de ces deux questions du blocus alimentaire et de la guerre sous-marine, des intérêts politiques spécialement américains pouvaient être en jeu, qui sollicitaient M. Wilson de prendre le parti qu'il a pris.

—

Chapitre X

AUTRES « CHIFFONS DE PAPIER » PENDANT LA GUERRE MONDIALE

I

Le protectorat anglais sur l'Egypte.

L'établissement du protectorat de l'Angleterre en Egypte, au mois de décembre 1914, peut être envisagé d'un double point de vue, selon qu'on considère l'Égypte, telle qu'elle était à cette époque, comme un pays autonome et pratiquement indépendant en vertu du traité de Londres de 1840, ou comme partie intégrante de l'Empire ottoman avec lequel l'Angleterre était alors en guerre. Dans l'un et l'autre cas, cet événement apparaît comme un acte semblable à certains de ceux que, du côté des Alliés, on a reprochés aux Impériaux.

Le traité de Londres, conclu le 15 juillet 1840 entre la Grande-Bretagne, l'Autriche, la Prusse, la Russie et la Turquie, et auquel la France adhéra ultérieurement, était accompagné d'un « acte séparé » *ayant même valeur que lui* et qui établissait le statut de l'Égypte comme pays autonome sous la suzeraineté de la Turquie. Par l'article 1er de l'acte séparé, la Turquie accordait l'administration du pachalik d'Égypte à Méhémet Ali et à « ses descendants en ligne directe ». L'article 3 stipulait que l'Égypte payerait un tribut à la Turquie, signe extérieur de la suzeraineté de celle-ci.

L'autonomie de l'Égypte, bien loin d'être restreinte par la Turquie, fut au contraire élargie dans la suite. Le firman de 1867 érigea le gouvernement égyptien en khédivat, dénomination persane donnée autrefois aux provinces qui jouissaient d'une quasi-indépendance. Le firman de 1873 régla l'ordre de la succession au trône en faveur des descendants du khédive Ismaïl « par ordre de primogéniture ». Ce même firman accordait au khédive de larges prérogatives, notamment le droit de renouveler et de contracter des conventions avec les agents des puissances étrangères pour les douanes et le commerce, et pour toutes les relations concernant les étrangers. Autrement dit, l'Égypte avait son autonomie douanière et ses propres traités de commerce, ce qui est l'une des prérogatives caractéristiques d'un pays indépendant. Le gouvernement et l'administration étaient purement égyptiens. L'Égypte eut même, en 1881, son propre Parlement, qui fut aboli par l'Angleterre, en septembre 1882, et remplacé par un conseil purement consultatif. Le signe extérieur de la vassalité de l'Égypte vis-à-vis de la Turquie, à savoir le tribut, avait même pratiquement disparu, la Porte ayant cédé ce tribut à la maison Rothschild de Londres, pour une période de soixante ans à partir de 1890.

Ainsi, l'Égypte était un pays pratiquement indépendant, et devait son existence comme tel à un traité international qui liait tous les signataires vis-à-vis de l'Égypte, et vis-à-vis les uns des autres.

Dans ces conditions, le statut international de l'Égypte pouvait-il être modifié autrement que du consentement unanime des parties contractantes? Henry Bonfils, dans son *Manuel de droit international public* (2ᵉ édition, p. 96) répond implicitement par la négative, en disant que la situation spéciale de l'Égypte « est le résultat d'un pacte international, quoique, pour la forme, elle ait été réalisée par un firman du Sultan ». Le jurisconsulte russe de Martens est beaucoup plus précis dans son *Traité du droit international public* (t. I, paragraphe 60).

Ce point de vue semble avoir été, au début, celui de l'Angleterre elle-même. En juillet 1882, Gladstone, premier ministre, et lord Granville faisaient, à la Chambre des

commynes et à la Chambre des lords, la déclaration suivante :

La Grande-Bretagne n'a aucune visée ambitieuse en Égypte.
Elle n'y envoie des troupes que pour rétablir l'ordre et rendre
au khédive l'autorité qu'il a perdue. Elle a l'intention formelle
de soumettre au concert européen le règlement définitif de la
question égyptienne.

Et cependant, le 18 décembre 1914, l'Angleterre, alléguant « l'état de guerre résultant des actes de la Turquie »,
proclama son protectorat sur l'Égypte. D'autre part, alléguant l'attitude d'Abbas Hilmi, « qui s'était allié aux
ennemis du roi », elle le déposa du khédivat et le remplaça
par son oncle, Hussein.

Ainsi l'Angleterre ne violait pas seulement le traité de
Londres, en établissant, par un acte unilatéral, son protectorat sur l'Egypte. En déposant Abbas Hilmi et en le
remplaçant par son oncle, elle violait aussi l'« acte séparé »
(ayant même valeur que le traité) qui réglait la succession
au trône d'Égypte par ordre de primogéniture.

Deux faits d'ordre diplomatique avaient accentué l'indépendance pratique de l'Égypte vis-à-vis de la Turquie.
Elle était restée neutre pendant la guerre italo-turque de
1911, et sa neutralité avait été reconnue par l'Italie, dont
le représentant était resté au Caire. D'autre part, au début
de la guerre mondiale, elle avait déclaré l'état de guerre
entre elle et l'Allemagne, bien que la Turquie eût déjà
partie liée avec l'Allemagne, aux côtés de laquelle elle
allait prochainement combattre en vertu d'une alliance
formelle.

Ce dernier fait apporte une note humoristique dans le
débat. L'Égypte n'avait déclaré l'état de guerre entre elle
et l'Allemagne qu'à l'instigation et sous la pression de
l'Angleterre. Or, l'Angleterre, qui considérait alors l'Égypte
comme assez indépendante pour qu'elle pût se mettre en
état de guerre de sa propre initiative et sans tenir compte
de l'État suzerain, allait, peu de mois plus tard, en décembre,
la considérer comme partie suffisamment intégrante de
cet État suzerain pour se l'annexer d'une manière déguisée.

14

parce qu'elle était elle-même en guerre avec ledit État
suzerain.

Le fait que la France, en 1904, s'était engagée à ne plus
exiger qu'un terme fût fixé à l'occupation britannique, ne
pouvait comporter que pour elle seule un désistement et
une renonciation. C'est ce qui est expliqué, de la manière
suivante, dans le *Manuel de droit international public*
d'Henry Bonfils (6e édition, paragraphe 189, p. 116) :

> L'accord du 8 avril 1904 entre la France et l'Angleterre a-t-il
> changé cet état de choses? Il est difficile de l'admettre. La France
> a consenti à ne plus chercher comme précédemment à mettre
> obstacle à l'administration de l'Égypte par la Grande-Bretagne,
> mais sa convention avec Londres ne lie pas les autres États signa-
> taires du traité de 1840 : si ceux-ci n'y ont pas fait opposition,
> cela ne signifie pas qu'ils aient accepté le protectorat anglais sur
> l'Égypte, mais seulement qu'ils ont admis l'abandon par la France
> de ses prétentions sur ce pays.

Même si l'on admettait que l'Angleterre, en établissant
son protectorat sur l'Égypte, n'a pas méconnu et trans-
gressé un traité international, il n'en resterait pas moins
vrai, sans discussion possible, qu'en décidant du sort de
l'Égypte avant la conclusion de la paix, elle aurait commis
un acte semblable à celui que l'Entente a amèrement
reproché aux Empires centraux comme une chose inouïe,
lorsque ceux-ci décidèrent du sort de la Pologne avant la
conclusion de la paix.

*
* *

Les traités de Versailles et de Saint-Germain devaient
donner à la question d'Égypte une solution plus régulière,
c'est-à-dire internationale, et non plus unilatérale. Cela
ne saurait pourtant faire oublier l'irrégularité commise
au début de la guerre. Du reste, la solution intervenue en
1919, quoique plus régulière, laissait subsister ce fait :
que le droit des peuples à disposer d'eux-mêmes, au nom
duquel on avait fait la guerre, était méconnu aux dépens
des Égyptiens, comme aux dépens de bien d'autres peuples.
L'Angleterre, en renonçant ultérieurement à son protec-

torat, et en accordant à l'Égypte un régime intermédiaire entre l'autonomie et l'indépendance complète, a partiellement réparé cette injustice. Il faut souhaiter qu'une formule soit trouvée, qui donne enfin satisfaction aux deux parties.

II

*Violation de la neutralité de la Perse par la Russie,
la Turquie et l'Angleterre.*

Dans le *Journal de Genève* du 19 mars 1917, et sous ce titre : « La Perse neutre », le colonel Feyler, comme on sait favorable à l'Entente, écrivait :

D'aucuns se demandent peut-être avec quelque curiosité ce que les armées russes et turques font en Perse. Elles y font ce que l'on constate toujours chez les États neutres qui ne savent pas qu'une neutralité est un chiffon de papier déchirable par les belligérants si des forces militaires ne lui donnent pas une suffisante consistance. Elles occupent les villes et les campagnes, vivent sur l'habitant, labourent les champs et les bois de leurs obus, organisent en corvées les ouvriers et les habitants, commandent à tous et font obéir chacun...

Dans le même sens, le *Temps* du 18 février 1919 disait :

...La Perse, quoiqu'elle eût proclamé sa neutralité le 1er novembre 1914, était envahie et ravagée. Les Russes, qui avaient déjà des troupes chez elle avant la guerre, y avaient constitué une base d'opérations. Les Turcs, sous le prétexte de chasser les Russes, avaient commis toutes sortes d'atrocités dans le Kurdistan persan, sous le commandement de Hussein Réouf. En Arabistan, les Turcs se battaient avec des forces britanniques.

L'initiative de cette violation de la neutralité de la Perse était venue de la Russie, et si la Turquie a pu être amenée à utiliser elle-même le territoire persan, c'était pour répondre à l'attaque russe venant de ce côté. C'est ce que la France elle-même, tout en promettant à la Belgique de respecter sa neutralité, s'était réservé le droit de faire, si une autre puissance la violait.

Pratiquement, la violation du territoire persan par la Russie a été d'une grande utilité pour les Anglo-Russes opérant en Mésopotamie. La Turquie ayant été obligée de diviser ses forces, pour faire face au Sud, contre les Anglais, et à l'Est, contre les Russes, il devait en résulter pour elle un affaiblissement, facilitant aux Anglais leur avance dans la plaine du Tigre et de l'Euphrate. On peut donc admettre que, sans la violation de la neutralité de la Perse par la Russie, les Anglais ne seraient pas arrivés aussi aisément à Bagdad.

La Russie, la Perse et la Turquie avaient toutes trois signé la Ve convention de La Haye, qui déclare inviolable le territoire des puissances neutres. La validité de cette convention étant admise, la Russie l'a incontestablement violée en utilisant le territoire persan pour opérer contre la Turquie. La Perse l'a également violée en ne résistant pas à la violation commise par la Russie, comme les articles 5 et 10 de ladite convention lui en donnaient le droit et lui en faisaient un devoir. Mais, pour la raison indiquée par le colonel Feyler, elle eût été bien en peine d'exercer ce droit et de remplir ce devoir.

L'argument qui consisterait à dire que la Russie et l'Angleterre s'étaient reconnu deux sphères d'influence en Perse, et qu'ainsi la Russie pouvait se comporter dans sa sphère comme si elle était chez elle, serait vain. Ce partage théorique et arbitraire était nul en droit international, reconnu ni par la Perse, ni par la Turquie, et ne changeait rien au statut international de la Perse.

Dans la suite, l'Angleterre devait violer à son tour la neutralité de la Perse pour envoyer des troupes de Bagdad à la mer Caspienne.

III

Violation de la neutralité des îles d'Aland par la Russie.

Les îles d'Aland, situées à l'entrée du golfe de Bothnie,

entre la Suède et la Finlande, ont été cédées à la Russie par le traité de Tilsit, en 1808.

Pendant la guerre de Crimée, ces îles furent comprises dans le théâtre des opérations. Au mois d'août 1854, une flotte anglo-française occupa la forteresse russe de Bomarsund, située dans l'île principale. A la conclusion de la paix, une convention portant la date du 30 mars 1856 et annexée au traité de Paris de la même date, fut conclue entre la France, la Grande-Bretagne et la Russie au sujet des îles d'Aland. Son article 1er disait :

Sa Majesté l'empereur de toutes les Russies, pour répondre au désir qui lui a été exprimé par Leurs Majestés l'empereur des Français et la reine du Royaume-Uni de la Grande-Bretagne et d'Irlande, déclare que les îles d'Aland ne seront pas fortifiées, et qu'il n'y sera maintenu ni créé aucun établissement militaire ou naval.

C'est une chose connue que cette convention était destinée à donner satisfaction à la Suède, plutôt qu'à la France ou à l'Angleterre. En conséquence, la forteresse russe de Bomarsund fut rasée en 1856.

On consultera avec profit, sur cette question, dans la *Revue générale de droit international public* (année 1907, p. 517), un article de M. René Waultrin : *La neutralité des îles d'Aland*, et, dans le *Temps* du 18 mai 1916, un article de M. F. de Jessen : *Les îles Aland*.

M. Waultrin dit :

Deux procédures s'offriraient à la Russie pour abolir la convention du 30 mars 1856 : une négociation directe avec la France et l'Angleterre, une dénonciation brutale.

Or, la Russie n'a recouru ni à l'une ni à l'autre de ces deux procédures. En 1908, lors des négociations qui aboutirent aux deux déclarations concernant la mer du Nord et la mer Baltique, elle aurait eu l'occasion de dénoncer la convention de 1856. Elle ne le fit pas.

En conséquence, et malgré le mémorandum qui accompagna les déclarations de 1908, les stipulations de la convention de 1856 conservaient toute leur valeur. Or, la

Russie ignora ces stipulations, autrement dit les viola, en établissant, au début de 1915, des travaux militaires dans les îles d'Aland. Elle avertit, il est vrai, le gouvernement suédois du caractère provisoire et défensif de ces travaux, qui, assurait-elle, ne menaçaient en aucune façon les intérêts de la Suède. Il n'en est pas moins vrai que la convention de Paris était violée, puisqu'elle ne permettait même pas d'établissements provisoires. En Suède, on s'en montra ému, car on doutait du caractère provisoire des travaux militaires en question. Le général Axel Rappe publia une brochure qui fit quelque bruit, et M. Steffens interpella le gouvernement au Parlement.

Le gouvernement suédois se montra aussi énergique qu'en 1908, et déclara que la Suède ne renoncerait pas au bénéfice qui lui était assuré par le traité de Paris. Autrement dit, la Suède n'admettait même pas l'éventualité d'une dénonciation du traité par la Russie. Il semble qu'elle avait raison, puisque cette dénonciation n'y est pas prévue. Ce serait une dénonciation « brutale », comme dit M. Waultrin, en d'autres termes une dénonciation semblable à celle du même traité de Paris à laquelle procéda la Russie en 1870, en ce qui concerne la mer Noire et les Détroits.

IV

Violation par la Turquie des Capitulations, du traité de Paris et du traité de Berlin

Au mois de septembre 1914, alors que la Turquie n'était pas encore entrée dans la guerre, elle proclama l'abolition des Capitulations, ces anciens traités qui assuraient aux puissances chrétiennes certains privilèges constituant des restrictions de la souveraineté ottomane.

Le *Temps* du 15 septembre 1914 publia une dépêche de Constantinople donnant le résumé suivant du texte

de la protestation par laquelle la Triple-Entente et l'Italie
répondirent à l'abolition des Capitulations :

Ce texte indique que le régime des Capitulations en Turquie
n'est pas une institution autonome de l'Empire, mais qu'il est le
résultat de traités internationaux, d'accords diplomatiques et
d'actes contractuels de genres divers ; qu'en conséquence ce
régime ne peut être modifié que sur la base d'une entente avec les
puissances contractantes, et qu'à défaut d'une entente de ce
genre conclue avant le 1ᵉʳ octobre prochain, les ambassadeurs
ci-dessus indiqués ne sauraient reconnaître force exécutoire à
partir de cette date à la décision unilatérale de la Sublime Porte.

C'était la saine doctrine et un professeur de droit international n'eût pas mieux parlé.

De leur côté, l'Allemagne et l'Autriche-Hongrie protestèrent aussi. Mais leur protestation était sans doute de
pure forme, car elles devaient être d'accord avec la Turquie,
qui était déjà leur alliée. Il est même admis que celle-ci
ne leur avait accordé son alliance qu'à cette condition.
Ultérieurement, entre la Turquie et l'Allemagne, un régime
nouveau fut arrêté pour remplacer les Capitulations.

Au mois de novembre 1916, la Turquie, certainement
d'accord avec ses alliés, fit un pas de plus. Elle dénonça
le traité de Paris de 1856 et le traité de Berlin de 1878,
deux traités qui, de même que les Capitulations, imposaient
des restrictions à ses droits de souveraineté.

V

La Russie soviétique et l'Entente.

Conviendrait-il de considérer comme une violation de
traité, autrement dit comme une violation du pacte de
Londres de septembre 1914, la conclusion par la Russie
soviétique d'une paix séparée avec les Impériaux, et d'en
discuter la gravité? On peut le soutenir, mais on peut
tout aussi bien soutenir le contraire. La Russie soviétique

était quelque chose de si totalement différent de la Russie
tsariste, et même de la Russie républicaine des Lvof et des
Milioukof, qu'il n'y a pas de paradoxe à prétendre qu'elle
pouvait ne pas se considérer comme liée par un pacte qui
l'obligeait à continuer la guerre.

D'autre part, la Russie, à bout de souffle et de forces,
ne pouvait plus matériellement continuer la guerre (1).

Le gouvernement soviétique pouvait donc estimer
n'avoir même pas besoin d'invoquer l'autorité de Machiavel pour se libérer du pacte de Londres, après que son
appel « à tous », en vue de négocier la paix, fut resté sans
réponse du côté de l'Entente.

Mais si l'on voulait absolument qu'en se libérant de ce
pacte la Russie l'eût violé, je n'y verrais que des avantages
en ce qui concerne la thèse que je soutiens. Cela ajouterait
une violation de traité, et peu ordinaire, à toutes celles
que j'ai passées enre vue.

Du reste, quand le gouvernement français, à l'occasion
de la conférence de Lausanne sur les affaires d'Orient, a
fait savoir au gouvernement anglais qu'il se réservait le
droit de conclure une paix séparée avec la Turquie, il a
manifesté l'intention de violer le pacte de Londres de septembre 1914 plus incontestablement que ne l'avait fait la
Russie soviétique. En effet, il n'y avait pas, entre la France
de 1923 et celle de 1914, la différence de régime politique
qu'il y avait entre la Russie soviétique et la Russie tsariste.
En 1923, le chef du gouvernement français était le même
homme que le chef de l'État français en 1914, M. Poincaré.
D'autre part, le gouvernement français ne pouvait pas
alléguer, pour conclure une paix séparée, le cas de force
majeure que pouvait alléguer le gouvernement de Moscou :
l'épuisement de la Russie.

---

(1) Dans ses articles sur la Russie soviétique (*Petit Parisien*,
du 17 octobre au 10 novembre 1922), M. Edouard Herriot a exposé
(numéros des 28 et 29 octobre), d'après les déclarations de MM. Ka-
menef et Trotsky, le point de vue du gouvernement soviétique
dans la question de la paix séparée.

Le *Temps* du 1er février 1923 a bien essayé de prouver que le gouvernement français avait le droit de conclure une paix séparée. Mais son argumentation avait un caractère sophistique qui sautait aux yeux. Elle consistait à considérer la conférence de Lausanne comme destinée à mettre fin à la guerre entre la Turquie et la Grèce, et à considérer cette guerre comme distincte de la guerre mondiale. Or, la conférence de Lausanne était destinée à rétablir la paix entre les puissances de l'Entente et la Turquie. Entre ces puissances et la Turquie, il y avait encore, en droit, état de guerre, puisque les hostilités avaient été simplement suspendues par un armistice. Le traité de Sèvres devait mettre fin à cet état de guerre. Mais, comme il n'avait pas été ratifié, tout était à recommencer. Lausanne remplaçait donc Sèvres. Et de même que la France n'aurait pas pu, à Sèvres, traiter séparément avec la Turquie sans violer le pacte de septembre 1914, elle ne pouvait pas non plus le faire désormais sans violer ce pacte.

***

L'intervention de l'Entente en Sibérie, et en Russie par Arkhangel, peut être aussi considérée du point de vue du respect du droit des gens et des traités. La Russie était alors en paix avec les Empires centraux et avec les États de l'Entente. Elle avait un gouvernement de fait siégeant à Moscou, dont on pouvait penser ce qu'on voulait, mais qui, une fois la Monarchie abolie, était le gouvernement du pays. Or, l'Entente a procédé en Russie, à l'égard de ce gouvernement, comme elle avait procédé en Grèce, à l'égard du gouvernement légal du roi Constantin. Voulait-elle, par la Sibérie et par la Russie, intervenir militairement contre les Empires centraux? Elle violait alors, en empruntant le territoire d'un État neutre, la Ve convention de La Haye, qui faisait à cet État neutre un devoir de lui résister. Voulait-elle s'en prendre à la Russie, représentée par le gouvernement siégeant à Moscou? Elle violait alors la convention qui interdit de faire la guerre sans déclaration de guerre. Voulait-elle obtenir de la Russie qu'elle répudiât le traité de Brest-Litovsk? C'était alors l'inciter à considérer un traité comme un chiffon de papier. Voulait-elle prendre la défense des Tchéco-Slovaques? C'était prendre le parti de rebelles contre le gouvernement de fait.

Objectivement et en droit international, c'est ainsi qu'apparaissaient les choses. Car le pseudo-gouvernement d'Arkhangel, derrière lequel s'abritait l'Entente, n'avait pas plus d'existence légale que celui de Salonique, et son pouvoir de fait était tout à fait illusoire.

Quand l'Entente eut entrepris de soutenir activement, dans leurs opérations militaires contre le gouvernement de Moscou, l'amiral Koltchak et les généraux Youdénitch, Dénikine et Wrangel, elle accentua une attitude qui était contraire au droit des gens.

*
* *

Tout aussi contraire au droit des gens que l'appui prêté aux partis qui combattaient le gouvernement de Moscou, et beaucoup plus grave à cause de ses conséquences, a été le blocus de la Russie soviétique par l'Entente. Sans être en guerre avec elle, l'Entente la traitait comme les Empires centraux pendant la guerre, simplement parce qu'elle n'approuvait pas son régime politique. Ce blocus, ne se conformant même pas aux règles de ce qu'on appelle le « blocus pacifique », avait pour conséquence d'isoler la Russie et de l'affamer.

Dans le *Temps* du 23 mai 1919, M. Ludovic Naudeau, qui avait vu les choses de près, qui avait même été emprisonné par les bolchévistes, écrivait :

Ainsi, le blocus économique, que les puissances de l'Entente emploient à l'égard de la Russie, ce blocus, s'il est une arme extrêmement efficace contre le bolchevisme, est aussi une arme dont le taillant abat, jusqu'à présent, beaucoup plus d'innocentes victimes que de coupables endurcis. En effet, plus ou moins, les usurpateurs, leur armée, leurs séides trouveront toujours à manger, et en tout cas, même si l'on en arrivait à la pénurie complète, nul autre qu'eux ne dévorerait le dernier quintal de farine. Par contre, ceux qui depuis longtemps ont commencé à succomber, ce sont précisément nos partisans, nos amis, les gens raisonnables, ceux qui se sont longtemps efforcés de nous défendre.

Dans plusieurs pays, notamment en France, des personnalités éminentes, bien que ne sympathisant pas avec les bolchévistes, protestèrent contre ce scandale. La Ligue des droits de l'homme s'associa à ces protestations.

—

CHAPITRE XI

DU TRANSVAAL A LA MECQUE, PAR TRIPOLI, LEMBERG, LE CAIRE ET VARSOVIE

I

L'étape de Varsovie.

Auprès des violations caractérisées des traités et du droit des gens, il convient de placer la méconnaissance, ou, si l'on veut, la transgression de certains usages internationaux si généralement admis, qu'ils ont presque force de loi. De la méconnaissance de ces usages on a eu, pendant la guerre mondiale comme avant, de nombreux exemples. De ces exemples, les uns sont à la charge des Impériaux, les autres à la charge des Alliés. Mais, pendant cette guerre, on a paru ne voir, à cet égard comme en ce qui concerne les violations de traités, que ce qui pouvait être mis à la charge des Impériaux.

Pour éviter des longueurs, il ne sera question ici que d'une seule catégorie de faits. Quand les Empires centraux, en novembre 1916, décidèrent de créer un royaume de Pologne indépendant, du côté des Alliés on dénonça comme une nouvelle violation du droit des gens cette prétention de vouloir disposer, avant la conclusion de la paix, de territoires appartenant à l'ennemi. Or, il y avait des précédents fameux dans cet ordre de faits.

Le gouvernement russe protesta contre l'attitude des Impériaux à l'égard de la Pologne par une proclamation destinée au peuple russe, et par une note que les représentants diplomatiques de la Russie devaient remettre aux gouvernements auprès desquels ils étaient accrédités. De leur côté, les gouvernements anglais, français et italien, comme alliés de la Russie, chargèrent leurs représentants auprès des gouvernements neutres de leur remettre une protestation dans laquelle, entre autres choses, il était dit :

...C'est un principe universellement acquis du droit des gens moderne qu'en raison de son caractère de précarité et de possession de fait, une occupation militaire résultant des opérations de la guerre, ne saurait impliquer un transfert de la souveraineté sur le territoire occupé et par conséquent comporter un droit quelconque de disposer de ce territoire au profit de qui que ce soit.

En disposant sans droit de territoires occupés par leurs troupes, l'empereur d'Allemagne et l'empereur d'Autriche, roi de Hongrie, ont non seulement fait un acte nul, mais encore méprisé une fois de plus un des principes fondamentaux sur lesquels reposent la constitution et l'existence de la société des États civilisés...

II

Les précédents du Transvaal et de Tripoli.

C'est le 1er septembre 1900 que fut proclamée, au cours de la guerre sud-africaine, l'annexion du Transvaal à l'Angleterre. Le 3 septembre parut au journal officiel de la République sud-africaine une protestation du Président Krüger, où il était déclaré « au nom du peuple indépendant de la République sud-africaine, que l'annexion sus-mentionnée n'était pas reconnue, et qu'elle était déclarée par les présentes nulle et sans valeur ». En conséquence, « le peuple de la République sud-africaine était et demeurait un peuple libre et indépendant, et refusait de se soumettre à l'autorité britannique ».

Dans la *Revue générale de droit international public* (année 1901), deux juristes français ont apprécié la manière de procéder de l'Angleterre dans cette circonstance : M. A. Mérignhac, professeur de droit international à l'Université de Toulouse (p. 93), et M. Frantz Despagnet, professeur à l'Université de Bordeaux (p. 603).

M. Mérignhac s'exprimait ainsi :

...Le Transvaal possédait donc un gouvernement régulier ;
il avait des généraux, des troupes, un pouvoir exécutif, en un mot
tous les organes d'un État. Quant aux Anglais, ils occupaient
seulement les points stratégiques, les villes et les lignes de communication établies grâce aux voies ferrées, desquelles ils ne s'écar-
taient point ; tout le reste était sillonné par les *commandos* boers.
On avouera qu'avec la meilleure volonté du monde, il était difficile
de voir là les éléments nécessaires à la prise de possession par la
conquête.

De l'article de M. Despagnet, je citerai le passage suivant :

...Certes, le procédé n'était pas sérieusement soutenable en
droit ; mais il offrait, du moins, le moyen de discuter les réclama-
tions qui auraient pu se produire contre les violations des lois de
la guerre à l'égard des Boers, et, pour le moment, c'est tout ce
qu'on désirait. Le caractère de répression barbare que les autorités
militaires anglaises donnèrent à la guerre à partir de la prétendue
annexion des deux Républiques ne permet guère de douter du
calcul que nous signalons.

En Angleterre même, le *Manchester Guardian* du 6 septembre 1900 protesta contre l'annexion irrégulière des
deux Républiques et contre le caractère de répression que
la guerre allait prendre de ce fait.

La guerre italo-turque de 1911-1912 commença officiellement le 29 septembre 1911, et se termina le 18 octobre 1912
par la signature du traité d'Ouchy. Or, le 5 novembre 1911,
c'est-à-dire un peu plus d'un mois après le commencement
de cette guerre qui devait durer un peu plus d'un an, un
décret royal italien plaçait la Tripolitaine et la Cyrénaïque
« sous la pleine et entière souveraineté du royaume d'Italie ». Le gouvernement italien envoyait en même temps à
ses ambassadeurs, pour être communiquée aux puissances,
une circulaire dans laquelle il expliquait son acte. Il
apparaissait, y était-il dit, que toute résistance ultérieure
de la Turquie était inutile. Dans ces conditions, il était
de l'intérêt de la Tripolitaine, de l'Italie et même de la
Turquie, qu'il fût mis un terme à la guerre par la mesure
prise. Le gouvernement italien déclarait donc que « la

Tripolitaine et la Cyrénaïque avaient cessé de faire partie
de l'Empire ottoman ». Il se disait prêt à faire preuve d'esprit de conciliation pour faciliter à la Turquie le règlement
de la situation sur la base du décret. Mais la circulaire
ajoutait : « Il ne nous serait certainement pas possible de
maintenir ces dispositions conciliantes si la Turquie s'obstinait à traîner inutilement la guerre en longueur ». Le
23 février 1912, la Chambre italienne, par 440 voix contre
36, donna son approbation au décret du 5 novembre.
L'Italie procédait donc, à l'égard de la Tripolitaine, comme
l'Angleterre avait procédé à l'égard du Transvaal.

Le gouvernement ottoman, dans une note adressée aux
puissances, protesta contre cette annexion, qu'il considérait « comme nulle et sans aucune signification, aussi bien
du point de vue du droit international que de celui des
circonstances réelles actuelles », puisque la Turquie et
l'Italie étaient encore sur pied de guerre. En outre, le
gouvernement ottoman dénonçait le décret du 5 novembre
comme une infraction aux traités de Paris et de Berlin,
notamment en ce qui concerne le principe de l'intégrité
de l'Empire ottoman.

III

Galicie, Égypte et Hedjaz.

Sous ce titre : « La Galicie réunie à la mère patrie »,
le *Temps* du 1er octobre 1914 publiait l'information suivante :

Le journal *Prikarpatskaïa Rossiia* (la *Russie d'au delà des
Carpathes*) donne le texte du télégramme que l'empereur de Russie
a adressé au gouverneur général de la Galicie en réponse aux
sentiments exprimés par les députés des dix-neuf sociétés économiques de Lemberg.

« Sa Majesté, dit la dépêche, envoie son salut au peuple russe
de la province réunie à la mère patrie ».

Cette information du *Temps* rappelait un événement autour duquel on avait fait moins de bruit qu'autour de la Pologne, qui avait même passé un peu inaperçu au milieu des premières émotions de la guerre, mais qui n'en était pas moins de grande importance : la « réunion », comme on disait à Pétrograde, en réalité l' « annexion » de la Galicie à la Russie. Dans son numéro du 15 septembre, le *Temps* avait déjà annoncé que « le conseil de l'Empire élaborait des lois administratives pour les régions conquises en Prusse et en Autriche ». C'était pratiquer une politique d'annexion ; car, en droit international, un pays simplement occupé par un belligérant continue d'être régi par ses propres lois.

Ainsi, après deux mois de guerre seulement, la Russie disposait du sort de la Galicie, d'une manière unilatérale et sans attendre la conclusion de la paix ; elle la déclarait séparée de l'Autriche et se l'annexait. Après deux mois de guerre, la Russie faisait en Galicie ce que l'Allemagne et l'Autriche-Hongrie ne devaient faire en Pologne qu'après vingt-sept mois de guerre.

En ce qui concerne l'Égypte, je rappellerai simplement ce que j'ai dit au chapitre précédent. La proclamation du protectorat de l'Angleterre sur ce pays pouvait être considérée comme une violation de la convention de Londres de 1840. Alors même qu'on ne voudrait pas la considérer comme telle, il faudrait, de toute manière, y voir un acte par lequel l'Angleterre, au début même de sa guerre contre la Turquie, donc sans attendre la conclusion de la paix, disposait, d'une manière unilatérale, de l'Égypte, considérée comme partie intégrante de l'Empire ottoman. Si l'on admet que la proclamation du protectorat anglais équivalait à la violation de la convention de 1840, l'Angleterre aurait donc commis à la fois la violation de cette convention et la violation du principe en vertu duquel on ne doit pas disposer d'un territoire occupé avant la conclusion de la paix.

Ainsi, quand les Empires centraux, en novembre 1916, disposaient du sort de la Pologne, ils pouvaient, sans remonter jusqu'au précédent du Transvaal, se prévaloir de deux précédents pendant cette guerre même : celui de la Galicie et celui de l'Égypte.

****

Le *Temps* du 31 décembre 1916 annonçait que « la France et l'Angleterre venaient de reconnaître officiellement l'émir et chérif de la Mecque, Al Hussein ibn Ali, comme *roi du Hedjaz* ». Ultérieurement, les puissances de l'Entente devaient accentuer cette reconnaissance en accréditant des représentants diplomatiques auprès du souverain de ce nouveau royaume. Elles lui devaient cela ; car elles avaient, surtout l'Angleterre, provoqué et favorisé la révolte du chérif de la Mecque contre le Sultan. Mais, en reconnaissant le nouveau royaume, elles disposaient, quoique indirectement et à la faveur d'un masque, avant la conclusion de la paix, d'une province appartenant à une puissance ennemie.

IV

Comparaisons.

Dans le cas de la Pologne, il y avait une circonstance spéciale qui le distinguait légèrement des autres cas similaires : le projet, annoncé par les Empires centraux, de constituer une force armée polonaise. Les gouvernements alliés de la Russie, dans leur protestation adressée aux neutres, dénonçaient cela comme une infraction à la convention de La Haye qui interdit à un belligérant de forcer les nationaux de la partie adverse à prendre part aux opérations de guerre dirigées contre leurs pays. Peut-être eût-il été opportun, de la part des Empires centraux, de différer la constitution d'une armée polonaise. Mais pouvait-on sérieusement invoquer dans ce cas la stipulation en question de la convention de La Haye? Pouvait-on considérer les Polonais comme des « nationaux » russes, et la Russie comme leur « pays »? Les Polonais devaient être les premiers à protester contre cette assimilation.

Du reste, l'armée polonaise, comme le constatait le *Journal de Genève* du 7 novembre 1917, ne devait pas entrer en ligne contre la Russie, les régents s'y étant opposés.

Postérieurement à ces faits, la France a constitué sur son territoire une armée tchéco-slovaque. Par là, et aussi à l'occasion de la remise solennelle de ses drapeaux à cette armée, la France, avec l'approbation de ses alliés, a reconnu l'existence d'un État tchéco-slovaque avant que la conclusion de la paix ne fût intervenue. C'était précisément ce que les Alliés avaient reproché aux Empires centraux d'avoir fait en ce qui concerne la Pologne. D'autre part, en faisant combattre cette armée tchéco-slovaque contre les Empires centraux, donc contre l'Autriche-Hongrie, dont les Tchéco-Slovaques étaient sujets, l'Entente a fait ce qu'elle avait soupçonné les Empires centraux d'avoir eu l'intention de faire en ce qui concerne l'armée polonaise.

Dans la suite, les Alliés ont aussi reconnu les Tchéco-Slovaques et les Yougo-Slaves non seulement comme nations indépendantes, mais aussi comme nations « alliées ». En outre, les Alliés ont reconnu le « conseil national tchéco-slovaque » comme mandataire du peuple tchéco-slovaque.

Si les Empires centraux avaient proclamé l'Irlande État indépendant et « allié », et qu'ils eussent reconnu comme son gouvernement régulier l'organisation irlandaise qui s'était constituée en Allemagne pour faire opposition à l'Angleterre, ils se seraient comportés comme se sont comportés les Alliés, en ce qui concerne les Tchéco-Slovaques et les Yougo-Slaves.

Cela dit, y avait-il, entre les cas qui viennent d'être signalés, notamment ceux du Transvaal, de la Galicie, de l'Égypte, de la Pologne, du Hedjaz, des différences pouvant accentuer ou atténuer la culpabilité des grandes puissances en cause? Si l'on voulait en trouver, on est obligé de reconnaître, en toute objectivité et sincérité, qu'elles seraient plutôt en faveur des Empires centraux. Ils ont déclaré la Pologne séparée de la Russie, mais pour la rendre indépendante, et non pas pour se l'approprier. Au contraire, c'est pour s'approprier le Transvaal, la Galicie, et l'Égypte, que l'Angleterre, et la Russie ont disposé du sort de ces pays avant la conclusion de la paix. Le cas du Transvaal fut particulièrement grave, puisque l'Angleterre n'occupait pas effectivement ce pays, comme elle occupait l'Égypte, comme la Russie occupait la Galicie, comme les Empires centraux occupaient la Pologne. Seul, le cas du Hedjaz pourrait être assimilé à celui de la Pologne : les Alliés, surtout l'Angleterre, l'avaient encouragé et aidé à faire sécession ; mais, au lieu de se l'approprier, ils le reconnaissaient comme État indépendant.

Chapitre - XII

———

LE PLUS GRAND « CHIFFON DE PAPIER » [1]

I

Le « contrat » du 5 novembre 1918 et sa violation par
L'Entente.

Dans son livre intitulé *La Paix*, M. André Tardieu, qui
avait été membre de la délégation française à la Conférence
de la paix, rapporte (p. 317) le fait suivant. A la commission
spéciale chargée par le conseil suprême d'étudier le problème
des réparations, la plupart des délégués des États vainqueurs insistaient pour qu'on demandât aux vaincus,
notamment à l'Allemagne, le payement de tous les frais
de la guerre. A la réunion du 10 février 1919, M. Dulles,
le délégué américain, s'opposa à ces prétentions, et, à
l'appui de son opposition, il dit notamment ceci :

> Pourquoi ne proposons-nous qu'une réparation limitée? C'est
> que nous ne sommes pas devant une page blanche, mais devant
> une page couverte d'un texte, au bas duquel sont les signatures
> de MM. Wilson, Clemenceau, Orlando et Lloyd George. La pro-
> position des États-Unis est, en conséquence, que nous exigions
> de l'Allemagne toutes réparations, mais celles-là seulement qui
> ont été stipulées dans le contrat intervenu avec l'Allemagne sur
> les conditions de la paix.

Quel était ce « contrat », dont le délégué américain reconnaissait l'existence, et qui liait les vainqueurs vis-à-vis

———

des vaincus? C'était le contrat intervenu entre les uns et les autres avant la conclusion de l'armistice, et sur la foi duquel les vaincus avaient consenti à signer la convention d'armistice qui les mettait dans l'impossibilité de reprendre les hostilités. C'était, en un mot, le contrat qui établissait comme préliminaires de la paix les conditions contenues dans le programme de M. Wilson, notamment dans les quatorze points. Or, ce contrat, l'Entente victorieuse devait le violer, non seulement en ce qui concerne les réparations, mais aussi en ce qui concerne le règlement général. de la paix.

En violant ce contrat, l'Entente victorieuse a commis la plus grave violation de traité, le plus grand manquement à la parole donnée.

Mais il y a peut-être quelque injustice à parler de l'Entente tout entière comme étant responsable de ce manquement à la parole donnée. En réalité, la responsabilité en incombe au triumvirat Clemenceau, Lloyd George, Wilson. M. Clemenceau a péché par manque de sens moral et de sens politique. M. Lloyd George l'a suivi. Mais il n'y a eu de sa part que manque de sens moral. Car la paix de 1919, basée sur cette iniquité, ne comporte pas de réels dangers pour l'Angleterre, tandis qu'elle en comporte pour la France. M. Wilson a péché par faiblesse, par manque de caractère, s'étant laissé circonvenir par MM. Clemenceau et Lloyd George. Il est possible aussi que, complètement dominé par sa préoccupation de réaliser la Société des Nations, il ait cru devoir lui sacrifier tout son programme de paix. Car il ne tenait qu'à ses partenaires de faire échouer son dessein concernant la Société des Nations, s'il avait refusé de passer par leurs volontés en ce qui concerne les clauses de la paix.

Quant aux autres gouvernements de l'Entente, ils n'ont fait que suivre l'impulsion donnée par ce triumvirat, et à laquelle il leur était difficile de résister.

*
* *

C'est le 4 octobre 1918 que le gouvernement austro-hongrois proposa à M. Wilson de conclure la paix en prenant pour base les quatorze points de son message du 8 janvier 1918, les quatre points de son discours du 11 février 1918 et ses déclarations du 27 septembre 1918. Le 5 octobre, le gouvernement allemand fit au gouvernement américain des propositions dans le même sens. Le gouvernement turc fit ensuite de même. Il s'agissait donc bien de conclure la paix sur la base du programme formulé, en plusieurs parties et à des dates différentes, par M. Wilson.

Dans sa réponse au gouvernement allemand, M. Wilson lui demanda de préciser s'il voulait dire qu'il acceptait « les conditions posées par le Président dans son discours du 8 janvier 1918 et dans ses adresses subséquentes », « et que son but, en entamant des discussions, serait seulement de se mettre d'accord sur les détails pratiques de leur application » *(and that its objects in entering into discussions would be only to agree upon the practical details of their application)*. Le 12 octobre, le gouvernement allemand confirma qu'il acceptait les conditions formulées par M. Wilson, et que les négociations auraient uniquement pour but de s'entendre sur les détails pratiques de leur application. Puis il ajoutait ceci, qui était important : qu'il admettait que les gouvernements alliés aux États-Unis se plaçaient eux-mêmes sur la base des propositions de M. Wilson. En ce qui concerne l'armistice, le gouvernement américain fit savoir au gouvernement allemand, le 24 octobre, qu'il voulait rendre impossible le renouvellement des hostilités par l'Allemagne, de manière à pouvoir imposer la paix qui aurait été conclue. Enfin, le 5 novembre, le gouvernement américain fit savoir à l'Allemagne qu'il avait reçu la réponse des gouvernements alliés. Ceux-ci se déclaraient disposés à conclure la paix avec l'Allemagne « aux conditions *(on the terms)* posées dans l'adresse du Président au Congrès le 8 janvier 1918, et selon les principes énoncés dans ses déclarations ultérieures ». En ce qui concerne les réparations, il était précisé que l'Allemagne « devrait compenser tous les dommages subis par les populations civiles des nations alliées et par leurs propriétés, du fait des forces armées de l'Allemagne, soit sur terre, soit sur mer, soit en conséquence d'opérations aériennes ou d'actes en violation du droit international et des engagements pris ».

La date du 5 novembre 1918 peut donc être considérée comme celle du « contrat » qui liait les Alliés vis-à-vis de l'Allemagne. D'après ce contrat, la paix devait être conclue « aux conditions » *(on the terms)* énoncées par M. Wilson, et qui n'auraient dû être modifiées que sur les « détails pratiques de leur application ». Ce contrat aurait dû lier d'autant plus les Alliés vis-à-vis de l'Allemagne, que celle-ci devait être mise, par les conditions de l'armistice, dans l'impossibilité de reprendre les hostilités. Or, ce contrat devait être violé, au point que la paix ne devait plus ressembler du tout à celle qu'avait définie M. Wilson.

*
* *

Le 3 juillet 1919, M. Lloyd George, en présentant à la Chambre des communes le traité de Versailles, commençait par faire le résumé suivant des conditions « terribles » qu'il imposait à l'Allemagne :

Que signifieront-elles pour l'Allemagne? Examinons-le très franchement. En 1914, il y avait un empire qui possédait la plus grande armée du monde, la plus grande probablement que le monde eût jamais vue. Il avait fallu près de deux siècles pour la perfectionner. C'était une machine parfaite et puissante. Elle était la terreur du monde. Il suffisait d'aller en France, ou dans tout autre pays, pour se rendre compte comment le monde tremblait — ce n'est pas une exagération — au bruit de la marche de cette puissante machine. Elle donnait de la force à la voix de l'Allemagne. Maintenant, elle est réduite aux proportions d'une force tout à fait suffisante pour maintenir la paix en Allemagne, mais incapable de troubler la paix du plus faible de ses voisins, pas même de la Tchéco-Slovaquie. Il y avait une marine, la seconde du monde. Il y a quelques années seulement, j'ai assisté dans cette Chambre à de graves débats qui donnaient l'impression que cette marine pourrait défier avec succès la plus grande marine du monde et permettre à cette terrible armée d'envahir un pays qui n'a pas été envahi depuis des centaines d'années. Où est-elle maintenant? Les colonies de l'Allemagne couvraient environ un million de milles carrés. Elle en a été dépouillée. Des territoires grands, par exemple, comme l'Écosse et le pays de Galles, ont été

séparés de son corps. Ils n'auraient jamais dû en faire partie.
Ils ne lui feront jamais retour, et leurs populations sont maintenant
parties intégrantes d'autres pays. Sa marine marchande est presque
détruite. Le souverain qui, pendant trente ans, en a exalté la
fierté, la majesté et la puissance, est maintenant un fugitif qui
comparaîtra bientôt devant un tribunal pour y être jugé au nom
des pays qu'il voulait dévaster. Les conditions sont terribles
(The terms are terrible). Puis, il y a l'indemnité de guerre. Je
n'atténue pas les conditions, et quiconque voudra exercer son
imagination pour se rendre compte de ce qu'elles signifient n'aura
qu'à les appliquer à la Grande-Bretagne.

C'est ainsi que M. Lloyd George résumait le traité de
Versailles. Or, aucune de ces conditions « terribles » n'était
justifiée par le contrat du 5 novembre 1918. Le 4e des
14 points disait : « Échange de garanties suffisantes que
les armements nationaux seront réduits au minimum
compatible avec la sécurité intérieure. » Personne n'aura
l'audace de prétendre que M. Wilson ne voulait parler que
des armements des nations qui étaient en guerre avec
l'Entente. Le désarmement, sur terre et sur mer, de l'Allemagne et de ses alliés, alors que leurs voisins restaient
armés et devaient même augmenter leurs armements,
a donc été une violation du 4e des 14 points. Le 5e des
14 points disait : « Un arrangement librement débattu,
dans un esprit large et absolument impartial, de toutes les
revendications coloniales, fondé sur la stricte observation
du principe que, dans le règlement de ces questions de
souveraineté, les intérêts des populations en jeu pèseront
d'un même poids que les revendications équitables du
gouvernement dont le titre sera à définir. » Il était impossible de faire découler de ce 5e point que l'Allemagne
devrait perdre ses colonies. Les lui enlever constituait
donc une violation de ce point. Le 8e des 14 points, relatif
à la restitution de l'Alsace-Lorraine à la France, et le 13e,
relatif à la création d'un État polonais, comportaient,
il est vrai, que l'Allemagne perdît « des territoires grands
comme l'Écosse et le pays de Galles ». Mais, en vertu des
points relatifs au droit des peuples à disposer d'eux-
mêmes, à savoir les 2e, 3e et 4e points du 11 février 1918,
et le 2e point du 4 juillet 1918, l'Autriche allemande aurait

dû être rattachée à l'Allemagne, qui y aurait trouvé une compensation pour la perte des territoires qu'elle acceptait de céder. Car c'est une chose connue que l'Autriche voulait alors être rattachée à l'Allemagne. Celle-ci, par suite surtout de l'opposition de la France, n'ayant pas reçu la compensation à laquelle elle avait droit, on peut donc dire que, en ce qui concerne les clauses territoriales comme les autres, le contrat du 5 novembre 1918 a été violé. Aucun des points du programme de M. Wilson n'autorisait à faire perdre à l'Allemagne sa marine marchande, pas plus que le fait que, par la guerre sous-marine, elle avait détruit une partie de la marine marchande de ses ennemis. En effet, ainsi qu'on l'a vu, cette guerre sous-marine n'était qu'une riposte au blocus, bien plus illégal, de la faim. En ce qui concerne, enfin, l'indemnité de guerre, la manière dont elle a été fixée a représenté aussi une violation du contrat du 5 novembre 1918. Le 7e des 14 points disait : « Il faut que la Belgique soit évacuée et restaurée. » Le 8e point disait : « Le territoire français tout entier devra être libéré et les régions envahies devront être restaurées. » Ces deux points, précisés et complétés comme on l'a vu plus haut, permettaient de demander à l'Allemagne la réparation des dommages matériels, mais ni les frais de la guerre, ni les pensions militaires. Or, comme M. Tardieu l'explique dans *La Paix*, les délégués alliés émirent d'abord la prétention de faire payer aux vaincus tous les frais de la guerre. Finalement, et malgré que le délégué américain eût rappelé le contrat qui liait les vainqueurs, on tomba d'accord pour renoncer aux frais de la guerre, mais pour inclure dans les réparations les pensions militaires et les allocations. D'après le rapport que M. Dubois a présenté à la commission de la paix de la Chambre des députés, ces deux postes représentaient, pour la France seule, plus de 71 milliards de francs.

Voilà de quelle manière a été traité par les Alliés le contrat du 5 décembre 1918. Si, au lieu de s'en tenir au simple résumé de M. Lloyd George, on passait en revue toutes les conditions de la paix, on découvrirait bien d'autres violations de ce contrat. On verrait, notamment, que c'est contrairement au 14e point et aux déclarations subséquentes de M. Wilson qu'on a exclu les États vaincus de la Société des Nations.

De cet insigne manquement à la parole donnée, tous les esprits judicieux et honnêtes s'étaient rendu compte dans le camp de l'Entente, bien avant même que M. Keynes, le premier, eût le courage de le dénoncer publiquement dans son livre retentissant : *Les conséquences économiques de la paix.*

*
* *

Supposons que, en 1870, avant Sedan, la France, se sentant déjà en état d'infériorité, ait fait des ouvertures de paix à l'Allemagne. Supposons qu'un accord de principe ait été alors conclu sur la base de ce qui devait être l'essence même du traité de Francfort : cession de l'Alsace-Lorraine ; payement de cinq milliards ; clause de la nation la plus favorisée, — étant entendu, d'autre part, qu'il serait permis à la France de s'annexer, avec le consentement de la population, un territoire contigu à son propre territoire continental, plus grand et aussi plus français que l'Alsace-Lorraine, quelque chose, en somme, qui eût été par rapport à la France ce que l'Autriche allemande est par rapport à l'Allemagne. Supposons maintenant que, cet accord préliminaire ayant été conclu, l'Allemagne ait imposé à la France un armistice qui l'eût mise dans l'impossibilité de reprendre les hostilités, — étant entendu que l'accord préliminaire conclu ne pourrait plus être mis en question qu'en ce qui concerne les « détails pratiques d'application ». Supposons que, la France ayant été mise ainsi, pieds et poings liés, à la merci de l'Allemagne, celle-ci lui ait imposé la paix suivante : cession de l'Alsace-Lorraine, avec interdiction de s'annexer le territoire qu'il aurait été entendu qu'elle pourrait s'annexer ; payement d'une indemnité d'une quarantaine ou d'une cinquantaine de milliards ; cession de toutes les colonies françaises, y compris l'Algérie ; cession de presque toute la marine marchande française ; limitation de l'armée française à 100 mille hommes et réduction de la marine de guerre à presque rien, tandis que l'Allemagne elle-même et les autres voisins de la France, ses ennemis éventuels, resteraient armés sur terre et sur mer ; démilitarisation d'une partie du territoire français aussi étendue que le territoire allemand à l'ouest du Rhin ; occupation de ce territoire pendant quinze ans, avec menace d'une occupation définitive, parce que, sans que cela dépendît en rien de la volonté de la France, l'Allemagne n'aurait pas réussi à conclure, avec d'autres puissances, un traité d'alliance qu'elle aurait cru nécessaire à sa défense ultérieure contre la France, qu'elle aurait pourtant désarmée de la manière indiquée ; institution en France de commissions de contrôle, ce qui lui aurait donné l'apparence d'un pays conquis...

Si, en 1870, l'Allemagne avait fait cela à l'égard de la France, elle aurait fait ce que l'Entente a fait à son égard en 1919.

II

Violation par la France du traité de Versailles.

Après que l'Entente, prise dans son ensemble, eut considéré comme un « chiffon de papier » le contrat du 5 novembre 1918, et que ce manquement à la parole donnée eut abouti au traité de Versailles, celui-ci devait à son tour être violé par la France, c'est-à-dire considéré par elle comme un autre « chiffon de papier ».

Ce sont les articles 428 à 432 du traité qui règlent les « garanties d'exécution » pour l'Europe occidentale. Ces garanties consistent dans l'occupation de la rive gauche du Rhin divisée en trois zones, l'occupation devant durer respectivement, pour ces trois zones, cinq, dix et quinze ans. Or, de très bonne heure, on a vu que le gouvernement français voulait s'émanciper de ces clauses, en occupant des territoires qu'il n'avait pas le droit d'occuper.

M. Briand, qui a commencé par occuper Ruhrort, Duisbourg et Dusseldorf, a eu la franchise de reconnaître, dans son discours de Saint-Nazaire, le 9 octobre 1921, que ces sanctions « n'étaient pas dans le traité ». Mais il a prétendu qu'elles étaient autorisées par le « droit des gens », par le « droit commun ». C'était absolument faux. Car le « droit des gens » interdit, au contraire, d'occuper militairement une partie quelconque d'un État avec lequel on est en paix.

C'est sans doute parce que M. Poincaré s'en rendait compte qu'il a procédé autrement pour justifier l'occupation de la Ruhr et, par anticipation, d'autres occupations éventuelles. Par un de ces raisonnements sophistiques dont il s'est fait une spécialité, il a prétendu en trouver la justification dans le traité lui-même, dans les paragraphes 17 et 18 de l'annexe II à la section I de la partie VIII. Par ces clauses, relatives au payement des réparations, les gouvernements alliés sont autorisés, en cas de manquement volontaire de l'Allemagne, à prendre des mesures pouvant comprendre des actes de prohibition et de représailles économiques et financières, « et, en général, telles autres mesures que les gouvernements respectifs pourront estimer nécessitées par les circonstances ». Il tombe sous le sens que « telles autres mesures » veut dire des mesures du même genre que celles d'abord désignées. Cela est confirmé par le texte anglais, *such other measures*, qui fait foi comme le texte français. Or, la sophistique de M. Poincaré a consisté à raisonner comme si le traité portait « toutes autres mesures », et à faire de « toutes », autrement dit de « telles », un synonyme de « quelconques ». De la part d'un membre de l'Académie française, c'était doublement inadmissible.

Le 1er juin 1922, à la Chambre des députés, M. Poincaré disait que l'expression « telles autres mesures » était « aussi générale que possible ». Le 11 janvier 1923, il disait qu'elle était « aussi générale, aussi compréhensive, aussi

large que possible ». Le 16 novembre suivant, il disait
que les paragraphes 17 et 18 autorisaient « toutes les
sanctions, toutes les mesures, qu'elles qu'elles fussent,
que les gouvernements respectifs jugeraient nécessaire
de prendre ». Autrement dit, le traité autoriserait chaque
puissance signataire, prise isolément et agissant indépendamment des autres, à faire *n'importe quoi* dans *n'importe
quelle partie* de l'Allemagne. Or, cette thèse se réfute d'elle-
même par son absurdité et sa monstruosité. C'est évidemment parce qu'il s'en rendait compte lui-même que M. Poincaré a repoussé la proposition anglaise de soumettre à
un arbitrage cette question d'interprétation.

Si M. Poincaré avait raison, alors on devrait juger
encore bien plus sévèrement la violation du contrat du
5 novembre 1918, puisqu'elle aurait abouti à un traité
pouvant rendre licite cette monstruosité.

Quoi qu'il en soit, le gouvernement français, armé
de cette interprétation de « telles autres mesures », aurait
pu piétiner et anéantir l'Allemagne désarmée. Car il est
désormais évident que le but poursuivi par M. Poincaré
était de détruire l'Allemagne comme État, la question
des réparations n'étant qu'un prétexte.

*
* *

Est-ce que la France, parce qu'elle violait ainsi le traité
de Versailles, d'une manière unilatérale et indépendamment des anciens alliés en compagnie desquels elle avait
violé le contrat du 5 novembre 1918, méritait de ce chef
un surcroît de réprobation ? C'est très contestable. Quelque
vains que fussent les sophismes auxquels recourait M. Poincaré pour violer le traité de Versailles, ceux auxquels
on avait recouru pour violer le contrat du 5 novembre
1918 étaient tout aussi vains. Aussi peut-on supposer
que, si les anciens alliés de la France avaient cru avoir
le même intérêt qu'elle croyait avoir à violer le traité
de Versailles, ils auraient fait comme elle. C'est pourquoi,
quand ils lui jetaient la pierre parce qu'elle le violait,
ne pouvait-on y voir qu'un phénomène de subjectivité,
— ou d'hypocrisie.

CHAPITRE XIII

LA QUESTION DES ZONES FRANCHES ET LE DIFFÉREND FRANCO-SUISSE.

I

Avant le traité de Versailles.

Le cas des zones franches de la Haute-Savoie et du pays de Gex, qui a causé un différend entre la France et la Suisse, présente certaines analogies avec d'autres cas étudiés dans ce livre, notamment ceux de la Pologne et de la Finlande, puis ceux du canal interocéanique et du Concordat entre la France et le Saint-Siège. Comme dans les deux premiers cas, il s'agissait d'engagements pris par un État non seulement à l'égard d'autres États, mais encore à l'égard d'une partie de ses propres nationaux. Comme dans les deux autres cas, une question de principe très grave se posait : dans quelle mesure le Parlement d'un État contractant pouvait-il intervenir pour modifier ou annuler des traités conclus avec d'autres États?

** * **

Géographiquement, et par suite, économiquement, le canton de Genève et les régions voisines de la Haute-Savoie et du pays de Gex forment un tout. Genève est le marché naturel pour les produits de ces régions françaises limitrophes. Il en résulte que les producteurs de ces régions ont autant d'intérêt à envoyer leurs produits sans entraves à Genève, que Genève en a à les recevoir.

C'est une dépendance économique mutuelle. De là est résulté le régime douanier spécial appliqué à cette partie du territoire suisse et à ces parties du territoire français.

Cette communauté des intérêts économiques fut même une des causes qui poussèrent, dans certaines circonstances, en 1814 et en 1860, une partie des populations savoisiennes à demander leur annexion à la Suisse (1).

En 1602, Henri IV accorda au pays de Gex, qu'il avait acquis en 1601, une exemption complète des droits de péage. Le 21 juillet 1603, fut conclu, entre Genève et la Savoie, le traité de Saint-Julien, qui consacrait la liberté de commerce pleine et entière et l'exemption de tout péage. Le traité de Turin du 3 juin 1754, conclu entre le roi de Sardaigne et Genève, confirma le traité de Saint-Julien.

L'article 4 de ce traité de Turin stipulait que la sortie du duché de Savoie des denrées destinées à la consommation de la ville de Genève serait libre en tout temps. Était réservé un cas précis, concernant les mesures générales d'administration par lesquelles Sa Majesté jugerait à propos, en cas de disette, d'en défendre l'exportation de ses États de Savoie et du Piémont.

De ce qui précède, il résulte un premier fait très important dans la controverse franco-suisse au sujet des zones franches. C'est que le régime douanier spécial appliqué à ces zones était bien antérieur aux traités de 1815 et 1816, qui ont réorganisé l'Europe après la défaite de Napoléon. Or, en France, on a essayé de faire croire, — M. Poincaré lui-même s'est servi de cet argument, — que ce régime spécial avait été créé par ces traités, qu'il avait donc été le résultat de la défaite de la France. On a même avancé que les ennemis victorieux de la France avaient voulu récompenser ainsi la Suisse de la sympathie

---

(1) Voir à ce sujet, et sur la question des zones franches et neutralisées, la brochure de M. Alphonse Patru, ancien conseiller d'État de Genève : *Documents et souvenirs relatifs à l'annexion de la Savoie à la France en* 1860. Genève 1908, Imprimerie de la *Tribune de Genève.*

qu'elle leur avait témoignée pendant leur lutte contre elle. En représentant les choses de cette manière, on voulait faire naître dans le public simpliste cette double opinion : que la France, étant sortie victorieuse de la guerre mondiale, n'était plus liée par les entraves qui lui avaient été imposées par ses défaites de 1814 et 1815 ; puis, que la Suisse, à cause de l'attitude qu'on lui prêtait, ne méritait pas qu'on lui maintînt les avantages que cette attitude lui avait valus. Pour que la première opinion fût fondée, il faudrait au moins que la Suisse eût été parmi les belligérants vaincus par la France et ses alliés. Quant à la seconde, elle est en contradiction avec les faits historiques, le régime des zones étant antérieur aux guerres de Napoléon.

Il importe donc d'insister sur ce point : les traités de 1815 et 1816 ont simplement confirmé un état de choses préexistant ; ils ne l'ont pas créé. Prétendre, aujourd'hui, que cet état de choses a été imposé à la France par ses défaites, cela équivaut presque à dire que, si elle avait été victorieuse, elle se serait émancipée des obligations qu'il lui imposait.

L'article 5 de l'Acte annexé au traité relatif au royaume de Sardaigne, signé à Vienne le 20 mai 1815, confirma le traité de Turin de 1754.

L'existence de la zone franche du pays de Gex fut garantie par le traité signé à Paris le 20 novembre 1815 entre la France, d'une part, et de l'autre, l'Autriche, la Grande-Bretagne, la Prusse et la Russie.

L'existence de la zone franche de la Savoie du Nord fut garantie par le traité du 16 mars 1816, signé entre le royaume de Sardaigne, la Suisse et le canton de Genève.

Sur un point seulement, le règlement de la paix, en 1815, apporta une innovation. L'article 8 du traité du 20 mai 1815, qui devait devenir l'article 92 de l'Acte final du congrès de Vienne, établit la neutralité militaire de la Savoie du Nord, comme faisant partie de la neutralité de la Suisse.

Il y eut ainsi une zone « franche », exempte de droits de douane, et une zone « neutralisée ».

En 1849 se produisit, du côté de la Suisse, un événement auquel on n'attacha pas grande importance à l'époque, mais dont on a tiré argument contre la Suisse dans la récente controverse franco-suisse. Le gouvernement fédéral suisse installa des douanes à la partie de sa frontière correspondant aux zones franches sarde et française. Par là, a-t-on dit, il avait supprimé le régime de réciprocité existant entre les pays contractants ; il avait autorisé les gouvernements sarde et français à l'imiter. Par conséquent, ajoutait-on, la France, en 1923, avait le droit de faire ce qu'avait fait la Suisse en 1849. Voici ce qu'on a répliqué du côté suisse. Bien avant la signature du traité de novembre 1815, la Suisse avait fait connaître à la France, de même qu'aux autres puissances, sa décision de percevoir à ses frontières « un droit d'entrée sur les marchandises qui ne sont pas des objets de première nécessité ». Elle l'avait fait en notifiant la conclusion du Pacte fédéral, reconnu par le gouvernement français le 8 octobre 1814. Elle avait également réservé ses droits de péage sur le territoire du Valais et de Genève, à l'occasion du transit du Simplon, par le protocole du congrès de Vienne du 29 mars 1815, l'article 80 de l'Acte final du 9 juin 1815 et l'Acte d'accession de la Diète du 12 août 1815. Par conséquent, a-t-on conclu du côté suisse, le gouvernement fédéral et le gouvernement genevois restaient dans la limite de leur droit, lorsqu'ils installaient des douanes dans le territoire genevois.

Les gouvernements français et sarde protestèrent. Mais ils ne prétendirent pas que l'événement de 1849 faisait perdre à la Suisse les droits qu'elle tenait des traités de 1815. En effet, ni l'un ni l'autre ne changèrent rien au régime existant, ni ne prétendirent avoir désormais le droit d'établir des douanes à la frontière politique. On peut dire que, après avoir protesté pour le principe, ils reconnurent et acceptèrent le fait accompli.

Du reste, l'installation de douanes à la frontière genevoise n'impliquait pas que les produits des zones franches fussent soumis au droit commun en Suisse. Ils continuaient à y jouir d'un régime privilégié.

Le traité de Turin du 24 mars 1860, qui consacra l'annexion de la Savoie à la France, stipula que « le roi de Sardaigne ne pourra transférer la partie neutralisée de la Savoie qu'aux conditions où il la possède lui-même ». Cela impliquait le maintien, au profit de la Suisse, de la zone neutralisée et de la zone franche.

Après la cession de la Savoie à la France, la zone franche fut agrandie par Napoléon III, non pas par un accord international qui aurait lié la France vis-à-vis de la Suisse, mais par un acte unilatéral, en quelque sorte d'administration intérieure. Dès lors, on dénomma « petite zone », ou « zone sarde », la zone primitive, et « grande zone » la zone nouvelle.

Quand les habitants de la Savoie furent appelés à voter sur leur annexion à la France, ceux de la Savoie du Nord attachèrent une importance capitale au maintien des zones franches. Au plébiscite qui eut lieu le 22 avril 1860, les électeurs du Chablais, du Faucigny et du territoire de Saint-Julien au Nord des Usses, votèrent à l'unanimité : « oui et zone ». Parlant de ce vote, la *Savoie du Nord*, du 7 mai 1860, disait :

Quel est de ces deux noms (France et zone) celui qui a eu l'influence prépondérante sur le vote des électeurs du Nord de la Savoie? Nous avons le regret de le dire pour l'honneur de la France, mais tout le monde reconnaît que la zone était un passeport sans lequel la France ne pouvait entrer.

La convention franco-suisse du 14 juin 1881, s'appliquant au territoire comprenant l'ancienne petite zone et son agrandissement de 1860, dit à son article 3 :

Il est entendu que les denrées destinées à l'approvisionnement du marché de Genève ne seront l'objet d'aucune interdiction de sortie de la zone franche.

Cette convention devait rester en vigueur pendant

trente ans, et ensuite être maintenue d'année en année. Son article 11 stipule que, si de nouvelles mesures devaient être appliquées au territoire de la zone, elles devraient être notifiées au gouvernement suisse douze mois avant leur application.

Il suit de ce qui précède que, la petite zone ayant été créée par des arrangements internationaux, elle ne pouvait pas être supprimée ou modifiée d'une manière unilatérale par la France. En ce qui concerne la grande zone, la France n'était liée, vis-à-vis de la Suisse, que par la stipulation de la convention de 1881, qui l'obligeait à notifier un an à l'avance toutes modifications éventuelles. Mais, en ce qui concerne les deux zones franches, la France était liée vis-à-vis des populations de la Savoie du Nord, qui, en 1860, avaient voté « France et zone ».

Administrativement, ce régime douanier spécial eut donc pour conséquence que la frontière douanière de la France ne coïncidait pas avec sa frontière politique. Elle laissait en dehors du territoire douanier la partie du territoitre national correspondant aux deux zones franches de la Savoie et à celle du pays de Gex.

Pour l'intelligence du différend franco-suisse qui devait se produire après le traité de Versailles, il importe de faire remarquer que, du côté suisse, on a toujours attaché une grande importance au maintien du cordon douanier français en arrière de la frontière politique, abstraction faite même des commodités commerciales qui pouvaient résulter de ce régime spécial.

Sur les droits de la Suisse consacrés par les traités précités, M. Delcassé, ministre français des affaires étrangères, eut l'occasion de s'expliquer à la Chambre des députés, en 1905. Répondant à M. Debussy, qui avait demandé la suppression du régime des zones franches, il dit :

> Au point de vue diplomatique, notre seule volonté ne suffit pas pour pouvoir appliquer le régime douanier préconisé par M. Debussy à toute la partie du territoire français connue sous le nom de zone franche.

Une partie de cette zone, le pays de Gex, partagée, comme vous le savez, entre la France et la Suisse, se trouve régie, sous le rapport douanier, par le traité du 20 novembre 1815. L'article premier, paragraphe 3, de ce traité dit, en effet, expressément :

« La ligne des douanes françaises sera placée à l'ouest du Jura, « de manière que tout le Pays de Gex soit en dehors de cette ligne ».

Il en résulte qu'il ne dépend pas de nous seuls de modifier et à plus forte raison de supprimer une disposition d'un traité au bas duquel, à côté de notre signature, se trouve la signature de plusieurs grandes puissances.

L'autre partie de la zone est celle qui a été annexée à la France en vertu du traité du 24 mars 1860 et qui comprend le département de la Haute-Savoie moins l'arrondissement d'Annecy.

Mais là aussi notre liberté douanière n'est pas absolue, et la zone de la Haute-Savoie doit être subdivisée. Une première subdivision comprend l'étroite bande de territoire qui enserre immédiatement le canton de Genève.

Dans les articles 3 et 4 du traité du 16 mars 1816 entre le roi de Sardaigne et la République de Genève, le roi de Sardaigne s'est engagé à laisser cette bande de territoire en dehors de sa ligne de douanes : c'est ce qu'on appelle la zone sarde. En héritant de cette zone en 1860, la France a naturellement pris la charge de la servitude dont cette zone était grevée. Cela résulte formellement de l'article 2 du traité du 24 mars 1860, dont voici les termes :

« Il est également entendu que S. M. le roi de Sardaigne ne « peut transférer la partie neutralisée de la Savoie qu'aux condi- « tions où il la possède lui-même, et qu'il appartiendra à S. M. « l'empereur des Français de s'entendre à ce sujet tant avec « les puissances représentées au congrès de Vienne qu'avec la « Confédération helvétique et de leur donner des garanties qui « résultent des stipulations rappelées dans cet article. »

Pour modifier ou supprimer cet article, nous n'avons donc pas à consulter que nos seules convenances.

En ce qui concerne le pays de Gex, le traité de Paris du 20 novembre 1815 s'oppose à l'établissement d'une ligne de douane à la frontière géographique ; pour la zone sarde, c'est le traité du 24 mars 1860 qui y met obstacle. »

On n'aurait pu reconnaître d'une manière plus précise que les droits de la Suisse et les devoirs de la France n'avaient pas été modifiés par l'événement de 1849. Or, cette situation, si clairement définie, était encore celle qui prévalait lorsque, après la grande guerre, les puissances de l'Entente entreprirent le règlement de la paix.

II

L'article 435 du traité de Versailles.

Le régime des zones franches, quoique imposé par les traités, n'en avait pas moins quelque chose d'anormal. Il est donc naturel que la France ait désiré profiter du règlement de la paix pour en obtenir la modification, moyennant le consentement de la Suisse, d'abord, puis des puissances signataires des traités de 1815. Le gouvernement français ayant fait connaître son désir à la Suisse, le Conseil fédéral délégua à Paris son président, M. Gustave Ador. La Suisse consentit à renoncer à la neutralité militaire de la Savoie du Nord. Quant aux zones franches, elle consentit à ce qu'il fût reconnu que les stipulations de 1815 « ne correspondaient. plus aux circonstances actuelles », mais à la condition expresse que le régime de ces territoires serait réglé « par la France et par la Suisse, d'un commun accord, dans les conditions jugées opportunes par les deux pays ».

Telle fut l'origine de l'article 435 du traité de Versailles. En voici le texte, dans lequel je souligne moi-même certains passages :

Les Hautes Parties Contractantes, *tout en reconnaissant les garanties stipulées en faveur de la Suisse* par les traités de 1815 et notamment l'Acte du 20 novembre 1815, *garanties qui constituent des engagements internationaux* pour le maintien de la paix, constatent cependant que les stipulations de ces traités et conventions, déclarations et autres Actes complémentaires relatifs à la zone neutralisée de Savoie, telle qu'elle est déterminée par l'alinéa 1 de l'article 92 de l'Acte final du Congrès de Vienne et par l'alinéa 2 de l'article 3 du traité de Paris du 20 novembre 1815, ne correspondent plus aux circonstances actuelles. En conséquence, les Hautes Parties Contractantes *prennent acte de l'accord intervenu entre le gouvernement français et le gouvernement suisse* pour l'abrogation des stipulations relatives à cette zone qui sont et demeurent abrogées.

Les Hautes Parties Contractantes reconnaissent de même que les stipulations des traités de 1815 et des autres Actes complémentaires relatifs aux zones franches de la Haute-Savoie et du pays de Gex ne correspondent plus aux circonstances actuelles et *qu'il appartient à la France et à la Suisse de régler entre elles, d'un commun accord,* le régime de ces territoires, *dans les conditions jugées opportunes par des deux pays.*

L'article 435 est suivi de deux annexes, une note du Conseil fédéral suisse au gouvernement français, en date du 5 mai 1919, et une réponse du gouvernement français à cette note, en date du 18 mai 1919.

Dans sa note, le gouvernement suisse spécifiait que « les parties contractantes du traité de paix devraient chercher à obtenir le consentement des puissances signataires des traités de 1815 et de la Déclaration du 20 novembre 1815, qui n'étaient pas signataires du traité de paix actuel ». Ces puissances étaient l'Espagne et la Suède ; leur consentement fut obtenu. Puis, le gouvernement suisse disait ceci, qu'il eût été presque inutile de dire, tant cela était évident : « Il est admis que les stipulations des traités de 1815 et autres Actes complémentaires concernant les zones franches resteront en vigueur jusqu'au moment où un nouvel arrangement sera intervenu entre la Suisse et la France pour régler le régime de ces territoires ».

Pour toute personne de bonne foi, l'article 435 aurait dû être très clair. Les premières parties soulignées dans l'alinéa 1 se rapportent manifestement à toutes les stipulations concernant les zones, non seulement la zone neutralisée, mais les zones franches. Or, ces stipulations sont « reconnues » par les parties contractantes comme constituant des « engagements internationaux ». Celles de ces stipulations concernant la zone neutralisée étaient déclarées abrogées, parce qu'un accord dans ce sens avait été conclu entre la France et la Suisse. Quant à celles concernant les zones franches, elles devaient être abrogées après que, d'un « commun accord » conclu entre la France et la Suisse, elles auraient été remplacées par d'autres stipulations.

Or, peu à peu, on vit se manifester, du côté français, une théorie qui était en opposition avec le sens évident du texte officiel. L'article 435 aurait supprimé le régime existant, celui des zones franches avec le cordon douanier français en arrière de la frontière politique, et l'accord prévu entre la France et la Suisse ne devait porter que sur l'établissement d'un régime nouveau à substituer au régime supprimé.

La réponse française à la note suisse du 5 mai 1919 (Annexe II à l'article 435) pouvait déjà faire prévoir des difficultés. Il y était dit, par exemple : « La stipulation qui fait l'objet du dernier alinéa de l'article 435 est d'une telle clarté qu'aucun doute ne saurait être émis sur sa portée, spécialement en ce qui concerne le désintéressement qu'elle implique désormais à l'égard de cette question de la part des puissances autres que la France et la Suisse. » Cela avait l'air de vouloir dire que ces puissances avaient donné carte blanche à la France à l'égard de la Suisse. Or, c'était absolument faux. Le « désintéressement » de ces puissances supposait une condition formelle : un « commun accord » entre la France et la Suisse établissant un régime nouveau accepté par les deux parties. La réponse française parlait ensuite de l'opportunité d'établir un nouveau régime douanier dans les zones, puis ajoutait : « Il va de soi que cela ne saurait en rien porter atteinte au droit de la France d'établir dans cette région sa ligne douanière à la frontière politique, ainsi qu'il est fait sur les autres parties de ses limites territoriales et ainsi que la Suisse l'a fait elle-même depuis longtemps sur ses propres limites dans cette région. » En parlant ainsi, le gouvernement français s'arrogeait un « droit » que l'article 435 ne lui donnait pas sans condition, puisqu'il le subordonnait à un « commun accord » entre la France et la Suisse. Il faut noter, comme un fait important, que le gouvernement français ne contestait pas, — il eût été paradoxal de le contester, — que les stipulations de 1815 « resteraient en vigueur jusqu'au moment où un nouvel arrangement serait intervenu entre la Suisse et la France pour régler le régime de ces territoires ». Mais il disait ceci, qui dénotait comme une

arrière-pensée de s'émanciper de cette obligation : « Le
gouvernement de la République ne doute pas que le maintien provisoire du régime de 1815, relatif aux zones franches,
et qui a évidemment pour motif de ménager le passage
du régime actuel au régime conventionnel, ne constituera
en aucune façon une cause de retard à l'établissement
du nouvel état de choses reconnu nécessaire par les deux
gouvernements. » Ou cela ne voulait rien dire, ou cela
signifiait une menace grave. La négociation d'un accord
sur une question aussi compliquée que celle des zones
devait forcément constituer une « cause de retard ». Mais
l'événement a montré ce que le gouvernement français
voulait dire par là : il se réservait le droit, dans le cas
où le « retard » serait trop long à son gré, d'accomplir
un acte qu'il n'avait le droit d'accomplir qu'après la conclusion d'un « commun accord ».

On va voir maintenant comment le gouvernement
français procéda, et de quelle manière il viola ses engagements, non seulement à l'égard de la Suisse, mais encore
à l'égard de la Savoie.

III

Contre la Suisse.

Les négociations s'étant engagées entre les gouvernements français et suisse en vue d'instituer un régime
nouveau pour les zones, elles traînèrent, sans aboutir
à aucun résultat, pendant près de deux ans. Du côté
français, on a accusé le gouvernement suisse d'avoir
fait preuve d'intransigeance, et même de mauvaise volonté. Du côté suisse, on l'a contesté, en citant des faits
à l'appui. Juridiquement, cette question de bonne ou de
mauvaise volonté n'aurait pas dû entrer en ligne de compte.
La Suisse possédait un droit, et elle était libre de mettre
de la bonne ou de la mauvaise volonté à y renoncer.

En fait, la divergence de vues était importante. La Suisse tenait à maintenir l'existence des zones, avec le cordon douanier français en arrière de la frontière politique ; mais elle consentait à modifier les conditions dans lesquelles se faisaient les échanges entre les deux pays. La France, par contre, attachait une importance spéciale à faire coïncider sa frontière douanière avec sa frontière politique.

Le 26 mars 1921, le gouvernement français adressa au gouvernement suisse une note pour lui faire savoir que, en présence de la lenteur des négociations, il « reprenait sa liberté d'action ». Le gouvernement suisse, disait-il, « semblait s'attribuer sur une partie du territoire français une sorte de privilège économique incompatible avec la souveraineté de la France ». Or, personne ne s'était jamais avisé de soutenir que la France n'était pas souveraine dans les zones franches. Du reste, ce n'était pas le gouvernement suisse qui s' « attribuait » ce privilège économique ; ce sont les traités qui l'avaient formellement concédé à la Suisse. Le gouvernement français disait encore ceci, sur quoi il faut attirer l'attention : « Déférant aux vœux réitérés des commissions compétentes de la Chambre des députés et du Sénat, il se voit dans l'obligation d'envisager dès à présent l'établissement de la ligne douanière française à la frontière, et de déposer le projet de loi l'autorisant à procéder à cette mesure. » Si une loi était nécessaire pour autoriser le gouvernement français à procéder à cette mesure, c'est donc que l'article 435 ne l'y autorisait pas. Cet aveu est à retenir.

Ici se pose de nouveau une question très grave, dont il a déjà été parlé au sujet du canal interocéanique. Un Parlement a-t-il le droit d'abroger unilatéralement, par une loi, un traité en vigueur? On a vu que le Parlement américain s'arrogeait le droit de modifier, ou même d'abroger des traités. Le Parlement français avait fait de même, en 1905, en abrogeant unilatéralement, par la loi de séparation, le Concordat qui était en vigueur entre la France et le Saint-Siège. Mais cette pratique arbitraire est absolument contraire au droit des gens. A plus forte raison un gouvernement ne saurait-il se prévaloir de la décision d'une assemblée provinciale pour s'émanciper d'obligations résultant d'un traité. Or, M. Poincaré devait se prévaloir ultérieurement d'un vœu émis par le conseil général de la Haute-Savoie.

Que dirait le gouvernement français si le Parlement allemand votait une loi abrogeant le traité de Versailles, et si le gouvernement allemand, se prévalant de cette loi et, en outre, d'un vœu émis par une Diète provinciale, par exemple celle de la Rhénanie, prétendait considérer désormais le traité comme nul et non avenu?

Le *Journal des Débats* du 28 mars 1921, par la plume de M. Auguste Gauvain,. formula l'avis suivant sur le projet de loi relatif aux zones franches :

Il importe que le projet de loi déposé le 24 mars reste dans les tiroirs des présidents des deux Chambres. Le gouvernement français ne saurait, sans provoquer à Berne et à Genève une irritation légitime, établir unilatéralement dans la Haute-Savoie un régime qu'il a promis « de régler d'un commun accord, dans les conditions jugées opportunes par les deux pays ». Même à titre de moyen de pression, le dépôt d'un projet de loi est contre-indiqué. Il produira en Suisse l'effet contraire à celui qu'on espèce à Paris. M. Briand, dont les bonnes dispositions personnelles sont certaines, a probablement signé, sans bien en peser les termes, les papiers qu'on lui a présentés. A la réflexion il remettra sans doute les choses au point.

Au mois d'avril 1921, un événement se produisit en Suisse, qui devait jouer ultérieurement un rôle important dans la controverse. Une modification constitutionnelle institua le référendum pour les traités internationaux liant la Confédération pour une durée de plus de quinze ans. Autrement dit, le peuple suisse aurait désormais le droit de rejeter par voie de plébiscite, tout traité de ce genre, comme il avait eu jusqu'alors le droit de rejeter n'importe quelle loi votée par le Parlement.

Les négociations continuèrent entre les deux gouvernements français et suisse, et finirent par aboutir à la convention du 7 août 1921. La France obtenait satisfaction en ce qui concerne le transfert de son cordon douanier à sa frontière politique. Quant aux facilités réciproques pour les échanges, toute une série de produits et de marchandises pourraient entrer des deux côtés en franchise. D'autres seraient « contingentés ». Il était prévu que les litiges qui pourraient s'élever entre les deux parties seraient soumis à un tribunal arbitral choisi par elles, ou, à son défaut, à la Cour internationale de justice de La Haye. Cette convention fut approuvée par les Chambres fédérales suisses en février et mars 1922. Mais elle déplaisait à une partie importante de l'opinion. Une campagne référendaire s'organisa donc, en vue de la faire rejeter par le peuple.

Le projet de loi français qui avait été annoncé au gouvernement suisse par la note du 26 mars 1921 n'était pas « resté dans les tiroirs des présidents des deux Chambres », comme le *Journal des Débats* en avait exprimé le vœu. il avait été, au contraire, discuté par le Parlement, et devint la loi du 16 février 1923, qui supprimait les zones franches et contenait des stipulations sur le nouveau régime à appliquer à ces territoires. Cette « loi relative à la réforme du statut douanier des zones franches du pays de Gex et de la Haute-Savoie » devait être mise en vigueur ultérieurement par un décret spécial.

Le 18 février 1923, le peuple suisse, usant de son nouveau droit de référendum, rejeta la convention du 7 août 1921. Le 19 mars suivant, le gouvernement suisse avisa le gouvernement français que, dans ces conditions, il ne pouvait pas ratifier ladite convention. Le 21 mars, M. Poincaré répondit au ministre de Suisse à Paris. Le gouvernement français « n'estimait pas que les motifs invoqués par le gouvernement fédéral pour déclarer qu'il n'était pas en mesure de ratifier la convention du 7 août 1921 fussent fondés ». Cette opinion se basait sur ce fait : que le référendum pour les traités internationaux n'avait été institué en Suisse qu'après la signature du traité de Versailles, et qu'on ne pouvait donc pas l'appliquer à une convention conclue en vertu de l'article 435 de ce traité. M. Poincaré demandait donc au gouvernement suisse de ratifier la convention. En Suisse, on fut très ému, et à juste titre, de cette prétention, car elle ne tendait à rien de moins qu'à passer outre à la volonté du peuple. C'est ce qu'expliqua le Conseil fédéral, dans sa réponse à M. Poincaré, en date du 26 mars. M. Poincaré n'insista pas pour la ratification de la convention. Il se déclara prêt à étudier, dans l'esprit le plus amical, les propositions que le gouvernement suisse voudrait bien lui communiquer. Mais sa lettre au ministre de Suisse se terminait de la manière suivante : « Je devrai, bien entendu, dans les négociations qui s'engageront, tenir compte des droits que l'article 435 du traité de Versailles a conférés au gouvernement de la République et des obligations que lui a imposées la loi française du 16 février dernier. » Or, pour la raison indiquée plus haut, aucune loi ne pouvait imposer à ce gouvernement des obligations qui fussent en opposition avec le traité, et ce traité prévoyait formellement un « commun accord » entre les deux gouvernements français et suisse.

Tout était donc à recommencer.

M. Poincaré entreprit alors, par une voie détournée, de passer outre à la volonté exprimée par le peuple suisse. Il proposa au gouvernement suisse de « répartir, entre divers accords techniques, les matières primitivement contenues dans la convention du 7 août 1921 ». Le gouvernement suisse ne put naturellement pas accepter cette manière un peu hypocrite de procéder, pas plus qu'il n'avait pu ratifier la convention malgré le résultat négatif du référendum. Mais il avisa M. Poincaré qu'il allait lui soumettre un nouveau projet de règlement élaboré par la Chambre de commerce de Genève.

Sans attendre cette communication, M. Poincaré résolut de frapper un grand coup. Le 10 octobre 1923, il informa le ministre de Suisse à Paris que la loi du 16 février 1923 serait mise en vigueur le 10 novembre suivant. Le 12 octobre le *Journal officiel* publia un décret la mettant en vigueur à cette date. Ce décret était accompagné d'un rapport au Président de la République. Dans ce rapport, M. Poincaré faisait l'historique de la question et des négociations franco-suisses. Il y répétait l'inexactitude signalée plus haut : que le régime des zones aurait été la conséquence des défaites de la France en 1814 et 1815. Il y accusait presque le gouvernement suisse de mauvaise foi, en ce sens que, par sa lettre annexée à l'article 435, il serait revenu sur une concession, la suppression des zones, qu'il aurait faite précédemment. Au demeurant, la mesure prise n'était qu'une « mesure conservatoire », et, dans l'esprit de M. Poincaré, elle ne devait pas mettre fin aux négociations avec la Suisse en vue d'un règlement définitif. Le 17 octobre, le gouvernement suisse répondit à la note française du 10 octobre et à la publication du *Journal officiel* du 12. Il considérait comme inadmissible la prétention de M. Poincaré « de trancher, par un acte de sa seule volonté, le nœud même du litige ». Il protestait contre la mesure projetée. Il déclarait qu'il lui serait impossible de continuer les négociations si l'application du décret n'était pas suspendue pendant toute leur durée. Enfin, il proposait de soumettre le différend à l'arbitrage. Dans sa réponse, du 25 octobre, M. Poincaré exprima l'opinion que l'application du décret ne pouvait pas interrompre les négociations. A quatre reprises, dans cette réponse, il répéta que la question devait être résolue avant la rentrée des Chambres françaises, semblant ainsi rabaisser le débat au niveau d'une simple préoccupation de cuisine parlementaire. Le 30 octobre, le gouvernement suisse l'informa qu'il maintenait son point de vue. Le 7 novembre, M. Poincaré fit connaître sa décision : le décret recevrait son application. Mais le gouvernement français accepterait la procédure de l'arbitrage, si les deux gouvernements ne tombaient pas d'accord sur un règlement leur donnant satisfaction à l'un et à l'autre. Le 10 novembre, le cordon douanier français était transféré à la frontière politique.

Cette manière de procéder était manifestement irra-

tionnelle, à moins qu'elle ne fût déloyale. Elle était irrationnelle, si M. Poincaré avait l'intention de déplacer
de nouveau le cordon douanier dans le cas où l'arbitrage
lui donnerait tort. Car, dans ce cas, il en serait résulté
des complications administratives et des frais inutiles,
sans parler de l'accroc fait aux principes. Elle était déloyale, si M. Poincaré, escomptant que le gouvernement
suisse refuserait de continuer les négociations, avait
l'intention de se prévaloir de ce refus pour laisser le cordon
douanier à la frontière politique.

De toute manière, M. Poincaré, par cet acte unilatéral,
violait trois traités internationaux : le traité du 20 novembre 1815, qui garantissait l'existence de la zone franche
du pays de Gex; le traité du 24 mars 1860, par lequel
la France avait reçu la Savoie aux mêmes conditions
que la possédait le roi de Sardaigne; enfin le traité de
Versailles, dont l'article 435 stipulait que l'état de choses
créé par les deux premiers traités ne pourrait être modifié
que moyennant un « commun accord » entre la France
et la Suisse.

Par une note du 12 novembre 1923, le gouvernement
suisse renouvela sa « protestation solennelle » contre le
transfert du cordon douanier. Il se déclara prêt à étudier
un nouveau régime qui, le cordon douanier restant éloi-
gné de la frontière politique, établirait cependant des
conditions de réciprocité en faveur des nationaux des
deux pays. En prenant acte des dispositions du gouvernement français à entrer dans la voie de l'arbitrage, il
déclara qu'il ne doutait pas qu'il ne voulût y entrer « sans
réserve ».

Or, la suite des événements devait prouver que M. Poincaré, en procédant au transfert du cordon douanier, n'avait
pas agi d'une manière irrationnelle, mais d'une manière
déloyale, et même plus déloyale qu'on n'aurait pu s'y
attendre. Après avoir annoncé qu'il entrerait dans la voie
de l'arbitrage, il se montra si peu disposé à y entrer « sans
réserve », qu'il prétendit soustraire aux arbitres le fond
même du litige, à savoir la question du transfert du cordon

douanier. L'arbitrage qu'il avait en vue ne devait porter que sur le nouveau régime douanier à substituer au régime des zones, autrement dit sur les compensations qui seraient accordées à la Suisse pour le transfert du cordon douanier. Cela équivalait à soutenir que l'article 435 avait supprimé « sans conditions » le régime des zones, et que le « commun accord » prévu par le traité ne s'appliquait qu'au régime à lui substituer. C'est ce qui résulta de sa note du 22 janvier 1924, répondant à celle du gouvernement suisse du 12 novembre.

Ce point de vue était tellement insoutenable, qu'on comprenait très bien que M. Poincaré ne voulût pas le soutenir devant des arbitres impartiaux.

Le 14 février 1924, le gouvernement suisse proposa un projet précis de compromis d'arbitrage, demandant que le gouvernement français acceptât l'arbitrage sur le fond même de la question. Le 19 mars suivant, le gouvernement français proposa au gouvernement suisse de désigner un juriste qui s'aboucherait avec un juriste français pour établir le compromis d'arbitrage. M. Poincaré acceptait-il par là le point de vue du gouvernement suisse? Dans le *Journal de Genève* du 10 avril 1924, son correspondant parisien, M. Pierre Bernus, expliquant les raisons qu'il y avait d'en douter, disait : « La procédure suggérée par M. Poincaré n'aurait aucun sens et aurait même un peu l'air d'une mauvaise plaisanterie si elle ne devait pas conduire à l'arbitrage sur l'interprétation même de l'article 435. » M. Poincaré avait-il l'intention de se livrer à cette « mauvaise plaisanterie »? Il est difficile de dire quelle tournure les pourparlers auraient prise sous son administration et à quel résultat ils auraient abouti. En effet, c'est le 3 mai 1924, peu de jours avant les élections du 11 mai qui devaient mettre un terme au régime poincariste, que les deux juristes français et suisse, MM. Fromageot et Logoz, s'abouchèrent à Paris. Les pourparlers se poursuivirent donc sous l'administration de M. Herriot, qui apporta un esprit tout nouveau dans la direction de la diplomatie française.

Ces pourparlers aboutirent au projet de compromis
d'arbitrage du 30 octobre 1924, qui prévoyait l'arbitrage
de la Cour de justice internationale de La Haye sur l'ensemble du différend, y compris l'interprétation de l'article
435. Ce projet ayant été accepté par le Parlement suisse,
sans que le peuple y fît opposition, le gouvernement
français présenta à la Chambre des députés, le 29 octobre
1925, un projet de loi portant ratification de ce projet
de compromis d'arbitrage.

IV

Contre la Savoie

A l'occasion du projet de loi français supprimant les
zones franches, M. Henry Bordeaux, de l'Académie française, publia dans le *Figaro* du 11 mai 1921 un article
intitulé : « La Parole de la France ». Savoyard lui-même,
il y étudiait la question du point de vue exclusivement
franco-savoyard, c'est-à-dire en ce qui concerne les engagements pris par la France au moment de l'annexion de
la Savoie. Il rappelait les faits suivants. Le 21 mars 1860,
une délégation de conseillers provinciaux et municipaux
fut reçue par Napoléon III. Elle lui fit connaître le désir
des populations d'être toutes réunies à la France, *en sauve-
gardant les relations commerciales avec Genève et la Suisse.*
Dans sa réponse, Napoléon III dit, notamment, ceci :
« Quant aux intérêts politiques et commerciaux qui lient
à la Suisse certaines parties de la Savoie, il sera facile, je
crois, de les satisfaire par des arrangements particuliers.
Je tiendrai à honneur de réaliser toutes vos espérances. »
Quelques jours plus tard, le ministre des affaires étrangères,
Thouvenel, fit connaître aux municipalités de Thonon,
Bonneville et Saint-Julien, la résolution du gouvernement
français d'assurer à cette partie de la Savoie les franchises

17

douanières telles qu'elles existaient alors dans le pays de Gex, et autorisa la publication de cet engagement. En outre, M. Laity, commissaire impérial envoyé en Savoie, fit connaître partout cet engagement pris envers les populations, en déclarant que celles-ci pourraient en prendre acte lors du plébiscite sur l'annexion en votant « oui et zone ».

Le plébiscite eut lieu les 22 et 23 avril 1860. Il y eut, pour toute la Savoie, 130.533 « oui » et 235 « non ». Pour la zone franche, il y eut 47.444 votants, 47.076 « oui et zone », 232 « oui » simples, et 131 « non ».

Après avoir rappelé ces faits, M. Henry Bordeaux concluait ainsi :

Il serait profondément regrettable que la presse et le Parlement négligeassent cet aspect de la question. Car c'est précisément sous cet aspect qu'elle est importante. Il ne faut pas dire qu'elle n'intéresse qu'un territoire de 3.000 kilomètres carrés et une population de 160.000 habitants. La question, *qui est une des plus hautes questions du droit public*, se pose ainsi et non autrement :

Quand un pays s'est annexé volontairement à une nation par un vote de ses habitants et qu'il a été expressément convenu que ce pays aurait un régime économique déterminé, la nation annexante peut-elle, contre la volonté des annexés ou sans les avoir consultés, détruire ce régime économique ?

Il ne s'agit pas de savoir si la nation annexante a la puissance nécessaire pour imposer sa volonté ; il s'agit de savoir si elle a le droit de passer outre sa parole.

La réponse n'est pas douteuse. Surtout depuis la guerre où la France vient de se montrer le champion du Droit et où, par la victoire des Alliés, les populations ont reçu de toutes parts le pouvoir de décider de leur sort, par quels arguments pourrait-on soutenir qu'il serait permis à un État de rompre à lui seul le contrat passé par lui quand il acceptait de s'annexer un pays qui en exprimait le désir passionné, mais qui avait demandé et obtenu des engagements précis au sujet du régime économique auquel il serait soumis ?

Une campagne s'organisa en Haute-Savoie, d'abord au sujet du projet de loi français, et ensuite au sujet de la convention franco-suisse du 7 août 1921. Car le projet de loi et la convention, qui supprimaient les zones, étaient l'un et l'autre considérés comme portant atteinte aux droits de la Savoie. Mais les Savoyards comprenaient sans doute que leur opposition ne parviendrait pas à faire revenir le gouvernement français sur sa résolution. C'est pourquoi, tout en dénonçant la violation de leurs droits, ils insistaient surtout pour qu'il leur fût accordé des compensations aussi importantes que possible.

Sur le caractère de cette campagne, le *Matin* du 23 avril 1921 publia la dépêche suivante de Bonneville :

Le projet du gouvernement sur les zones franches a mis en effervescence les populations intéressées qui y trouvent une méconnaissance inacceptable des droits qu'elles détiennent depuis le traité d'annexion de 1860.

Après la réunion, hier, de tous les maires de l'arrondissement de Thonon, aujourd'hui ceux de l'arrondissement de Bonneville, au nombre d'une soixantaine, ont à leur tour protesté contre les compensations proposées par le gouvernement.

La plupart des conseillers généraux et d'arrondissement assistaient à la séance. Dans un ordre du jour voté à l'unanimité, ils font valoir que les Savoyards zoniers avaient des droits certains qui ne sauraient être violés, et que, s'ils consentent, devant les nécessités économiques du pays, au recul du cordon douanier à la frontière géographique, ils exigent avec fermeté, non une faveur, mais le rachat d'un droit.

Les maires de l'arrondissement de Bonneville demandent au Parlement de s'en tenir aux desiderata de la commission consultative des zones, qui s'est tenue à Paris les 30 juin et 1er juillet derniers, notamment en ce qui concerne la redevance annuelle de 10 millions payée pendant dix années par l'État aux zones franches de la Haute-Savoie et du Pays de Gex. Ils envisagent l'éventualité d'une démission collective des municipalités si l'État, expropriant les populations zonières des droits consacrés par le traité de 1860, ne consent pas à leur payer cette expropriation, qui serait considérée dans ce cas par elles comme un déni de justice.

Très caractéristique a été la délibération suivante, prise par le conseil municipal de La Roche, le 11 décembre 1921, et publiée par le *Messager de la Haute-Savoie* du 17 décembre :

1° Considérant que l'annexion de la Savoie à la France s'est opérée en vertu du traité de Turin, du 28 mars 1860, lequel traité stipule en son article III que cette annexion devait se faire sans nulle contrainte de la volonté des populations.

2° Considérant que la volonté des populations s'est manifestée par le plébiscite du 22 avril 1860, par lequel les habitants des zones ont acquiescé, à la presque unanimité, à leur annexion à la France, mais sous les conditions d'un régime économique particulier.

3° Considérant que la France a accepté ces conditions et institué, à cet effet, le régime des zones franches qui a donné, jusqu'ici, entière satisfaction aux habitants de ce territoire.

4° Considérant que dans les conditions précitées, l'annexion de la Savoie à la France constitue un pacte solennel entre la France, d'une part, et les habitants des zones, d'autre part, et que l'annulation de ce pacte ne peut se faire que par la volonté des parties contractantes.

5° Considérant que la nouvelle Convention franco-suisse, signée à Paris, le 7 août 1921, constitue, si elle est ratifiée, une violation du pacte de 1860 existant entre la France et les zoniens.

6° Considérant que la France ne peut, de son autorité, annuler ledit pacte, sans que la question de l'annexion se pose à nouveau et que les habitants des territoires intéressés se prononcent pour dire si, dans les nouvelles conditions, ils maintiennent leur annexion à la France ou entendent s'en détacher pour s'ériger en Etat libre, autonome.

7° Considérant enfin qu'aucune modification au pacte de 1860 ne peut être apportée par une seule des parties contractantes au détriment de l'autre si de sérieuses compensations ne sont pas faites aux habitants des zones.

Pour tous ces motifs : le conseil,

A l'unanimité émet le vœu qu'aucune modification ne soit apportée au pacte qui a institué les zones sans que les populations intéressées soient consultées ou, à défaut, qu'il leur soit accordé des compensations importantes pour l'abandon volontaire, non moins important, de leurs droits et privilèges.

De l'article de M. Henry Bordeaux signalé plus haut, on peut rapprocher celui d'un autre Savoyard, M. Tredicini Saint-Severin, paru dans la *Revue de Paris* du 1er novembre 1923. L'auteur y montrait à la fois la violation des droits des Savoyards et le préjudice qui en résulterait pour leurs intérêts. Il concluait par cette réflexion :

Cette abrogation brutale, de plus, créera pour l'avenir un fâcheux précédent. Le pays de la Sarre, aux termes du traité de Versailles, aura à voter, en 1935, pour décider de sa nationalité ! Il est plus que probable qu'en raison de sa situation, il demandera un régime douanier approprié. Quelle confiance pourra-t-il mettre en un statut particulier, s'il se reporte au sort du pacte de 1860, en Haute-Savoie?

La France, en annexant les trois anciennes provinces du duché de Savoie : Chablais, Faucigny, Haut-Genevois, a assumé la charge de protéger et de développer tous les éléments de prospérité de ce pays qui s'est donné à elle, et non de les supprimer.

Dans sa correspondance avec le gouvernement suisse,
M. Poincaré s'est prévalu d'un vœu récent, émis, à l'unanimité, par le conseil général de la Haute-Savoie, et invitant le gouvernement à mettre en vigueur la loi du 16 février 1923, « sans attendre le résultat des nouvelles négociations avec la Confédération helvétique ». Est-ce donc
que les Savoyards s'étaient pris d'un subit enthousiasme
pour cette loi, si contraire à leurs vœux et à leurs intérêts?
L'explication est sans doute tout autre. Après le rejet de la
convention franco-suisse par le peuple suisse, ils devaient
craindre qu'une nouvelle convention ne fût négociée, plus
favorable à la Suisse et peut-être moins favorable pour eux.
En demandant l'application immédiate de la loi française,
ils devaient choisir entre deux maux le moindre. Du reste,
pour annuler le résultat d'un plébiscite, il faut un nouveau
plébiscite, et non pas simplement un vœu émis par un
conseil général qui n'a pas reçu le mandat spécial de se
prononcer sur la question.

V

Pour que Genève pardonne

Après avoir montré de quelle manière le gouvernement
français a violé les traités aux dépens de la Suisse, je voudrais plaider les circonstances atténuantes en faveur de la
France auprès du peuple suisse en général, et du peuple
suisse romand en particulier. Car c'est surtout auprès de
celui-ci qu'il importe de les plaider. Comme il portait à la
France une sympathie toute particulière, il est possible
que, par une opération psychologique très naturelle, cette
sympathie fasse place d'autant plus aisément à un sentiment contraire. Mais, pour m'acquitter de cette tâche, je
suis obligé de parler de l'attitude qu'a observée la Suisse
romande pendant la guerre, et je ne puis pas le faire sans

rattacher ce sujet à ce qu'on pourrait appeler la question suisse en général.

Composée de trois parties, allemande, française et italienne, la Suisse n'est intéressante, elle n'a de raison d'être comme État, que si elle représente une synthèse des trois grandes nations voisines. Représentant cette synthèse, elle peut même être, toute petite qu'elle est, plus intéressante que chacune de ces trois grandes nations. Le jour où elle ne représenterait plus que la juxtaposition de trois appendices, — de l'Allemagne, de la France et de l'Italie, — elle perdrait tout intérêt et toute raison d'être. Dans certains pays étrangers peu au courant des réalités géographiques, on s'est toujours représenté la Suisse sous cette image des trois appendices. C'est pourquoi on y considère les Suisses comme des Allemands, des Français ou des Italiens de deuxième classe, au lieu de voir en eux des hommes qui peuvent être de toute première classe, parce que pouvant résumer en eux trois types nationaux différents ayant des qualités différentes.

Ce caractère synthétique de la Suisse n'a pas seulement l'avantage de rendre les Suisses plus intéressants comme hommes. Il contribue pour beaucoup à l'union du pays, puisqu'il ne s'agit pas d'y faire vivre en bonne intelligence des Allemands, des Français et des Italiens. Bienfaisant pour la Suisse, ce caractère synthétique peut l'être tout autant pour les peuples voisins. Car la Suisse peut devenir ainsi un élément de concorde, un trait d'union entre ces peuples, ce qui ne saurait être le cas si ses habitants se divisaient en trois clientèles de chacun d'eux.

Pour qu'on ne me reproche pas en France ce que je dirai par la suite, j'insiste donc sur ce point : que les trois grands États voisins de la Suisse, — la France comme les deux autres, — n'ont pas intérêt à avoir chez elle une clientèle trop dévouée, correspondant à chacun des trois éléments ethniques qui la composent.

Le caractère synthétique de la Suisse s'éclipserait, il deviendrait illusoire, s'il ne se manifestait pas sous la forme de l'objectivité, de l'impartialité, dans les grandes

controverses internationales, et, plus encore, dans les
grands conflits internationaux. C'est surtout alors qu'une
Suisse synthétique peut rendre de grands services au
monde tout en servant son propre intérêt.

Pendant la guerre mondiale, la Suisse s'est-elle confor-
mée à ce caractère? A-t-elle joué ce rôle?

Dès le mois de février 1917, plus d'un an avant la fin
de la guerre, la *Contemporary Review* répondait à cette
question dans un article intitulé *Switzerland and the War*.
L'auteur, qui signait O. de L., constatait que la presse
suisse allemande avait su garder un caractère de neutralité
que n'observait pas la presse suisse romande, laquelle
faisait, sans réserve, cause commune avec l'Entente,
spécialement avec la France. Il estimait qu'en observant
la neutralité on méritait mieux de la cause suisse qu'en
faisant le contraire. C'est pourquoi il prévoyait que, la
guerre terminée, l'influence suisse allemande l'emporterait,
dans la politique suisse, sur l'influence suisse romande, et,
comme ressortissant d'un pays de l'Entente, il le regrettait.

On pourrait dire que, pendant et après la guerre, la
Suisse romande était devenue un appendice de la France,
sa cliente.

Le collaborateur de la *Contemporary Review*, qui avait
très bien observé les faits, se trompait manifestement en
ce qui concerne leurs causes. Il expliquait l'attitude de la
presse suisse romande par la sympathie naturelle que
devait créer entre la Suisse romande et la France une
communauté de race et de langue. Or, cette communauté existait déjà en 1870, ce qui n'avait pas empêché
la Suisse romande de se montrer plus favorable à l'Allemagne qu'à la France (1). D'autre part, on ne peut pas
dire que, avant la guerre mondiale, elle se soit montrée
particulièrement favorable à la France. En réalité, son
attitude pendant cette guerre a eu pour cause qu'elle avait

------

(1) Voir à ce sujet, dans la revue zurichoise *Wissen und Leben*
(15 janvier 1916), l'article de M. F. Lifschitz : « L'attitude de la
presse suisse dans la guerre franco-allemande de 1870-71. »

adopté, sur son caractère, la version idéaliste que la propagande de l'Entente avait su accréditer. Pour les Suisses romands, la guerre n'était pas ce qu'elle était en réalité, une guerre d'intérêts et d'appétits comme toutes les autres, une lutte d'impérialismes rivaux. C'était la guerre du droit contre la négation du droit, de la démocratie contre l'autocratie, de la civilisation contre la barbarie, en un mot du Bien contre le Mal, — étant entendu que l'Entente représentait le Bien contre son contraire. Les puissances de l'Entente, la France en particulier, étaient donc devenues les champions du Bien. *La France champion du Droit,* — tel fut même le titre d'une brochure publiée à Genève.

De cette conception de la guerre, il était résulté en Suisse romande un état d'esprit extraordinaire, une exaltation dont on ne trouvait d'exemple dans aucun autre pays, même pas dans les pays belligérants. On y était plus Français qu'en France, et les Français qui y venaient devaient se surveiller pour ne pas se faire donner des leçons de patriotisme. Un étranger neutre qui vivait à Genève me disait un jour : « On peut causer posément de la guerre avec des Français, on ne peut pas le faire avec des Genevois. »

J'ai pu constater moi-même, à Paris, que l'attitude de la presse suisse romande y causait une vive surprise dans les milieux de presse. Les journalistes parisiens trouvaient tout naturel, eux belligérants, de soutenir le moral et l'endurance des foules en leur racontant des sornettes, auxquelles ils ne croyaient pas eux-mêmes, sur la guerre du droit, de la liberté et de la civilisation, sur les torts et les crimes de l'adversaire. Mais ils ne pouvaient pas comprendre que des journalistes neutres, qui n'avaient pas les mêmes raisons de parler comme eux, les imitassent au point de les surpasser.

J'ai pu constater aussi que cette surprise se manifestait ailleurs encore que dans les milieux de presse. Un fonctionnaire du ministère des affaires étrangères, qui, je crois, avait un peu dans ses attributions de suivre les mouvements de l'opinion en Suisse, me disait un jour au sujet de la presse suisse romande : « Il n'y a que le *Journal de Genève* qui essaye de rester suisse. » Il disait : « qui essaye ».

Entre autres manifestations de cette exaltation, on remarquait, de la part des publicistes suisses romands, une intolérance absolue à l'égard des quelques-uns d'entre eux qui, comme M. Jean Debrit, voulaient faire preuve d'indépendance.

Les Suisses romands qui, pendant les hostilités, sont allés dans des pays de l'Entente, ont pu constater eux-mêmes qu'on y était moins exalté qu'eux. C'est ainsi que, dans le *Journal de Genève* du 24 octobre 1915, un Genevois, M. Egmond d'Arcis, qui venait de faire un séjour en Angleterre, écrivait :

La liberté d'opinion est si grande en Angleterre que, même en ce moment où les esprits sont très excités, l'étranger peut dire tout haut son admiration pour les qualités réelles que possèdent les Austro-Allemands sans que personne le contredise, à la condition, toutefois, de ne pas blesser le sentiment patriotique des Anglais. Combien de fois ne m'a-t-on pas dit, quand j'abordais ce sujet : « Oui, les Allemands sont très forts, ils possèdent une organisation supérieure, et nous avons beaucoup à apprendre d'eux à bien des points de vue. » A cet égard, l'opinion publique, en Angleterre, est moins absolue, moins exagérée, moins exaspérée que dans bien des pays neutres.

En parlant de « bien des pays neutres », c'est surtout au sien, on n'en saurait douter, que ce Genevois voulait faire allusion (1).

J'ai connu des Français et des Anglais à qui les manifestations de cet état d'esprit causaient un véritable malaise, au point que la sympathie « exaspérée » qu'on leur témoignait leur était plus pénible qu'agréable. Un de ces Français me disait un jour : « Je préfère de beaucoup

____

(1) Le 27 janvier 1921, à Genève, à l'occasion d'une conférence qui avait lieu sous les auspices du Bureau international pour la défense du droit des peuples, un autre publiciste de cette ville, M. Louis Avennier, disait qu'il avait parcouru les différents pays belligérants, mais qu'il n'y avait trouvé nulle part une atmosphère de haine et de rancune comme à Genève et dans la Suisse romande.

causer de la guerre avec des Suisses allemands qu'avec des Suisses français. En en causant avec des Suisses allemands, j'ai quelquefois l'occasion de défendre la France ; en en causant avec des Suisses français, j'ai toujours la tentation de défendre l'Allemagne. »

Un moment vint même où la presse de la Suisse romande se vit débordée par l'opinion publique qu'elle avait fanatisée. Ce fut le cas à l'occasion du mouvement qui se produisit en Suisse en faveur du ravitaillement de Vienne, dont la population était littéralement affamée. Le *Journal de Genève* s'étant associé à ce mouvement, il eut à se défendre contre des « suspicions » et des « injures » qui lui venaient de ses lecteurs et amis politiques.

De tous les gens qui ont été trompés pendant la guerre, les Suisses romands sont certainement ceux qui se sont laissé tromper le plus. C'est pourquoi leur désillusion devait être d'autant plus grande le jour où ils reconnaîtraient qu'ils avaient pris des légendes pour des réalités. Aussi comprend-on ces accents presque douloureux que la question des zones franches arrachait au *Journal de Genève*, le 29 mars 1921 :

Les Genevois, tout en étant passionnément suisses, aiment la France, à laquelle les unissent tant de liens du sang, du sentiment et d'une civilisation commune. Ils l'aiment et l'admirent tout particulièrement depuis la dernière guerre, au cours de laquelle ils avaient pris l'habitude de voir en elle le champion héroïque de la justice, le défenseur du respect des traités et des droits des petits peuples contre l'impérialisme menaçant. Les ennemis de la France, certains neutres hostiles nous ont souvent reproché d'être des naïfs et des jobards. Nous ne nous sommes pas laissé intimider par ces railleries. Nous avons cru de bonne foi dans ce noble pays, dans l'idéal de justice internationale que nous voyions incarné en lui.

C'est un mauvais service à rendre à un pays de le mettre, dans son imagination, très au-dessus des autres, d'en faire un pays d'une essence spéciale. Quand on s'aperçoit qu'on s'est trompé, que tous les pays se valent presque, dans le bien comme dans le mal, on risque de tomber d'un excès d'admiration dans un excès contraire. C'est pourquoi pendant la guerre, je disais à quelqu'un qui habitait Genève que l'engouement des Genevois pour la France me paraissait pouvoir devenir dangereux en ce qui concernait l'avenir. Le jour viendrait certainement, disais-je, où la lumière se ferait pour eux, comme pour tous les autres, sur les réalités de la guerre. Alors, étant donné le caractère que je leur connaissais, ils seraient capables, surtout si quelque déception venait à les toucher personnellement, de faire brusquement volte-face...

*
* *

Ce qui précède, — digression trop longue à mon gré, — me ramène à mon dessein : plaider les circonstances atténuantes en faveur de la France auprès des Suisses, et des Genevois en particulier.

L'état d'esprit que je viens de définir a eu pour conséquence que les Suisses romands ont approuvé toutes les violations de traités et du droit des gens commises par les puissances de l'Entente, soit pendant la guerre, soit après. La violation de la neutralité grecque a été acceptée par leurs journaux comme une chose légitime et naturelle. Le *Journal de Genève* n'a formulé quelques réserves qu'à propos de la déposition du roi Constantin. Il en a été de même en ce qui concerne le blocus de la faim, manifestement illégal. Quand, par le traité de Versailles, l'Entente eut manqué à la parole donnée, en violant le pacte des quatorze points, la presse suisse romande approuva de nouveau. Dans le *Journal de Genève*, quelques réserves furent formulées par son correspondant londonien et par M. William Martin. Mais ce furent des voix isolées. On a même vu se produire une chose incroyable. Un des journaux les plus considérés de la Suisse romande, plus franc que ceux de l'Entente, reconnut que le traité de Versailles violait le pacte des quatorze points. Il approuvait ce manquement à la parole donnée, alléguant que le programme de M. Wilson n'était pas applicable en Europe, ce qui n'était que très partiellement vrai. Or, quand l'Entente eut fait à l'Allemagne quelques concessions, pourtant bien anodines, sur le premier projet de traité, on vit ce même journal, qui avait pourtant reconnu le manquement à la parole donnée, exprimer ses regrets que ces quelques concessions eussent été accordées ! Quand la France occupa la Ruhr, en violation manifeste du traité de Versailles, et provoqua par là une crise grave en Allemagne, la presse suisse romande approuva de nouveau.

En présence de ces violations de traités et du droit des gens, peut-on demander aujourd'hui aux Genevois et à tous les Suisses romands, qu'est-ce que la violation de traités dont ils ont le droit de se plaindre en ce qui concerne les zones franches? Un pauvre petit « chiffon de papier », en vérité. On s'en rend compte facilement, en considérant ces deux questions : le tort matériel causé ; puis, les circonstances spéciales qui atténuent la gravité de l'acte antijuridique commis.

Si le transfert du cordon douanier à la frontière politique avait dû avoir pour conséquence la suppression des facilités douanières, un préjudice matériel important aurait été causé aux Genevois et aux Savoyards. Mais il n'en était rien ; ces facilités étaient simplement atténuées. Du reste, le fait que le gouvernement et le Parlement suisses avaient consenti à ce transfert, par la convention du 7 août 1921, prouve que la séparation des deux frontières, douanière et politique, n'était pas considérée comme essentielle par la Suisse.

Pour tout dire, on a l'impression que le procédé de M. Poincaré était de nature à nuire au bon renom de la France plus encore qu'aux intérêts de la Suisse.

Quant aux circonstances atténuantes au point de vue juridique, on peut les trouver dans ces faits : le caractère tout à fait anormal, unique même, du régime des zones franches ; l'établissement, en 1849, de douanes suisses aux frontières de Genève ; la signature du traité de Versailles avant l'institution en Suisse du référendum concernant les traités internationaux ; enfin, la manière dont fut rejetée par le peuple suisse la convention du 7 août 1921.

Même en Suisse on a admis que le vote négatif du peuple
avait été déterminé, en grande partie, par le désir de manifester contre l'action de la France dans la Ruhr. Il était
naturel que cette action provoquât un sentiment de réprobation ; mais il était moins naturel de faire intervenir ce
sentiment dans une question où il n'avait rien à voir. On
pouvait donc se demander si le rejet de la convention impliquait réellement que le peuple suisse la désapprouvait.
Et, comme elle avait été approuvée par le gouvernement
et le Parlement, M. Poincaré s'est peut-être dit qu'en ne
tenant pas compte du vote du peuple, il ne faisait pas
violence au sentiment suisse en ce qui concerne les zones.

Encore une fois, l'acte de M. Poincaré était injustifiable,
et les faits qui viennent d'être signalés n'ont que la valeur
de circonstances simplement atténuantes, pas même très
atténuantes.

Mais les Suisses romands, en rapprochant ces faits de
l'approbation qu'ils ont accordée à la France lorsque,
seule ou en compagnie de ses alliés, elle violait aux dépens
d'autres pays que la Suisse des traités autrement importants que ceux relatifs aux zones franches, et causait à
ces pays un tort autrement grave que celui qu'elle a causé
à la Suisse, trouveront dans ce rapprochement un motif
d'indulgence.

Quant aux Suisses en général, ils trouveront un motif
d'indulgence dans ce livre, où il leur a été montré que la
violation des traités et du droit des gens est une pratique
courante dans les rapports internationaux, et que presque
tous les États y ont eu recours. Ils auront peut-être même
l'impression que, à cet égard, les torts de la France ont été
moins graves que ceux d'autres États.

Chapitre XIV

GRAVITÉ COMPARÉE DES VIOLATIONS DE TRAITÉS ET DU DROIT DES GENS

I

Entre différents critériums.

Si l'on voulait établir des degrés dans la culpabilité des gouvernements qui violent des accords internationaux, on pourrait, mais sans échapper à l'arbitraire et quelquefois à la fantaisie, choisir pour se guider entre différents critériums.

On pourrait, par exemple, tenir compte du temps écoulé entre la signature d'un traité et sa violation, et admettre que la culpabilité du violateur est d'autant plus grande que les engagements pris par lui sont plus récents. Inversement, sa culpabilité diminuerait en proportion de l'ancienneté de ses engagements. Dans ce cas, la moins grave des violations de traités relatées plus haut serait la violation par la France, en 1905, du Concordat de 1801 : plus d'un siècle d'intervalle. La violation par la Russie, en 1899, du traité de Fredrikshamn de 1809, concernant la Finlande, mériterait aussi des circonstances atténuantes. Quant à la violation, en 1914, de la neutralité de la Belgique, elle apparaîtrait comme plus ou moins grave, selon qu'on considérerait comme violé le traité de 1839 ou la V⁰ convention de La Haye de 1907. Le traité garantissant la neutralité du Luxembourg étant de 1867, la violation de cette neutralité serait plus grave que celle de la neutralité belge, à moins que l'on ne voulût appliquer à l'une et à l'autre la

Vᵉ convention de La Haye. D'autre part, il faudrait considérer comme particulièrement graves, pendant la guerre mondiale, la violation des conventions de La Haye de 1907 et celle de la Déclaration de Londres de 1909.

Mais admettra-t-on cette manière de différencier la culpabilité des violateurs de traités?

***

On pourrait aussi prendre comme base d'appréciation la gravité du tort causé à autrui. Mais, dans ce cas, il faudrait distinguer entre le tort prémédité et le tort réellement causé ; entre le caractère plus ou moins réel ou imaginaire du tort causé. De même, il faudrait tenir compte, pour apprécier les circonstances atténuantes, de la nécessité qu'il pouvait y avoir, pour le violateur du traité, à le violer.

Le pire tort qu'on puisse causer à un État, c'est de supprimer son indépendance, autrement dit de le supprimer lui-même. Jugeant de ce point de vue, il faudrait considérer comme particulièrement graves la suppression de la République de Cracovie, en 1846, et surtout celle de la République du Transvaal, en 1877. Je dis « surtout », parce que l'Angleterre n'avait pas, pour procéder à cette suppression, le semblant de raison, autrement dit la circonstance atténuante, qu'avaient l'Autriche, la Prusse et la Russie pour supprimer la République de Cracovie, devenue pour elles un foyer d'agitation dangereuse.

Supprimer l'autonomie d'un peuple est un peu moins grave que de supprimer son indépendance. Mais la différence n'est pas grande. C'est pourquoi la suppression de l'autonomie de la Pologne et de la Finlande par la Russie peut être presque assimilée à la suppression de l'indépendance de Cracovie et du Transvaal.

La Roumanie, en privant les Israélites de l'égalité politique que leur assurait le traité de Berlin, et la Turquie, en n'opérant pas en Arménie les réformes prévues par le même traité, faisaient une chose qu'on peut rapprocher de la suppression de l'autonomie, quoi qu'il y ait entre ces deux actions la distance qu'il y a entre prendre à quelqu'un son bien et ne pas lui donner le bien auquel il a droit.

En ce qui concerne la différence entre le tort prémédité et le tort réellement causé, la violation de la neutralité belge est un cas particulièrement instructif. Le tort prémédité à l'égard de la Belgique était très relatif, étant donné, comme on l'admet généralement, que l'Allemagne était persuadée que le gouvernement belge laisserait passer ses armées sans opposition, et qu'elle comptait ensuite offrir une réparation pour le préjudice résultant de ce passage. En réalité, le tort causé a été beaucoup plus considérable que le tort prémédité, par suite de la résistance inattendue de la Belgique.

Mais admettra-t-on qu'il faille mesurer la culpabilité de l'Allemagne au tort prémédité, et non au tort réellement quoique involontairement causé?

*
* *

Si l'on considère que ni les Allemands, en violant la neutralité de la Belgique, ni les Alliés, en violant celle de la Grèce, n'avaient l'intention de causer un préjudice à ces pays neutres, mais qu'ils voulaient, à travers leur territoire, atteindre un ennemi qu'ils espéraient ainsi plus facilement terrasser, on est amené à examiner cette question, plus importante que celle du préjudice causé aux neutres : lequel des deux adversaires a, par cette violation de neutralité, causé à l'autre le plus grand préjudice?

A cette première question, celle-ci se joint naturellement : les autres violations de traités ou du droit des gens, commises au cours de la guerre par les deux adversaires, ont-elles été également préjudiciables à l'un et à l'autre, ou plus préjudiciables à l'un qu'à l'autre?

Il est aujourd'hui prouvé que la violation de la neutralité belge par l'Allemagne ne lui a été d'aucune utilité, puisqu'elle ne lui a pas fait gagner la guerre. D'autre part, il est presque prouvé que c'est à elle-même, et non pas à

18

son adversaire, que l'Allemagne a porté préjudice en violant cette neutralité. Il est prouvé que l'Angleterre, avant cette violation, avait promis sa coopération navale à la France dans le cas où la marine allemande attaquerait ses côtes ; mais, bien qu'il y ait encore des controverses sur ce point, il semble établi que la violation de la Belgique a beaucoup contribué à décider l'Angleterre à prendre part à la guerre dans la mesure où elle y a pris part. Cela étant, on peut tenir pour vraisemblable que cette violation a été pour beaucoup dans la défaite de l'Allemagne et de ses alliés. En effet, l'entrée en ligne de l'Angleterre signifiait : son appoint militaire sur le continent ; son action navale, plus décisive encore parce qu'elle assura le blocus de l'Allemagne ; l'entrée en guerre des États-Unis, comme contre-coup de la guerre sous-marine causée par le blocus ; probablement l'entrée en guerre du Japon, allié de l'Angleterre ; très probablement aussi l'entrée en guerre de l'Italie. Cette dernière ne se serait peut-être pas risquée à prendre part à la guerre si l'Angleterre n'avait pas été avec l'Entente. Il y a donc toute vraisemblance que c'est la violation de la neutralité belge qui a coalisé le monde contre l'Allemagne et ses alliés, et qui a causé leur perte.

Par contre, il est prouvé que la violation de la neutralité de la Grèce par l'Entente a été un des facteurs essentiels de sa victoire. En effet, l'effondrement du front des Balkans suivi des capitulations successives de la Bulgarie, de la Turquie, de la Hongrie et de l'Autriche, devait être, pour les Impériaux, le signal de leur débâcle sur le front d'Occident, l'Allemagne étant menacée d'être envahie par le Sud.

Le haut commandement de l'armée ayant invité le gouvernement de l'Empire à faire des ouvertures de paix à l'Entente, le chancelier, prince Max de Bade, lui télégraphia le 3 octobre 1918 pour lui demander s'il maintenait sa demande, en lui représentant l'inconvénient politique qu'il y aurait à traiter dans les circonstances du moment. Le haut commandement maintint sa demande, parce que,

« par suite de l'écroulement du front de Macédoine », on ne pouvait plus espérer « forcer l'ennemi à faire la paix ». Dans la *Revue des deux Mondes* du 1er juin 1920, le général Mangin, ayant reproduit cette réponse du haut commandement, ajoutait que, après le départ de Ludendorff, les généraux von Gallwitz et von Mudra avaient encore quelque espoir de continuer la lutte, mais qu'« ils l'abandonnèrent en apprenant la capitulation de l'Autriche ». Dans ses *Mémoires*, Ludendorff explique combien l'effondrement du front de Macédoine avait rendu critique la situation militaire, puis il ajoute : « Dans ces conditions, je sentis que la lourde responsabilité m'incombait de hâter la fin de la guerre et de provoquer une action décisive de la part du gouvernement. » Dans *Aus meinem Leben*, Hindenburg, à propos de l'« effondrement de la Bulgarie », dit : « Nous pouvons accomplir encore des exploits, mais nous sommes incapables de constituer un nouveau front. » En France, il est devenu courant de qualifier de « décisive » ce qu'on appelle la victoire de Salonique. Dans *Mon Commandement en Orient*, le général Sarrail dit que, dès avril 1916, il télégraphiait de Salonique à Paris que « l'offensive, dans la force même du terme, était uniquement réalisable sur le front balkanique. » A la Chambre française, le 25 juin 1920, M. André Tardieu constata que, malgré le « merveilleux pilonnage » de Foch, la décision de la guerre se faisait encore attendre, lorsqu'elle fut provoquée par les événements du front d'Orient.

Ainsi, il est établi que la violation de la neutralité de la Grèce a été un facteur décisif dans la victoire de l'Entente, parce qu'elle lui a permis d'organiser l'expédition de Salonique.

On peut en dire autant du blocus de la faim, organisé, comme cela a été démontré plus haut, au moyen d'une autre violation du droit des gens.

Le 13 avril 1917, le comte Czernin, ministre austro-hongrois des affaires étrangères, adressait à l'empereur Charles un mémoire secret sur la nécessité de faire la paix, mémoire qui a été publié en juillet 1919, notamment par la *Gazette de Francfort* du 26. Les raisons qui, d'après le comte Czernin, rendaient nécessaire la conclusion de la paix, étaient : le manque de matières premières pour la fabrication des munitions, l'épuisement du matériel humain et « avant tout le sourd désespoir (*die dumpfe Verzweiflung*) qui s'est emparé de toutes les classes de la population, surtout à cause de la sous-alimentation, et qui rend impossible de supporter plus longtemps les souffrances de la guerre ». Ainsi, c'était « avant tout » la faim qui obligeait l'Autriche-Hongrie à capituler.

A la Chambre française, le 29 décembre 1918, il a été reconnu aussi que c'était le blocus qui avait permis aux Alliés de gagner la guerre. Cela résulte du passage suivant du discours de M. Clemenceau :

> M. Lloyd George m'a dit un jour : « Reconnaissez-vous que sans la flotte britannique, vous n'auriez pas pu continuer la guerre? » J'ai répondu : « Oui. » « Seriez-vous disposé à faire quelque chose pour me mettre, le cas échéant, dans l'impossibilité de recommencer? » Et j'ai répondu : « Non. »

Ainsi, les deux premiers ministres anglais et français reconnaissaient que c'était la flotte britannique, autrement dit le blocus, c'est-à-dire la faim, qui avait fait gagner la guerre. Et, à cause de cela, ils consentaient à ce que la liberté des mers pût être de nouveau violée à l'avenir.

Dans un article intitulé : « La marine dans le monde », le *Temps* du 25 février 1920 disait que la marine avait été « le facteur prédominant dans le conflit mondial ». Entre autres services qu'elle avait rendus, il citait celui-ci : « C'est elle qui a apporté à la population civile de l'arrière les vivres dont elle avait besoin, et c'est elle qui a mis les adversaires dans l'impossibilité de se ravitailler en les entourant d'un blocus étroit. »

Le *Temps* du 4 février 1922, dans un article consacré à l'accord naval de Washington, constatait de nouveau cette vérité, en disant ceci :

> La guerre de 1914 a, en dernière analyse, été gagnée par les marines : elles ont causé, par le blocus, la mort lente de l'Allemagne.

Dans l'*Ère nouvelle* du 2 février 1924, le général Percin
écrivait :

> C'est le peuple allemand, et non Ludendorff, qui a obligé le
> gouvernement à demander l'armistice. Militairement parlant,
> l'armée allemande n'était pas battue. Elle se retirait en bon ordre.
> Ses soldats, comme les nôtres, se battaient bravement...
> ... Le civil a tenu en France ; il n'a pas tenu en Allemagne.
> Voilà tout le secret de la victoire française.

Mais pourquoi le civil n'a-t-il pas tenu en Allemagne,
tandis qu'il tenait en France? Quelques jours seulement
avant cet aveu du général français, M. Llyod George le
disait dans le *Daily Chronicle* : le peuple allemand, après
avoir tenu en échec pendant quatre ans toute une humanité
en armes, ne s'était rendu que parce que ses enfants mouraient de faim.

La preuve est donc faite : tandis que l'Allemagne et ses
alliés ont très probablement dû leur défaite à une violation
du droit des gens, c'est surtout à une double violation du
droit des gens que l'Entente a dû sa victoire militaire,
comme elle a dû ensuite sa victoire diplomatique, les traités
de 1919, à la violation du contrat du 5 novembre 1918,
c'est-à-dire à un manquement à la parole donnée.

Mais admettra-t-on qu'il convienne, à cause de cela,
d'établir une différence dans la culpabilité des deux camps
belligérants?

*
* *

En ce qui concerne la nécessité qu'il peut y avoir de
violer des traités, le cas des Capitulations peut être cité
comme exemple. Car les Capitulations représentaient un
grave empiétement sur la souveraineté intérieure de
la Turquie.

Mais comment apprécier la nécessité militaire qu'il
peut y avoir à violer les traités en temps de guerre ?
Entre la violation du territoire belge et celle du territoire
grec ou persan, entre la violation du droit maritime en
ce qui concerne le blocus et celle du même droit maritime
en ce qui concerne la guerre sous-marine, qui entreprendra

de décider lequel des adversaires se trouvait plus ou moins dans ce qu'on appelle un cas de force majeure?

*
* *

On pourrait aussi, pour apprécier la gravité des violations de traités, tenir compte d'une autre circonstance : le fait que les obligations violées avaient été imposées au violateur par la force, ou qu'il les avait librement assumées. Il est évident que, dans le premier cas, la violation du traité est moralement moins grave que dans le second. Quand la Russie, profitant de la guerre de 1870, se libérait, par la violation du traité de Paris, des entraves qui lui avaient été imposées, en ce qui concerne la mer Noire et les Détroits, à la suite de la guerre de Crimée, elle ne faisait que défaire par la force ce que la force avait fait. Mais quand les États-Unis en usaient, à l'égard des traités relatifs au canal interocéanique, de la manière cavalière qu'on a vu plus haut, ils méconnaissaient des obligations qu'ils avaient librement assumées. De même, quand l'Angleterre, en 1877, supprimait l'indépendance du Transvaal, elle violait un traité qu'elle avait signé de son propre gré, et sans aucune contrainte.

En ce qui concerne le respect ou la violation de la neutralité de la Belgique, il y aurait lieu de distinguer entre les différentes puissances garantes. Comme on l'a vu plus haut, la création, en violation du traité de Vienne, de l'État indépendant de Belgique jouissant d'une neutralité garantie, a été le fait de la France et de l'Angleterre. L'Autriche, la Prusse et la Russie, qui avaient désapprouvé cette création et qui avaient failli s'y opposer par la force pour faire respecter le traité de Vienne, ont ensuite accepté, à contre-cœur, le fait accompli. Il suit de là qu'une violation de la neutralité belge par la France ou par l'Angleterre eût été sensiblement plus grave que par l'Allemagne.

II

Moralité.
Deux voix d'Outre-tombe : Jean Jaurès et lord Cromer.

Le 19 décembre 1911, à la Chambre française, au cours du débat sur les affaires marocaines signalé plus haut à propos de l'Acte d'Algésiras, Jaurès prononça les paroles suivantes :

Ah ! messieurs, à quel triste spectacle la conscience des hommes a assisté depuis quelques années ! (1) Oui, la conscience, car j'imagine que ce ne sont pas seulement les actions privées et les rapports des individus qui sont de son domaine, qu'elle revendique aussi les rapports entre les nations.

Qu'avons-nous vu ? Une série de violations de la foi publique, les traités ostensiblement minés par des traités secrets, les engagements internationaux violés ou bafoués, la Bosnie et l'Herzégovine confisquées, annexées au mépris d'un traité international, l'Acte d'Algésiras violé, l'Italie se jetant sur la Tripolitaine en pleine paix... Voilà maintenant la morale internationale...

Messieurs, il fut un temps où c'était l'honneur des plus illustres républicains, de ceux qui, dans la période qui a précédé 1848, ont fondé notre grand parti, de dénoncer à la tribune de la Chambre tous les attentats commis dans le monde contre les nations, contre la Pologne, contre l'Italie, et c'était leur honneur — au prix des injures qui ne leur furent pas ménagées — de protester contre la connivence active ou passive du gouvernement d'alors avec ces attentats qui se commettaient...

Partout dans le monde nous assistons à des spectacles douloureux. Vous avez souffert, à coup sûr, lorsque la même nation qui avait ménagé le sultan Abd-ul-Hamid au lendemain de la révolution jeune-turque au risque de jeter de nouveau les Jeunes-Turcs dans les excès d'une politique étroitement nationale, a confisqué, au mépris des traités, la Bosnie et l'Herzégovine. Et il n'est pas possible — toute votre presse a gémi ; ou bien était-ce encore une fois une hypocrisie ? — que vous n'ayez pas souffert, lorsque, en invoquant les prétextes les plus futiles qui aient jamais été allégués pour essayer de couvrir les attentats de la force, l'Italie s'est jetée sur la Tripolitaine.

---

(1) « Depuis quelques années » ? Cela durait depuis bien plus longtemps.

Eh bien ! Est-ce que vous ne souffrez pas, vous France, qui avez fait l'éducation de liberté des jeunes hommes qui, en Perse, ont secoué la vieille tyrannie — est-ce que vous n'avez pas souffert de ce traité de partage et de toute cette diplomatie qui reproduit, contre la Perse, exactement les procédés qui ont perdu la Pologne : prétexter l'anarchie et la susciter pour avoir une occasion d'intervenir. Vous avez souffert de ces choses et vous auriez dû protester, et nous aurions dû protester, élever du moins une parole de tristesse. Mais nous n'étions pas libres, et c'est là ce que je veux dire, nous étions liés par notre politique marocaine. Vous ménagiez forcément l'Autriche-Hongrie parce qu'elle vous ménageait à la conférence d'Algésiras ; vous ne pouviez rien dire à l'Italie, parce que c'est vous qui l'aviez envoyée en Tripolitaine par compensation avec votre politique du Maroc.

Et alors, messieurs, je dis qu'il est temps de clore cette ère de manquements aux traités. Elle n'a pas d'excuse. Dans ces combinaisons, la vie des nations libres n'est pas en jeu ; ce n'est pas pour respirer, ce n'est pas pour pouvoir se sauver qu'elles violent ou éludent ou faussent les traités internationaux. Dans l'Italie du xvie siècle, dans l'Italie de Machiavel, il y avait perpétuelle violation de la parole donnée, perpétuelle violation des traités. Mais Machiavel disait aux hommes, aux cités italiennes, aux tyrans italiens : « Servez-vous du moins de tout cela pour devenir une puissance qui libérera la patrie, qui libérera l'Italie ; et si un tyran a surgi, par n'importe quel moyen ou n'importe quel parjure, mais qu'armé de cette force il la purifie, qu'il vienne, et nous le recevrons avec quelles larmes, avec quelle foi ! » Mais aujourd'hui, il ne s'agit ni pour la France, ni pour l'Italie, ni pour l'Allemagne, ni pour l'Angleterre, ni pour l'Espagne, de sauver leur intégrité nationale, de permettre la palpitation de leurs cœurs comprimés ; ce sont des affaires qu'on se dispute, des débouchés que l'on veut se ménager.

Eh bien ! je dis que s'il en est ainsi, il est encore plus abominable et plus inexcusable de raturer totalement ou à demi les signatures données par les nations. Et voici pourquoi je déplore que l'Acte d'Algésiras n'ait pas vécu, que vous ne l'ayez pas maintenu, et pour lui-même et comme un signe de la fidélité indéfinie à la parole donnée, dans le monde de violences et d'iniquités où nous sommes.

Ainsi parlait Jean Jaurès, et il avait doublement raison. Il avait raison de condamner les violations de traités ; et il avait aussi raison de condamner indistinctement toutes les nations qui les violaient. C'est pourquoi, à l'heure actuelle, aucune nation n'a le droit de faire à aucune autre le reproche d'avoir violé des traités, soit avant, soit pendant la guerre mondiale.

Si Jaurès était encore de ce monde, il retrouverait

certainement ses accents de 1911 pour dire aux belligérants
de la grande guerre :

Vous tous, à quelque camp belligérant que vous ayez appartenu, vous avez sur la conscience quelque violation de traité,
quelque manquement à la parole donnée, quelque attentat contre
le droit des gens, commis avant ou pendant la guerre. Il n'est
donc pas admissible, — ou bien, quand toute votre presse fulmine
contre la déloyauté de l'adversaire, serait-ce encore une fois
une hypocrisie? — il n'est donc pas admissible que vous vous
en fassiez grief les uns aux autres, et que vous refusiez à cause
de cela de vous réconcilier. Parce que vous êtes tous coupables,
montrez-vous tous indistinctement disposés à la réconciliation ;
ou plutôt, s'il en était parmi vous à qui leurs attentats contre
le droit des gens, leurs manquements à la parole donnée, aient
été particulièrement profitables, que ceux-là soient les plus disposés à se réconcilier avec les autres. Et vous, victimes innocentes
des grands violateurs de traités, Belges, Grecs ou Persans, par-
donnez à ceux qui vous ont fait du tort, en réfléchissant qu'ils
n'ont fait que ce que tout le monde avait coutume de faire. Par-
donnez-vous donc les uns aux autres, vous, violateurs de traités,
et vous, leurs victimes. Faites cela, pour que nous sortions enfin
du monde de violences et d'iniquités où nous sommes restés.

Voilà certainement ce que Jaurès dirait aux belligérants
de la grande guerre, s'il était encore de ce monde.

*
* *

Ou bien conviendrait-il de tirer des événements relatés
dans ce livre une moralité différente de celle qu'en tirait
Jaurès, et qui consistait à condamner en bloc, indistinctement, tous les violateurs de traités? Conviendrait-il d'en
tirer une moralité qui, sans se confondre avec la maxime
perverse de Machiavel, la ferait apparaître, moyennant
certaines restrictions et atténuations, comme moins perverse qu'elle n'est en réalité?
Dans la revue anglaise *The Nineteenth Century* de juillet
1916, l'un des hommes les plus considérables d'Angleterre,
lord Cromer, a publié un article qui permettrait peut-être
de se poser cette question. *Thinking Internationally*, tel
était le titre de l'article. L'auteur désignait par là cette
tendance d'esprit qui s'était manifestée dès les débuts de

la guerre, et qui aspirait à ce que cette guerre fût la dernière. La « paix durable », tel était le mot d'ordre ; et, pour beaucoup de gens, ce but était la principale raison de poursuivre la guerre à outrance. Les pères devaient s'y résigner pour que leurs fils n'eussent pas à faire la guerre à leur tour. M. Wilson n'avait pas encore lancé sa grande idée d'une Société des Nations. Mais on agitait déjà des projets de même nature. Soit par l'arbitrage obligatoire, soit au moyen de quelque organisation internationale, il fallait arriver à ce qu'il n'y eût plus de guerres.

Lord Cromer se montrait sceptique à l'égard de ces projets généreux. Non seulement il n'en croyait pas la réalisation possible ; mais il ne la croyait même pas désirable. Pourquoi cela? Parce qu'elle rendrait à l'avenir toutes guerres impossibles ! Or, il y avait des guerres «justes», et il ne fallait pas rendre impossible que de telles guerres pussent être faites. Parmi ces guerres « justes », l'auteur mettait celles qui avaient détruit l'œuvre de la Sainte-Alliance, c'est-à-dire l'Europe sortie des traités de Vienne, œuvre qu'il estimait condamnable. Cette Europe, disait-il, serait restée immuable, si, à cette époque, on avait trouvé le moyen de mettre fin à la guerre.

Lord Cromer considérait comme particulièrement « justes » les guerres qu'avaient faites les Italiens pour conquérir leur indépendance et unifier leur pays. Et pourtant, il reconnaissait que les Italiens, dans ces guerres, jouaient le rôle d'agresseurs, même quand c'était l'Autriche qui, officiellement, déclarait la guerre parce qu'elle était provoquée. Ainsi, d'après cet homme éminent, même une guerre d'agression pouvait être une guerre « juste » qu'il ne fallait pas rendre impossible.

Mais qu'avaient donc fait les peuples et les gouvernements en détruisant par des guerres « justes » l'Europe issue des traités de Vienne? Ils avaient violé ces traités.

Qu'avaient fait, notamment, les Italiens en réalisant, par de « justes » guerres d'agression, l'unité de leur pays et en conquérant leur indépendance? Ils avaient fait ce que les Belges avaient fait en 1830. Ils s'étaient insurgés contre

le traité de Vienne, avec cette différence que les Belges
ne l'avaient pas signé, tandis que le royaume de Sardaigne,
qui organisait le mouvement national contre ce traité,
était parmi les États signataires.

La maxime de Machiavel serait-elle donc vraie sous cette
forme modifiée : que les peuples et leurs gouvernements
ne seraient pas tenus d'exécuter les engagements qui leur
ont été imposés par les traités, quand ces engagements
sont contraires à la raison et à la justice?

Y aurait-il là un motif suffisant pour ne pas condamner
certaines violations de traités?

C'était, incontestablement, l'opinion de lord Cromer.

Si lord Cromer était encore de ce monde, il serait intéressant de lui demander s'il estime que les traités qui ont mis
fin à la guerre mondiale, et dont on a vu, au chapitre de
ce livre consacré au « plus grand chiffon de papier », qu'ils
sont entachés d'un caractère inusité de déloyauté, ont créé
un état de choses plus juste, c'est-à-dire plus digne d'être
maintenu, que celui créé par les traités de 1815. Il serait
intéressant de lui demander si des guerres, même agressives,
qui seraient entreprises pour détruire les effets de ces traités,
seraient moins « justes » que celles qui ont détruit l'Europe
de la Sainte-Alliance.

Lord Cromer n'est plus là pour répondre à cette question.
Mais il est à craindre que des peuples et des gouvernements
n'y répondent à l'avenir en s'inspirant des mêmes principes que lui.

FIN

TABLE DES MATIÈRES

Société Française d'Imprimerie d'Angers. — Angers-Paris.

André DELPEUCH, Éditeur

51, Rue de Babylone, PARIS (7e)

EXTRAIT DU CATALOGUE :

www.ingramcontent.com/pod-product-compliance
Lightning Source LLC
LaVergne TN
LVHW052008060726
842528LV00002B/440